Roth

Nie mehr Fußball!

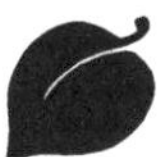

Jürgen Roth

Nie mehr Fußball!

Vorfälle von 2014 bis 2017

Mit einem Gastbeitrag von Stefan Gärtner

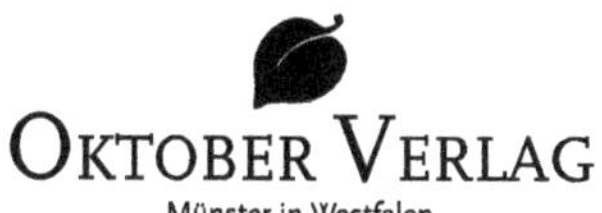

Jürgen Roth, geboren 1968, lebt als Schriftsteller in Frankfurt am Main. Jüngst erschienen sind die Bücher *Kritik der Vögel – Klare Urteile über Kleiber, Adler, Spatz und Specht* (zusammen mit Thomas Roth, Berlin 2017) und *Wir sind Bier – Typologie und Trinkgedächtnisse* (zusammen mit Metulczki, Münster 2016).

Am Hawerkamp 31, 48155 Münster
www.oktoberverlag.de

Satz: Thorsten Hartmann
Umschlag: Thorsten Hartmann, unter Verwendung einer Zeichnung von Greser & Lenz (»Geht das gut, wenn Hoeneß in aller Demut wieder ganz klein beim FC Bayern einsteigt?«)
Druck: Books on Demand GmbH
In de Tarpen 42, 22848 Norderstedt

ISBN: 978-3-946938-37-8

Inhalt

Vorbemerkungen

Sie [die finstersten FIFA-Granden] sind nie all denjenigen mit dem Arsch ins Gesicht gesprungen, die in ihrer Freizeit für das Gemeinwesen arbeiten, so, wie es Beckenbauer getan hat – der Kaiser der Korruption.
Andreas Rüttenauer über den berühmtesten Ex-Ehrenamtlichen der Welt

Mieser geht's nicht.
Derselbe über denselben

»Eine Massenschlägerei zwischen verhaßten Fans von Schalke und Dortmund hat eine Sperrung der A3 bei Montabaur zur Folge. BVB-Anhänger hatten die Schalker ausgebremst und deren Bus gestürmt – sechzig Polizisten sind im Einsatz. Als die ersten eintreffen, hauen die Dortmunder ab. – [...] Die in Schwarzgelb gekleideten Männer attackieren den Schalke-Bus, in dem etwa fünfunddreißig Fußballfans sitzen. Es beginnt eine Prügelei, die sich auch auf die Autobahn ausbreitet. Augenzeugen berichten, daß mindestens ein Dortmunder die Schlägerei mit einer Kamera filmt.« (focus.de, 8. Mai 2016)

*

Während der EM 2016 verlängert der DFB seinen Ausrüstervertrag mit der Brieftaschenfirma adidas – »ein deutliches Zeichen für ein Weiter-so im großen Busineß. Kein Großsponsor hat so viel für Korruption im Weltsport getan wie der mächtige Sportartikelhersteller aus Herzogenaurach. – [...] Fünfzig Millionen soll adidas angeblich von 2018 an pro Jahr an den DFB zahlen. Eine tolle Summe für einen gemeinnützigen Verein wie den DFB.« (Andreas Rüttenauer, *taz*)

*

»Im deutschen Profifußball gibt es nach BR-Recherchen im Verhältnis zur Anzahl der Spieler nach wie vor wenige Dopingkontrollen. Außerdem räumt die Nationale Anti-Doping-Agentur NADA dem DFB und den Vereinen Sonderrechte ein. — [...] Die Kontrollen werden seit knapp zwei Jahren zwar komplett von der NADA durchgeführt, aber die räumt dem DFB und den Bundesligavereinen Sonderregeln ein. Demnach werden Verband und Vereine über die Ergebnisse der Dopingtests so informiert, daß sie das Krisenmanagement in der Hand haben.« (BR, 4. April 2017)

Der Pharmakologe Fritz Sörgel meint dazu: »Das ganze System [...] basiert darauf, daß man zu jedem Zeitpunkt alles erfährt. Über den Spieler, über irgendwelche Dinge im Verein. Über irgendwelche Informationen, die an die Öffentlichkeit geraten oder geraten könnten. Und man möchte natürlich, weil ein spektakulärer Dopingfall für die Spitzenvereine wirklich der ›Worst Case‹ wäre, das mit allen Mittel zu verhindern versuchen.«

*

»Nach Bayern-Chef Karl-Heinz Rummenigge beklagt auch Nationalspieler Mats Hummels einen zunehmenden Sittenverfall im deutschen Fußball.«

Karl-Heinz Rummenigge? Stand das am 1. April auf Spiegel Online?

Nein, am 1. März 2017.

Rummenigge? Tatsächlich: »›Mir gefällt nicht, was derzeit in den Bundesligastadien vor sich geht. Ich habe das Gefühl, daß die Verrohung, die wir in vielen Bereichen unserer Gesellschaft beobachten, zunehmend auch den Fußball heimsucht. Das ist ein Phänomen, das es in diesem Ausmaß so noch nicht gegeben hat‹, schrieb Rummenigge im Vorwort des Vereinsmagazins zum Heimspiel der Bayern am Samstag gegen den Hamburger SV.« (dpa, 24. Februar des Jahres)

»Die Hemmschwelle, Spieler zu beschimpfen oder zu beleidigen, liegt immer niedriger«, sagte danach Hummels gegenüber der *Sport Bild*. »Das ist etwas, womit wir klarkommen müssen. Auf uns, Trainer wie Spieler, projizieren viele Fans ihren Frust und werden ausfallend. Das äußert sich dann eben in Beleidigungen oder, noch schlimmer: sogar in Spuckattacken. Der Trend ist, daß alles aggressiver wird.«

Woran das nun wohl liegen mag: daß alles immer aggressiver wird; daß die Verrohung »in vielen Bereichen unserer Gesellschaft« unablässig zunimmt. Am hochzivilisierten Fußball, der in einem Eiapopeia-Parallelkosmos selbstgenügsam und pazifizierend vor sich hin schnurrt, mit Sicherheit nicht, nicht wahr?

Man könnte es so sehen: »Die Leute werden in der Arbeitswelt so erbarmungslos und respektlos behandelt und denken, das wäre ein normales Verhalten, daß sie es auch anderen Menschen angedeihen lassen können.« Oder so: »Die Menschen geben [...] den gesellschaftlichen Druck an Spieler weiter.« Oder auch so: »Der Trend ist, daß auf der anderen Seite der Zuschauertribünen allseits Maßlosigkeit bis zum Erbrechen Einzug hält. Ausufernde Gehälter für Spieler und Trainer, mit denen sich KEIN normaler Fan mehr identifizieren kann, sowie der Sittenverfall [bei] Spielern und Trainern, die ihre Verträge nicht mehr einhalten, wenn sie keinen Bock mehr haben, bis hin zum Viehmarkt der Spielervermittler.« Beziehungsweise so: »Die hohen Gehälter sind doch Folge der Vergötterung [durch] diejenigen, die jetzt spucken oder das Spucken verteidigen.« Oder wiederum so: »Ich stimme Hummels generell zu. Allerdings sollte man nicht vergessen, daß viele Spieler sich auf dem Platz selbst asozial und unsportlich verhalten. Rudelbildung, Schubsereien, Revanchefouls, Schwalben, Verletzungen vortäuschen, Zeitspiel, Torhüter/Spieler rennen über den halben Platz, um den Schiedsrichter zu bedrängen, und bepöbeln, schreien ihn an, die Trainer und Ersatzspieler führen ihren Nebenkrieg am Spielfeldrand – all das überträgt sich auf die Tribüne.« (Leserkommentare auf Spiegel Online)

Ich bin nicht darauf erpicht, mich zu zitieren, aber in diesem Zusammenhang sei es gestattet. Vor drei Jahren habe ich in dem gemeinsam mit dem Freund und Kollegen Stefan Gärtner zusammengehämmerten Buch *Benehmt euch! – Ein Pamphlet* (Köln 2014) folgendes geschrieben:

»Abends hockt man in der Kneipe. Der Fernsehkasten läuft, denn ein Tag ohne Fußball ist in dieser Welt nicht mehr vorgesehen. Hat man außerordentlich großes Pech, gewärtigt man ein Interview mit Jürgen Klopp (Borussia Dortmund) oder Thomas Tuchel (FSV Mainz 05). ›Typen wie Jürgen Klopp oder Thomas Tuchel‹, hieß es in der *Titanic* 11/2011 zu Recht, ›versprühen exakt den Witz, mit dem man Motivationsseminare auflockert.‹ Nämlich einen degoutanten, das Durchsetzungsvermögen verherrlichenden, einen bösartig raubtierhaften.

Noch niederschmetternder, noch fürchterlicher sind die Darbietungen der beiden am Spielfeldrand. Da wird gestenreich lamentiert, der Schiedsrichter zähnefletschend attackiert, der nächstbeste Spieler aufgestachelt, das Fanvolk aufgepeitscht und aufgehetzt, wird ausgerastet, gemosert, gepetzt, geschrien, bis die Werbebanden umfallen, nahezu unausgesetzt. Ein kriegerischer Narzißmus gelangt da zur Aufführung, der Leitwolf des Teams inszeniert sich als sportiver Killer.

Kein Tier verhielte sich so. Die Aggressivität noch der stärksten Prädatoren ist zielgerichtet, biotisch gebunden. Bei Gestalten wie Klopp und Tuchel ist sie Selbstzweck, Selbstdarstellungsmittel, sozialer Code, im besten Falle theatralischer Mumpitz, Affentanz, Wichtigkeitsgewürge – oder eben, wahrscheinlicher, Ausdruck eines vollends durchgedrehten Asozialcharakters. Daß das bei all der Aufmerksamkeit, die die verluderten Öffentlichkeitsapparate für derartige Roh- und potentielle Raufköppe organisieren, abfärbt oder zur getreuen Nachahmung ermuntert, steht zu vermuten. Jörg Schindler hat [in *Die Rüpel-Republik – Warum sind wir so unsozial?*, Frankfurt/Main 2012] den pöbelnden Müttern und Vätern rund um die Bolzplätze der niederen Fußballklassen (›Tritt ihn um!‹; ›Mach ihn fertig!‹; ›Spiel endlich richtig, du Kackarschmongole!‹) ein eigenes Kapitel gewidmet. Wir müssen das nicht wiederholen.«

Und zitieren dafür ein weiteres Mal aus der *Titanic*, aus der Ausgabe 4/2017, aus einem Brief an Mats Hummels: »Nicht, daß wir uns falsch verstehen: Für Fußballfans haben wir ebensowenig übrig wie Sie, Herr Abwehrchef. Daß aber arme Schlucker, die ihr weniges Geld zusammenkratzen, um in einem perversen Eventtempel voller Automarken und der Reklameshow sonstiger Großkonzerne einen Haufen Multimillionäre anzufeuern, bisweilen auch mal frustriert Lust darauf haben, dem Klassenfeind und Ausbeuter auf die Mütze zu spucken, möchten wir nicht mal mit einer gelben Karte ahnden.«

Johannes John, dessen Gelassenheit ich ab und an ein wenig beneide, merkte im Sommer 2016 an: »›Was sind das für Zeiten, wo / Ein Gespräch über Bäume fast ein Verbrechen ist‹, schrieb Bertolt Brecht einst im Exil, und selbstverständlich können wir uns glücklich schätzen, einen solchen Seufzer heutzutage mit den Worten paraphrasieren zu können: Was sind das für Zeiten, in denen Fußballer ihren Vereinswechsel mit den Worten ›Es ist an der Zeit, die Welt wissen zu lassen …‹ ankündigen zu müssen glauben.«

Die Rede war von Zlatan Ibrahimović. Ende März 2017 war dann zu lesen, daß der Flughafen in Funchal auf Madeira in Aeroporto Internacional da Madeira Cristiano Ronaldo umbenannt wurde.

An der Zeremonie (inklusive der Enthüllung einer Büste) nahmen auch teil: Ministerpräsident António Costa (von der Partido Socialista wohlgemerkt) und Präsident Marcelo Rebelo de Sousa (von der Partido Social Democrata wohlgemerkt).

Ronaldo, dem Vernehmen nach weltweit eines der größten Vorbilder junger Leute, äußerte: »Ich weiß, einige waren dagegen, aber wir haben Redefreiheit.«

Lästig, diese Redefreiheit.

*

Der beherzte, zuzeiten manische Fußballbetriebsbegutachter Dieter Bott wies im Sommer 2015 in einer seiner Rundmails hierauf hin: »›Kicks für Kids – Wer als Kind kein Vereinsfan wird, bleibt oft lebenslang ohne Bekenntnis.‹ So bewirbt die heutige *Süddeutsche Zeitung* zum Wochenende vom 14./15./16. August das beiliegende [vierzigseitige] Sonderheft.«

In den Zeugenstand gerufen wurde neben anderen ein elfjähriger Bub. Der erzählte: »Ich bin Werder-Fan, seit ich mit sieben Monaten den 3:1-Sieg gegen die Bayern miterlebt habe, durch den Werder 2004 Meister geworden ist. Werder ist der coolste Verein der Welt. Ein Verein mit Tradition, Leidenschaft und Herz.«

So was soll ein Elfjähriger gesagt haben? Als wäre er Mitarbeiter in Werders PR-Abteilung? Das will uns das angebliche Qualitätsblatt allen Ernstes andrehen? Und die Redakteure merken nicht, daß Babys mit sieben Monaten kein Fußballspiel mitzuerleben in der Lage sind? (Sie erkennen nicht einmal ihr Spiegelbild.) Geschweige denn, daß sich kein Mensch der bekannten Welt daran zu erinnern vermag, was im Alter von sieben Monaten um ihn herum passiert ist? (»Sosehr Sie sich auch bemühen – an die ersten drei Jahre seines Lebens wird sich Ihr Kind später nicht erinnern können.« Der Gedächtnisforscher Hans Markowitsch laut eltern.de: »Erlebnisse, die wir als Kinder noch nicht mit Worten beschreiben konnten, sind für uns als Erwachsene nicht mehr abrufbar.«)

Doch sie drucken es weg.

Und erkiesen ein Jahr danach den Beginn der Bundesligasaison zum Aufmacher, »als sei dem dafür verantwortlichen Redakteur noch das Gehirn von den Olympischen Spielen in Rio de Janeiro verbrannt« (Bott).

*

Eine *Fußball Bild* hat es seit Januar 2017 auch, jeden Tag zweiunddreißig Seiten.

*

Andreas Rüttenauer in der *taz* vom 9. November 2016 über den DFB-»Superberater Fedor Radmann«: »Von Januar 2001 bis Juni 2003 soll Radmann als Vizepräsident des [WM-]Organisationskomitees 60.000 Mark im Monat kassiert haben. Dazu 1,4 Millionen Mark an Provisionen für Werbeverträge. Dazu gab es noch eine Bonuszahlung von 500.000 Mark. Als er Mitte 2003 das OK verlassen mußte, weil er nicht die ganze Wahrheit über seine Beratertätigkeiten gesagt hat, erhielt er eine Abfindung von 250.000 Euro. Warum einer, den man entfernen muß, weil er Mist gebaut hat, eine Abfindung erhält, das wüßten wir dann doch gern. Jedenfalls verdiente Radmann danach als Berater noch 320.000 Euro pro Jahr.«

Die Enthüllungen seit Anfang 2017, in der Causa DFB/WM 2006, habe ich nicht mehr verfolgt. Ich sehe diesbezüglich mein Soll als erfüllt an.

*

»Ausgerechnet am Jahrestag der Befreiung von Auschwitz gedenkt der FC Bayern des jüdischen Teils seiner Geschichte mit einem Sponsorendeal mit Katar, genauer: dem Doha Hamad International Airport. Das bringt dem Klub mehrere Millionen Euro pro Jahr ein. Teil der Kooperation ist laut Vorstandschef Karl-Heinz Rummenigge, ›daß wir gemeinsame soziale Projekte und den Dialog über gesellschaftspolitisch kritische Themen fördern werden‹.« (*taz*, 28. Januar 2016)

Warum lacht den niemand aus?

*

»Der Fußballweltverband FIFA erwägt nach Angaben der britischen Tageszeitung *The Times* die Abschaffung des Unentschiedens bei WM-Endrunden. Die Partien sollen bei unentschiedenem Spielstand nach neunzig Minuten in der Gruppenphase per Elfmeterschießen entschieden werden.« (*Fränkische Landeszeitung*, 10. Dezember 2016)

Was hat die »gerechte Punkteteilung« auch im FIFA-Fußball verloren.

*

»Wäre denn eine stärkere Sicherung im Moralischen vorstellbar als der sprachliche Zweifel?« fragte Karl Kraus rhetorisch und hob den »Productivgehalt kritischer Zerstörerarbeit« hervor.

Weite Teile dieses Buches sind das Ergebnis einer zeitweilig hartnäckigen Observation der medialen Präsentation und Verwertung des Fußballs und der Versuch, dem Fußballjournalismus und dem Fußballapparat deren eigene Wahnsinnsmethode vorzutrillern.

Es ist mir nicht darum zu tun, eine Kolonne von (läßlichen) sprachlichen Lapsus aufmarschieren zu lassen, sondern darum, die läppische, hohnsprechende und obszöne Verlotterung des komplizenhaften Großgewerbes Fußball/Medien zu dokumentieren, vorzuführen und es, was weiß ich, in den Boden zu rammen oder »in die Grütze zu reiten« (Oliver Kahn), vornehmlich mit dem wichtigsten Werkzeug der Sprachkritik, dem Zitat.

»Das Spiel hat weh getan« – Mehmet Scholls 2014 auf das Ausscheiden der Niederländer unter Louis van Gaal, dem selbsternannten »Taktikgott«, gemünzter Satz besitzt, im übertragenen Sinne, unterdessen Allgemeingültigkeit. Natürlich, man hört hin und wieder schöne Formulierungen: »Das ist natürlich individualtaktischer Nonsens« respektive »irgendein Blödsinn von außen« (Kahn), »die Hälfte der Mannschaft dribbelt im Stehen« (Scholl), »das ist doch selbstredend« (Kahn). Aber die Regel ist aufgeplusterter, die Dummheit der nahezu überall herumfläzenden Laberlümmel bezeugender Galimathias à la »die Handlungsweise, die er selber gemacht hat« (Thomas Strunz), »die größte Kunst, die gelungen ist« (Jörg Schmadtke) oder »den Faden einen Tick weit komplett verloren« (Oliver Schmidt).

Und noch etwas kommt hinzu.

»Rolf Kramer sagte ›Kaltz‹, wenn Kaltz am Ball war. Und dann erst mal nichts mehr«, würdigte Marcel Reif in einem Interview mit der *Süddeutschen Zeitung* (18. Januar 2016) den großartigen ZDF-Reporter, dessen Kommentierung zum Beispiel des WM-Finales

1986 von ergreifender Genauigkeit, Sparsamkeit und Dignität war. (Beim Betrachten der kurzen Ausschnitte auf Youtube werde ich wehmütig.)

Und Reif erinnerte an Rainer Günzler, Reporter und Moderator des *sportstudios*: »Siebziger Jahre. Sandplatzturnier in Berlin. Im Hintergrund fährt am Rand der Tennisanlage ein Zug vorbei. Der Studiomoderator gibt ab nach Berlin: ›Zu unserem Reporter Rainer Günzler! Rainer, wir sehen da hinten einen Zug vorbeifahren, was können Sie uns dazu sagen?‹ Günzler: ›Ein Zug.‹ Pause. ›Wir wissen nicht, woher er kommt.‹ Pause. ›Wir wissen nicht, wohin er fährt.‹ Pause. ›Aufschlag: Kreyenberg.‹ [...] Weltklasse.«

Daß es um Tennis ging, ist nicht von Belang. Von Belang ist das Gespür für die Aussparung, für die Pause, die das gesprochene Wort atmen und wirken läßt, und von Belang ist, daß Sportreporter damals gebildete Menschen waren. (Günzler spielte aus dem Stegreif auf die Bibel an, auf Johannes 3,8: »Der Wind bläst, wo er will, und du hörst sein Sausen wohl; aber du weißt nicht, woher er kommt und wohin er fährt.« – Dank an meine Eltern für den Hinweis!)

Heute sind Fußballreporter zuallermeist lärmende Lustknaben in der Räuberhöhle der Rechtehändler und Geldscheffler, eindimensional-stolzdreiste und vom verinnerlichten entfesselten Marktgeschehen restlos demolierte, schreiende Schwachmaten.

Er könne die Livereporter »nur noch schwer auseinanderhalten«, notierte Johannes John nach der EM 2016. »Irgendeiner hat ständig zu brüllen begonnen, wenn ein Ball Richtung Tor segelte, meistens irgendwelche Namen, keine Ahnung, um wen es sich dabei handelte oder ob's im Ersten oder Zweiten war. Ist auch nicht weiter wichtig, wirklich nicht.« Und Marcel Reif hatte ein halbes Jahr zuvor einen Strich drunter gemacht: »Die Sprache war früher anders, die Konkurrenzsituation war anders. Bei einem normalen Bundesligaspiel stehen inzwischen mehr Reporter am Spielfeldrand als beim WM-Finale 1990. Quantitativ ist das alles irre geworden. So ist das. Und wenn man nun auf einem großen Marktplatz steht, muß man lauter schreien. [...] Wenn wir uns fragen, was anders geworden ist im Sportjournalismus: dann ist das bei all dem Lärm die mit diesem Lärm einhergehende Sprachlosigkeit.«

Die sich zumal in all den entsetzlichen, prätentiös-gedrechselten Schaumschlägersprüchen ausdrückt. Weil sie keinerlei reflektierte Beziehung zur Sprache mehr unterhalten, werfen sie mit vorgefertigtem Plunder um sich, den ihnen vermutlich Mario Barths Gagschreiber reingereicht haben. Ich kriege dergleichen zum Glück nur noch bei großen Turnieren mit. In *11 Freunde* 1/2017 zufällig zur Kenntnis nehmen konnte (oder mußte) ich allerdings solch ein Zeug: »Toooooor Ribéry. Mit der Hacke. WAS. FÜR. EIN. TOR. Schöner als Sex. Aber: Abseits. Also eher: Sex mit der Hand. Der eingegipsten Hand. Auf einer drekkigen Autobahntoilette. Unter Aufsicht von schwerbehaarten, bulettenfettparfümierten Lkw-Fahrern.« – »Mainz jetzt bemüht, aber da geht nicht allzuviel nach vorne. Kleiner Trost für die Mainzer: Boris Johnson hat sie gebeten, vor dem britischen Parlament zu sprechen. Thema: ›So schnell kann man sich ganz unbürokratisch aus Europa verabschieden.‹« – »Was ähnlich viel Spaß macht, wie gegen den BVB in Spiellaune zu verteidigen: mit Messer und Gabel die Schuhe schnüren, mit Wham in der Vorweihnachtszeit touren, mit André Schubert Plätzchen backen.«

Früher gab es Intendanten und Chefs, die Backpfeifen verteilt und diese Typen zwecks Abkühlung vom Sender genommen hätten.

*

Den besten Text während der Europameisterschaft 2016 hat Denis Yücel geschrieben – »Darum würde ich mich über das Aus der Türkei freuen« (*Welt*, 20. Juni).

Yücel führte eine Reihe von Gründen an. Zwei längere Exzerpte:

»Da sind die Fans, die [den Nationaltrainer Fatih] Terim eben noch als ›Imperator‹ feierten und ihn nun am liebsten an der Bosporus-Brücke aufknüpfen würden. Fans, die in Nizza erst bei jedem Ballkontakt die Spanier auspfiffen, als handle es sich um ein aufgeladenes Lokalderby, und später ihre Wut auf Kapitän Arda Turan vom FC Barcelona richteten, einen übrigens in jeder Hinsicht viel sympathischeren Zeitgenossen als seine Vorgänger, der Islamist Hakan Şükür oder der Nationalist Emre Belözoğlu.

Diese Pfiffe erinnerten mich an andere Spiele der türkischen Nationalmannschaft aus der jüngeren Vergangenheit. An das Qualifikationsduell mit Island im Oktober, als das Publikum eine Gedenkminute für den Terroranschlag in Ankara mit Pfiffen und ›Allahu akbar‹-Rufen störte, weil es sich bei den Opfern um Teilnehmer einer Demonstration von Linken, Kurden und Aleviten handelte. An das Testspiel gegen Griechenland im November, als sich bei der Schweigeminute für die Terroropfer von Paris diese unwürdigen Szenen wiederholten. Wer will sich zusammen mit solchen Leuten freuen?«

»Gauland, Pegida und Co. sind laut und sicher nicht zu unterschätzen. Aber sie sind in Deutschland eine Minderheit. In der Türkei der Gegenwart hingegen ist die aggressive Mischung aus Nationalismus und Islamismus längst gesellschaftlicher Mainstream.

Und der oberste Einpeitscher ist kein Geringerer als der Staatspräsident, der, um es bei einigen Beispielen aus den vergangenen Wochen zu belassen, deutsche Abgeordnete zu einem Bluttest schicken will, kurdischen Politikern ›verdorbenes Blut‹ attestiert und kinderlose Frauen als ›unfertig‹ bezeichnet.

Die Form aber, in der diese Gesinnung zu sich selbst kommt, ist der Lynchmob. Wie im Sommer vorigen Jahres, als in der westlichen Türkei Büros der prokurdischen HDP verwüstet und zum Teil niedergebrannt wurden, ohne daß die Polizei eingeschritten wäre.

Unvergessen sind mir die Bilder aus dem zentralanatolischen Kırşehir, wo es neben dem HDP-Büro auch einen Buchladen traf – den einzigen der Stadt. Ein entfesselter Mob, der auf die Bücher einschlägt, ehe er sie mit dem Laden abfackelt.

Oder der Lynchmob, der am Freitag abend, kurz vor Anpfiff des EM-Spiels, im Herzen des modernen Istanbul junge Leute überfällt, weil diese im Ramadan Alkohol trinken.«

*

Nach den üblen Krawallen in Marseille, unter maßgeblicher Beteiligung »guttrainierter und koordinierter Straßenkämpfer« (*taz,* 20. Juni) aus Rußland (von kroatischen und anderen Gruppierungen bei anderen Gelegenheiten reden wir jetzt mal nicht), schrieb der

Parlamentsvizepräsident und Fußballfunktionär Igor Lebedew auf Twitter: »Ich kann nichts Schlimmes an kämpfenden Fans finden. Im Gegenteil, gut gemacht, Jungs. Weiter so!«

Dafür regte sich wenigstens der BR-Reporter André Siems in der *tz* über die wirklich schlimmen Dinge auf: »Keine geschmückten Autos, keine Fähnchen, keine Euphorie. In Brasserien und so weiter wollen sie teilweise nicht mal Fußballfans sehen, ich bin schon in eine gewöhnliche Kneipe mal gar nicht reingekommen, weil es hieß: Deutsche Fußballfans wollen wir hier nicht!«

Frankreich, gesungen sei dein Lied! Dito deshalb: »Dazu Chaos in den Orten, wo die Organisation teilweise versagt und Züge nicht fahren, gestreikt wird oder es zu großen Verspätungen kommt.«

*

Erst am letzten Tag der EM zeigten sich die Spaßgesellen von der UEFA im Zuge ihrer Abschlußpressekonferenz der Öffentlichkeit. Johannes Kopp berichtete in der *taz* von der Aufführung eines »Kabarettprogramms erster Güte«.

Auftritt Ángel María Villar, 1. UEFA-Vizepräsident: »Er wolle gar keine Rede halten, sagte der Spanier, sondern nur danke sagen. In seiner Einführung erläuterte er: ›Danken ist wichtig im Leben. Manchmal vergessen die Menschen das. Und es gibt nichts Schlimmeres und Unangenehmeres als Undankbarkeit.‹ Gute zehn Minuten dankte er dann, Frankreich, dem französischen Volk, dem französischen Präsidenten François Hollande, dem französischen Militär und der Polizei, dem Fußballverband, den Mannschaften, den Spielern, den Volunteers, den Fans, seinem Generalsekretär und und und. Last, but not least bedankte er sich auch bei Michel Platini, der von der FIFA-Ethikkommission für vier Jahre aus der Fußballgemeinde verbannt wurde: ›Ich glaube, die Franzosen wissen, daß Platini sehr stolz auf diese EM sein kann, wir sind in Gedanken bei ihm.‹«

Ungeachtet überwiegend miserabler Spiele konstatierte Villar daraufhin: »Das Niveau des europäischen Fußballs steigt weiter. Der frische Wind, den die kleinen Mannschaften hereingebracht haben, rechtfertigt die Erweiterung«, und Generalsekretär Theodore Theodoridis stellte in Aussicht, 2024 das Teilnehmerfeld auf zweiunddreißig Mannschaften zu erweitern.

*

Zu danken ist der *taz* zudem für einen Text von Frederic Valin, der vor dem Halbfinale erschienen war.

»Scheitern, ja, das gelingt französischen Sportlern. Das ist eine französische Spezialität«, hob Valin an und führte dann aus: »›Kultur‹, sagte einst Heiner Müller, ›kommt nur von Verlierern und aus der Niederlage. Das produziert Kultur. Die Sieger haben noch nie Kultur produziert.‹ Und daran hält sich Frankreich seit langer Zeit. Frankreich hat keine Kultur des Sieges, weil es eine intelligente Kultur des Sieges nicht geben kann. Siegesfeiern sind immer idiotisch, immer schal und schnell durchschaubar. Deswegen sind Fanmeilen, die als kollektive Sieges- und Jubelorte angelegt sind, aus ästhetischen Gründen abzulehnen. Man kann dort gar nicht anders, man muß blöder werden, als man ist.«

Ach, tut das gut. Und das: »Frankreich kann diese EM nicht gewinnen, weil es im Triumph nichts zu gewinnen gibt, außer einem Staubfänger, der in einer Vitrine steht. Achtbar scheitern, das ist schon viel. Mehr kann man nicht verlangen. Mehr soll man auch nicht verlangen.«

*

Fußball ist seit langem eine der »Kulturlügen, die die Menschheit vergiften« (Max Horkheimer).

Der elende Krampf zeichnete sich hierzulande ab, als die *Münchner Neuesten Nachrichten* 1886 den ersten Sportteil einrichteten. 2015 rechnete Berthold Seliger vor, daß allein ARD und ZDF für den Programmbereich Sport (und das heißt im wesentlichen Fußball) jährlich 790 Millionen Euro ausgeben – »dazu kommen noch die Personalausgaben sowie die Ausgaben für den Sport in den dritten Programmen«.

Von 2006 bis 2012 blieben die Einnahmen der DFL aus den Übertragungsrechten ziemlich stabil, sie lagen bei zirka vierhundert Millionen Euro pro Jahr. Danach stiegen sie Jahr für Jahr noch halbwegs »mäßig«, auf einen Wert von 673 Millionen im Jahr 2016. Der neue, ab Mitte 2017 gültige Vertrag spült nun 1,16 Milliarden Euro in die Kassen der Klubs (eine Steigerung um 85 Prozent). »Das ist ein überragendes Ergebnis«, jubilierte Katar-Heinz Rummenigge.

»Tatsächlich dreht das Fußballbusineß mittlerweile frei. [...] Fußball ist heute die Spitze eines Geschäftsgebarens, das keine Wachstumsgrenzen mehr akzeptiert und dafür keine Rücksichten mehr nimmt.« (Spiegel Online, 20. Dezember 2016, anläßlich der Football-Leaks) Bereits Anfang Oktober hatte Markus

Völker in der *taz* über den »Fußball als geistige Supermacht der Postmoderne« geschrieben: »Nun, an unendliches Wachstum glauben nicht nur Ökonomen und Verrückte, sondern auch Fußballfunktionäre.«

Philipp Köster konstatiert, daß die Fans die Vorgänge in »einer inzwischen völlig durchgeknallten und durch irrwitzige Geldsummen befeuerten Showbranche, in der es vor zwielichtigen Gestalten und abgezockten Geschäftemachern nur so wimmelt«, im allgemeinen kaltließen. Und dennoch: »Gefährlich werden kann dem Spitzenfußball allein eine handfeste wirtschaftliche Krise. Es herrschte bislang in der Szene ein unerschütterlicher Optimismus, daß alles immer noch größer, noch glitzernder, noch rentabler wird, daß immer noch mehr Geld in den Fußball gepumpt wird. Und weil niemand sich vorstellen kann, daß die Leute irgendwann mal genug vom Fußball haben könnten, übertrumpfen sich die Funktionäre mit Vorschlägen, wie immer noch mehr Geld aus dem Sport gepreßt werden kann.« (*11 Freunde* 1/2017)

Just hatte sich Eckhard Henscheid in der *Titanic* 4/2017 darüber lustig gemacht, daß der unersetzliche Ethikrat der FIFA angeblich darüber wache, »daß sich die Blatters, Platinis, Beckenbauers und andere Saubauern und Pfuiteufel die Millionen nicht noch obszöner unter die Vorhaut jubeln«, da rauschte am 28. März via *FAZ* die Meldung rein, die »Topfunktionäre« der FIFA gedächten, ihre Saläre um fünfzig Prozent aufzustocken, und künftig würden »wieder zusätzliche Bonuszahlungen – auch in Millionenhöhe – für Infantino fließen«.

»Zwei Jahrhunderte nach der Erfindung des Sports ist die Bilanz schwindelerregend«, resümierte der französische Philosoph Robert Redeker im Januar 2016.

»Geld und Sport bilden [...] die beiden Facetten ein und derselben Realität: des Spektakels. In dieser Show ist das Geld selber ein Star wie ein Fußballspieler. [...] Der neue und eigentliche Star des Sports, in dem das Geld in seiner absoluten Abstraktion als Schauspiel gegeben wird, ist nicht Federer oder Messi, sondern dieses Geld.«

*

Noch bleibt der gründlich infantilisierte Großteil der Anhänger bei der Stange. Noch? Hie und da ist eine Abwendung zu beobachten.

In einem bemerkenswerten Interview mit der *taz*, über »Bundesligafuzzis« und den »Fußballzirkus«, sagte Heribert Bruchhagen im Mai 2016: »Die Bedeutung des Fußballs ist zu groß geworden«, aber er könne »es ja auch nicht ändern, es ist gesellschaftlicher Wille. [...] Die Menschen sind als Konsumenten Teil dieser Entwicklung.« Die er so erklärt: »Das Wir-Gefühl hat eine große Bedeutung bekommen, der Fußball wird nicht mehr so sehr an den sportlichen Entwicklungen gemessen. Die Menschen suchen im Stadion die Vielzahl. Das resultiert aus der Vereinsamung, in der Familie und am Arbeitsplatz. Entfremdung findet überall statt. Schauen Sie nur in der Bahn, da wurde früher kommuniziert, heute gucken alle auf ihre Smartphones. Die Menschen brauchen die Emotionalität, sie finden sie im Fußball, aber nicht mehr so sehr an anderen Stellen. Die Sozialkompetenz im kleinen Raum ist nicht mehr so vorhanden, auf der Straße, mit den Nachbarn und vor allem im Vereinsleben, das ja massiv zurückgeht.«

Der Sprecher des Bündnisses ProFans, Sig Zelt, legt klar: »Die Attraktivität des Fußballs entsteht dadurch, daß viele Leute in ihrer Freizeit aus Fanatismus daran mitwirken. Die verlangen dafür kein Geld. Im Gegenteil: Die bezahlen auch noch.«

Ja, das ist die keineswegs mirakulöse spätmoderne Variante des autoritären Charakters: »Hört sich fast so an, als ob Fans zahlende Marketingmitarbeiter sind, die den Mythos Fußball erst möglich machen. [...] Spieltag für Spieltag kreieren Fußballfans eine sich permanent selbst bewahrheitende Illusion eines ›Wir‹-Gefühls.« (*taz*, 29. Juli 2016)

*

Seit Anfang 2017 gibt es in der *FAZ* die Serie »Wohin rollt der Ball?«

In England revoltieren Fans von Vereinen aus den unteren Ligen mittlerweile gegen die Usurpation des Fußballs durch Investoren. In Deutschland wollen einflußreiche Manager die 50+1-Regel abschaffen und den Weg freimachen für autokratische Raffhälse. Das Modell des Mitgliedervereins wäre dann vom Tisch.

»Das ganze Sportsystem ist krank«, daran lassen Andreas Rettig und Ewald Lienen (St. Pauli) keinen Zweifel. Sogar der spitzensmarte Herr Bierhoff legt die Stirn in Falten: »Man merkt, daß immer mehr starke Player da sind und immer mehr ausschließlich nur an die Profitmaximierung denken. Darin besteht ein Risiko, irgendwann knallt es dann mal.« – »Ich habe kürzlich mit einem Bankvorstand gesprochen, der sagte, das fühlt sich ein bißchen so an wie das Investmentbanking 2005. Jeder marschiert, schaut, wo geht noch ein bißchen mehr rauszuholen, was können wir machen, um es noch größer und bedeutender zu machen. Eine so eingeschränkte und reduzierte Sicht ist natürlich ein Problem, weil am Ende die Entwicklung und Qualität des Fußballs darunter leiden.« Und bei der Nationalmannschaft macht er Zeichen einer Übersättigung aus: »Wir waren von 2005 bis 2014 eigentlich immer ausverkauft bei Heimspielen, jetzt sehen wir, daß volle Stadien keine Selbstläufer sind. Die Merchandising-Erlöse stagnieren oder sinken, nicht nur bei der Nationalmannschaft, sie sind immer noch auf einem hohen Niveau, aber sie gehen zurück. Ich spüre auch, wenn ich mit Sponsoren spreche, da wird nicht mehr blind hinter dem Fußball hergerannt.«

Führt die UEFA halt eine Nations League ein.

Den Rest erledigt China: »China wird den Fußball und den Weltsport tiefgreifend verändern. Den chinesischen Anspruch auf Führerschaft wird man im Weltsport und seinen Verbänden nicht mehr zurückweisen können. Je mehr Geld das Land in den Fußball und den Sport investiert, je stärker es seine nationale Darstellung durch sportliche Großereignisse unterfüttert und den eigenen Nationalismus mit Blick auf eine starke chinesische Nation fördert, desto weniger ist es möglich, Chinas Einfluß im Weltsport aufzuhalten. [...] Im Fußball wird China nicht eher ruhen, bevor es eine Weltliga geschaffen hat, die von chinesischen Interessen und Entscheidungen bestimmt wird. Das bedeutet: Der Fußball wird von dem Fußball, den wir heute kennen, sehr weit weg sein.« (Gunter Gebauer)

Frage der *FAZ*: »Erleben wir gerade das Verschwinden eines Sehnsuchtsorts, den Anfang vom Ende des Fußballs als beliebteste Sportart der Welt?«

Gebauer: »Wenn man die Tore so weit aufmacht, verliert zumindest der Sehnsuchtsort WM an Attraktivität. Die Gefahr ist groß, daß das Interesse an der WM erlahmen wird. Man hat das ja schon am Ende bei der EM so empfunden. Sie war belangloser und hat uns nicht mehr so erschüttert. Es ist jetzt auch keine besondere Auszeichnung mehr, wenn man bei einer WM mitmacht. [...] Es wird ein langsamer Prozeß des Erlahmens sein, den man aber prognostizieren kann, wenn die WM zu einem Markt mit folkloristischen Zügen verkommt, bei der eher die Frisuren und Kostüme faszinieren werden als große Fußballspiele.«

*

Aber der Rasen im Kölner Stadion ist gut, denn der mehrfach ausgezeichnete Head-Greenkeeper Christoph Seiler kümmert sich um »Aufbau«, »Pflege« und »Pflanzenbestand«, welcher »aus 70 Prozent Lolium perenne und 30 Prozent Poa pratensis« besteht.

Und Igor Lebedew fordert »für die WM 2018 legale unbewaffnete Kämpfe in Arenen. Nach Meinung von Igor Lebedew, dem Sohn von Parteichef Wladimir Schirinowski, würden solch organisierte Schlägereien dafür sorgen, die ›Fanaggressionen in eine friedliche Richtung zu lenken‹.« Er möchte »gewaltbereite Hooligangruppen von je zwanzig Mann in einer Arena gegeneinander antreten lassen. ›Rußland wäre der Pionier eines neuen Sports.‹« (eurosport.de, 5. März 2017)

Auch für diesen vierten Band einer nie geplanten Chronik des unerbittlichen Voranschreitens des Fußballs gilt: Ich habe alle Texte sorgfältig durchgesehen, habe sie in ein paar Fällen – zum Teil erheblich – ergänzt und habe hie und da kosmetische Korrekturen vorgenommen. An einigen wenigen Stellen finden sich Doppelungen, die nachträglich nicht zu tilgen waren, ohne den Textfluß gravierend zu stören. Man sehe eventuell darüber hinweg.

Vier Beiträge beschäftigen sich auch mit anderen Sportarten als dem Fußball – der aber ebendort trotzdem gebührend gewürdigt wird.

PS: Während der Fertigstellung dieses Buches wird am 11. April 2017 auf den Mannschaftsbus von Borussia Dortmund ein Sprengstoffanschlag verübt. Aus Zufall kommt niemand zu Tode. »Wenn Sportler, die eigentlich nur Unterhaltung und Ablenkung in das Leben von Millionen Menschen bringen wollen und sollen, plötzlich zur Zielscheibe werden für Fanatiker mit welcher Motivation auch immer, dann steht meiner Meinung nach das gesamte System vor dcm Abgrund.« (Leser auf Spiegel Online, 12. April)

*

Spiegel Online, 14. April: »Angriffe mit Feuerwerkskörpern, Ausschreitungen auf den Rängen und verängstigte Fans auf dem Rasen: Die Krawalle rund um das Viertelfinalhinspiel in der Europa League zwischen Olympique Lyon und Beşiktaş Istanbul haben für Entsetzen gesorgt. ›Es wäre wohl die beste Lösung gewesen, das Spiel nach den Vorfällen einfach abzusagen‹, sagte Lyons Torhüter Anthony Lopes. [...] In Lyon herrschte bereits vor dem Hochrisikospiel Chaos. Hunderte Fans der Gastgeber drängten während des Aufwärmens der Teams auf den Rasen, als sie aus dem türkischen Gästeblock im Oberrang mit Pyrotechnik und Gegenständen beworfen wurden. Laut

[Vereinspräsident Jean-Michel] Aulas habe es für die Zuschauer gar keine andere Möglichkeit gegeben, als auf den Rasen zu flüchten. ›Die Feuerwerkskörper sind direkt über ihren Köpfen explodiert‹, sagte der 68jährige. Anschließend gingen französische Hooligans auf die Türken los. Auf den Tribünen kam es zu Schlägereien. Auch Gruppen, in denen sich Kinder befanden, wurden attackiert. Laut einer Behördensprecherin wurden fünfzig türkische Fans nach den Vorfällen aus dem Stadion geführt. [...] ›Ich habe so etwas in meinen dreißig Jahren hier noch nie erlebt‹, sagte Aulas, nachdem es schon außerhalb des Stadions zu Krawallen gekommen war.«

Spiegel Online, 16. April: »Vor dem brisanten Nordderby zwischen Werder Bremen und dem HSV ist der Mannschaftsbus der Hamburger mit Farbbeuteln attackiert worden. Bei der Einfahrt ins Stadion sei der Bus mit grüner und weißer Farbe und Gegenständen beworfen worden, sagte ein Polizeisprecher in Bremen. Der Bus sei beschädigt, verletzt sei aber niemand. Die Ermittlungen laufen.«

Teichoskopie und Tortur

Das Wort »Buch« mag mal ein edles gewesen sein und mag mal für das Resultat außerordentlicher geistiger Anstrengung und Prägnanz gestanden haben, das dem Leser gelegentlich etwas abverlangte und nicht etwas zumutete. Heutzutage dienen Bücher u. a. dazu: »Mit Hilfe dieses Buches können Sie etwas gewinnen, einen Satz Trikots aus dem Hause ›Hummel‹ für Ihre Mannschaft oder eine Jugendmannschaft nach Wahl.«

Man kann, halten wir fest, mit Hilfe von Ulli Potofskis Buch *Entscheidend ist aufm Platz – Die verrückte Welt des Fußballs und seiner Kommentatoren* (Gütersloh 2014) also eine Jugendmannschaft gewinnen.

Es gibt heute ein ungeschriebenes Gesetz: Das Gros der Radioleute kann nicht schreiben, und Fernsehmenschen können prinzipiell überhaupt nichts. Potofski, dem einen oder anderen noch durch seine stundenlangen Krampfereien in der RTL-Sendung *Anpfiff* in Erinnerung, behauptet, sich mit der »Sportreportersprache« zu beschäftigen sowie mit »den Erzählern und den Erzählerinnen, mit denen, die mit dem Ball sprechen«, und bestätigt das nämliche Gesetz Seite für Seite. Eine Recherche hat nicht stattgefunden, Halbwahrheiten und Banalitäten aus Wikipedia werden hilflos miteinander verschraubt, die im dürftigen Anhang dokumentierten gloriosen Sprüche unserer Wortmagier stammen überwiegend aus dem leider von mir mitverantworteten, beinahe zwanzig Jahre alten Schauderbuch *So werde ich Heribert Faßbender – Grund- und*

Aufbauwortschatz Fußballreportage, und etliches ist schlicht Unfug, etwa, besagtes Bändchen habe »der Satiriker Thomas Gsella« alleine »herausgegeben« und sei »eine Art Glossar des Faßbenderschen Vokabulars und seiner Floskeln«. Explizit als gewissermaßen Quellen genannt sind mehr als dreißig Reporter, und mit einem Glossar hat das höchstens mäßig komische Sammelsurium und Blödding nichts gemein.

Oder: Richard Golz ist ein Fußballreporter? Und nicht eher ein Torwart außer Dienst? Der Steuerhinterzieher, Betrüger und Schmiergeldeintreiber Wilfried Mohren war in eine »tragische Geschichte« verwickelt? Michael Steinbrecher und Katrin Müller-Hohenstein kommentieren Fußballspiele? Und faseln nicht davor und danach zusammen mit irgendwelchen Experten für nichts und wieder nichts unsäglichen Mumpitz daher?

»Als Moderatorin hat sie einen Stil, der mir gut gefällt«, schleimt sich Potofski bei der Kollegin ein. »Sie macht immer einen sehr freundlichen Eindruck, stellt meistens gute Fragen und ist bestens vorbereitet. [...] Katrin Müller-Hohenstein ist eine erfahrene Frau und eine erprobte Journalistin.«

In diesem Tonfall auf Grundschulniveau plappert Potofski vor sich hin, wiederholt bis zum Vomieren eine anekdotische Lappalie nach der anderen und macht artig Diener vor den größten Pfeifen seiner Zunft. »Sebastian Hellmann ist vielleicht der schönste aller Fußballreporter.« Und eine halbe Seite später, damit wir's auch begreifen: »Er hat, und das wird immer wichtiger in diesem Job, eine überragende Optik.« Die Penetranz in persona, Waldemar Hartmann, der unterdessen »wie weiland Rex Gildo die Möbelhäuser [der Provinz beglückt] und versucht, mit einer Bestof-Show noch den letzten Euro aus unverbesserlichen Weißbierfans herauszuholen« (*Der tödliche Paß* 72), »war in meinen Augen immer ein guter Moderator«. Der Intellektualpremiumabwracker Johannes B. Kerner »denkt nicht nur in Viererketten, wenn er über Fußball spricht. Du merkst, daß er über den Tellerrand schaut und auch den ganz normalen menschlichen Aspekt im Sinn hat.« Dieter Kürten, der den Sportjournalismus zum Kuschelgruppenyoga und faulen Eiertanz degradierte, »ist einfach ein toller Mann«. Der Wortentwürdiger Tom Bartels, der die Sprache sturmreif sabbelt, Bartels, diese »Plage« (Stefan Gärtner), bringe »Wortgewandtheit und die Fähigkeit, Zusammenhänge zu erfassen«, mit, es ist gar zu fabelhaft, auch wenn Potofski für all das im gesamten Buchstiefel nicht einen einzigen Beleg herbeischleppt und deshalb dem allerschlimmsten Ignoranten und Krachschnabler, dem Béla Réthy, locker attestieren kann: »Sein Wesen gebildet und elegant, seine Sprache geschliffen und überlegt. Ein Mann, der Publizistik, Soziologie und Ethnologie studiert hat.« Und darum ausgerechnet Sportreporter wurde.

Daß ein Bursche wie Ulli Potofski, der die Sprache, sein Handwerkszeug, traktiert wie ein Holzfäller den Wald (»Der Kommentator entgleist«, »Wie kann man sich nur so entblöden?«, »in den ersten Kinderschuhen«, »die Sprache des Jahres 2014« – in der Metapher und Vergleich dann ein und dasselbe sind), die in den neunziger Jahren in den privaten Anstalten installierten Reporter »Schreihälse« nennt, rechnen wir ihm immerhin einigermaßen hoch an; ebenso, daß er ausführt: »Wenn ich mir manchmal anhöre, wie Zweit- oder gar Drittligaspiele kommentiert werden, denke ich wahlweise, die Welt geht unter oder der junge Pelé steht wieder auf dem Platz – sosehr wird übertrieben, werden mittelmäßige Begegnungen zu Weltsensationen aufgebauscht. Ein wirklich dramatisches Spiel wie das WM-Halbfinale von 1970 könnte, wenn es derart zugetextet würde, gar nicht mehr wirken.«

Die berühmte Passage aus Ernst Hubertys Fernsehkommentar zu ebendieser Partie hätte Potofski wenigstens korrekt transkribieren können (allzu viele Wörter sind's ja nicht), genauso wie Heribert Faßbenders legendären Satz aus dem WM-Achtelfinale Deutschland – Niederlande vom 24. Juni 1990, nachdem der argentinische Referee Loustau (Beckenbauer: »Der hat Schafkopf gespielt«) in der 77. Minute Lothar Matthäus verwarnt hatte. Er lautet nicht »Schickt diesen Mann ganz schnell zurück in die Pampa!«, sondern: »Schickt ihn ganz schnell in die Pampas, diesen Mann!«

Rabulistische Einwände? Nein, Belege für die eitle Wurschtigkeit und eklatante Unbildung dieser Spezies, die nicht mal mehr auch nur den Hauch eines Schimmers von der Historie des eigenen Berufszweiges hat und – siehe Potofski – die wahrlich erträglichen bis tatsächlich großen Vorgänger keiner Erwähnung wert hält – etwa Herbert Zimmermann, Oskar Klose, Kurt Brumme (man höre sich seine genialische Radioreportage vom WM-Halbfinale '70 an), Rolf Kramer, Klaus Schwarze (»Die deutsche Mannschaft spielt, wie von Bundestrainer Jupp Derwall angekündigt, mit Karl-Heinz Vorstopper als Förster«), Erwin Dittberner (»Ich nehme an, daß der Schiedsrichter jetzt die Pfeife, die ja für ihn ein entscheidendes Mittel ist, in den Mund nimmt«), Joachim Böttcher, Eberhard Stanjek, Eberhard Figgemeier, Manfred Breuckmann und Günther Koch.

Ob die Fußballradioreportage, insbesondere die neunzigminütige, mal eine Art Kunstform gewesen ist, darf durchaus bestritten werden. Der Sprachjongleur Ror Wolf jedenfalls setzte vielen der eben Genannten mit seinen akustischen Mosaiken aus tausenderlei Perioden- und Phrasenbruchstücken mehrere Denkmäler (eine der schönsten Stellen, die so entstand, ist: »Kehren wir in die Gegenwart zurück, wo inzwischen die Sonne hinter einem Dunstschleier verschwunden ist, so, als wenn gar nichts gewesen wäre. Das habe ich in dieser konsequenten Form auch noch nicht gesehen«). Wolf vor vier Jahren gegenüber der *Süddeutschen Zeitung*: »Die Radioreportage ist eine neunzigminütige Teichoskopie, wie im Theater: Ich erzähle in Mauerschaumanier etwas, was der Hörer nicht sieht. Günther Koch – dessen Dramatik, wie der verlangsamt und dann nur kurz schneller und lauter wird, statt permanent vor dem Mikrophon rumzubrüllen.« Und: »Ich mag mehr diese kargen Kommentare von Rudi Michel: ›Grabowski, Netzer, Grabowski‹ – und dann plötzlich zwei leidenschaftliche Sätze, das ist sehr musikalisch.«

Das heutige Fußballreportergeschwätz, vornehmlich im Fernsehen, ist bestenfalls nur noch abgeschmackt, lästig, Schrott, Dreck. Bei einem Gellhannes wie Wolff-Christoph Fuss, dem Ulli Potofski, der zu Recht das ubiquitäre Gepöbel im Internet beklagt, bescheinigt: »Er spricht so, wie das Internet funktioniert. Schnell. Punktuell. Witzig«, artet es zur Tortur aus.

Dieser sogenannte Reporter, augenblicklich tätig für Sky Deutschland, ist nichts anderes als ein gräßlicher, sich an sich selbst hemmungslos berauschender Kreischsägenschreihals, denn in unseren grandiosen Zeiten muß gebrüllt werden, sei da, was sei. »Torres ins Tor!!! Was ist denn hier los???!!!« Wahlweise: »Bist du verrückt??!!« Während des Champions-League-Viertelfinalhinspiels zwischen Inter Mailand und Schalke 04 am 5. April 2011 röhrt er die Sätze »Ja, glaub' ich's denn??!!« und »Eigentooor!!! Ich fass' es nicht, Freunde!! Das gibt's nicht!!« raus, ein andermal schreckt er nicht davor zurück, den damischen Beckenbauer zu zitieren (»Ja, ist denn heut' schon Weihnachten?!«), und bei der nächsten Gelegenheit bellt er in den Äther: »Ribéry macht's!!! Und er macht's riesig!«

Unter drei, vier Ausrufezeichen macht es Wolff-Christoph Fuss nicht: »Ballack! Toooor!!! Mister Go to guy, Michael Ballack!!!« Wobei wir uns beklommen, ja regelrecht versonnen fragen, was ein »Go to guy« oder eben »Go-to-guy« sein könnte. Einer, der heimlich zu Typen geht? Der gerne einen ausgibt? Der ab und an dem nächstbesten Guy oder Folk oder Fellow eine reinsemmelt? Das dürfte für den Go-to-guy dann »una notte perfetta« (Fuss) sein.

Bei all seinem effektheischenden Gelärme meidet Fuss kaum eine verwelkte Sumpfblüte aus der achtzigjährigen Geschichte der Fußballivereportage, was eine bekloppte, vor sich hin brabbelnde, zusammengegaunerte Internetgemeinde nicht daran hindert, dem impertinenten, schamlosen Lackel mit Youtube-Zusammenschnitten wie »Wolff Fuss rastet aus« und »Wolff-Christoph Fuss – Eine Legende« zu huldigen.

Daß er sich »immer echt, immer authentisch, immer ein bißchen wie zu Hause auf der Couch mit Freunden« gebärde, teilt der nicht mal vierzig Jahre alte »Kultreporter« (daß der Begriff des Kultes mit rituellen, meist religiösen Handlungen zu tun hat, weiß natürlich niemand mehr) in seinem gerade hereingeschneiten Buch des Titels – man ahnt es kaum – *Diese verrückten 90 Minuten – Das Fuß-Ball-Buch* (München 2014) mit. Im gleichen Atemzug gibt er zu verstehen: »Daß Subjekt, Prädikat und Objekt die wesentlichen Merkmale der deutschen Sprache sind, steht für mich außer Frage. Daß diese allerdings ebenfalls so mannigfaltig ist wie der Fußball selbst, auch.« Und: »Das höchste Gut einer jeden Sportübertragung, das höchste Gut einer jeden Fernsehsendung überhaupt ist die Sprache.« Was für ein Buch (gleich diesem) nicht mehr gilt, andernfalls entfielen derartige Kultkopfemanationen: »Der Fakt als solcher schlagzeilt genau einen Tag.« – »Trainer Thomas Schaaf hatte mir gegenüber genau die Befürchtung geäußert, daß er hoffe, seine Mannschaft gehe nicht zu selbstsicher ins Spiel.« – »Drohgebärde für Niederlagen waren endlose Steigerungsläufe und Sparrings mit Medizinbällen.« – »Die wenigsten lasen im Sommer 2008 aus diesem Team einen kommenden deutschen Meister.« – »Fußball kann alles, sogar und vor allem seine eigenen Geschichten.« – »Selbst das Spiel schwieg andächtig, als die Hymne erklang.«

Hier möchten wir bloß noch ächzen: »Als dem Morgen schon langsam graute« (detto Fuss) – und der morgendlichen Eule der Minerva erst recht.

Fußballöffentlichkeitskasper wie Fuss und Frank Buschmann plustern sich mittlerweile auf, als seien sie die Kulturträger dieser hehren Nation. Kultur (von der gleichfalls niemand mehr weiß, was einst mit ihr verbunden ward) heißt eben: Unterhaltung, Show, Brimborium, geistige Barbarei. Ist bei Fuss ein Spiel – respektive ein »Kick«, den er »wegkommentiert« – ein »knüppelharter Nußkuchen«, »Rock 'n' Roll« (ständig) oder ein »Dramababy« (wer da nicht kotzt, ist abgestumpft wie ein Kiesel), johlt die Bande vor dem

Fernsehkasten. Schildert er die »erogenste Zone eines Spielfelds« oder liest vor einem Freistoß von Ronaldo den vorfabrizierten Turnbeutelspruch »Guckt euch das an! Der kann kaum steh'n vor lauter Cojones!« vor, geht der Bagage einer ab. Und vollends deliriert sie vor sich hin, wenn er grölt: »Hasta la vista – Schalke Halbfinalista!!« oder »Hasta la vista – Bayern Finalista!«

Wer liest solche Bücher – außer mir (weil ich sie lesen soll)? Warum schreitet die UNO nicht ein? Oder die EU? Und schreibt ein Lektorat vor? Oder verhindert Kladden, in denen wichtigtuerische Saftsäcke »Schokoriegel« mampfen (»das pimpt den Energiehaushalt«) und »Powernaps in Hotels« machen, und zwar in »kommodigen« (sic!), »gefühlsecht« heißen Kaffee nippen, pausenlos »fürstlich auf Einladung des Vereins« dinieren, interessante Flugreisen mit dem lieben, dem göttlichen Beckenbauer unternehmen, Herrn van Gaals Marotten befummeln, Kinderwissen verbreiten und die Russen, die »Gebrüder grimmig«, als schlägernde Säufer denunzieren? Mithin die notorisch pestilenzialischen Fans, diese spektakelsüchtigen Kretins, die es auf die andere Seite geschafft haben, ihr Kappesgehubere zelebrieren?

»Großer Unfug wird beim Fußball ständig geredet« (*Fränkische Landeszeitung*, 13. Dezember 2013), Fußball ist, medial überformt und deformiert, der größte Stuß. Sämtliche »umherschwirrenden sprachlichen Dummheiten« saugt er auf, vom »falschen ›scheinbar‹« übers »halbgare ›nicht wirklich‹« bis zu »reißerischen Füllseln wie ›absolut‹ und ›total‹«, woraus die *Titanic* (4/2012) schloß: »Wenn die Fußballer, über die Ihr berichtet, so mit ihrem Arbeitsgerät, dem Ball, umgingen, wie Ihr es mit dem Euren, der Sprache, macht, jeder Rasen der Republik wäre ein zertrampelter Akker, jedes Stadion im Nu leergefegt, und Ihr könntet Euch nicht als die faulsten und dümmsten Maden durch den dicken Speck des Fußballgeschäfts fressen, sondern müßtet Euch eine anständige Arbeit suchen.«

Das werden sie nicht müssen, denn der Medienfußball ist als Ausdruck niederster Gesinnung und eines durchdrehenden Konformismus, als Feier der eigenen Beschränktheit, als dröhnende Zustimmung zur demütigend dummen Gegenwart, als blindwütige Affirmation des ganzen Mistsystems durch so korruptes wie überflüssiges Geblähe – schlicht die ideale, allerorten erfolgreich promotete Form der Wirklichkeitsverleugnung.

Fußball ist keine »verrückte Realität« (Fuss), Fußball ist erbärmlich, stumpfsinnig, abstoßend (geworden), eine Veranstaltung, in der bedingungslose Unterwerfung unter die Gesetze der Akkumulation, des Wettbewerbs und des Gehorsams eingeübt wird. »Fußball ist der Katalysator für alles, was scheiße ist.« (Jörg Schröder)

Der Fußball soll abgeschafft werden

Der Fußball soll aufhören. Der Fußball soll abgeschafft werden.

Früher war der Fußball, bei näherer Betrachtung, zwar auch kein keusches Vergnügen, er war keineswegs frei von Korruption, politischer Infiltration, Gier, aber das Fußballmilieu hinterließ doch meist den Eindruck eines harmlosen, nicht selten komischen Soziotops voller Fatzkes, Spitzbuben und Holper- und Rammelrhetoren. Da erduldete man dann mehr oder weniger sogar einen reaktionären Sülzer und CSU-Tünnes wie Waldemar Hartmann, der beim Fernsehen des Bayerischen Rundfunks unter anderem deshalb die Gehaltsleiter hinaufspaziert war, weil er, wie in Hans Wells Buch *35 Jahre Biermösl Blosn* (München 2013) nachzulesen, zum Beispiel die Gegner der WAA in Wackersdorf aus einem Polizeihubschrauber heraus »angewidert« (Well) als »picklige, ungewaschene und gewalttätige Demonstranten« bezeichnet hatte, zu Franz Josef Straußens allerdeftigstem Pläsier.

Heute indes ist ausnahmslos alles scheiße.

Die Stadien hatten einst den spröden (Beton-) Charme großer, lichter sozialdemokratischer Wurstkessel und Palaverstätten. Heute sind das faschistoide, prahlsüchtig und rücksichtslos in die Gegend geklotzte Eventbunker mit streng abgegrenzten Konferenzräumen (VIP-Lounges) für die herrschenden Parvenüs, Aasgeier und Arschgeigen, und das begeistert konformierende, geschlechtlich und vom Alter her so herrlich gemischte Spießerkonsumentenpublikum läßt sich Getränkezahlkarten, Alkoholverbote und Permanent-PR-Lärmterror ohne das leiseste Murren gefallen.

Fans, früher oft etwas kauzige, bisweilen auch raufende, aber geerdete und noch zur Selbstbesinnung fähige Leidensgenossen, sind heute – mit Abweichungen – autoritäts-, auf Führung und ihre Führer fixierte Vollidioten, Wahnsinnige, potentielle Totschläger. Nach dem Abstieg von Dynamo Dresden aus der zweiten Liga hängten gewohnheitsmäßig randalierende Anhänger dieses sogenannten Vereins ein Transparent mit der Aufschrift »Ihr habt eine Stunde Zeit, unsere Stadt zu verlassen« auf. Wer das nicht als »Krönung des Irrsinns« und als »Nötigung« oder einen »Aufruf zum Mord« (Spiegel Online) interpretiert, ist so durch und durch gaga wie der gesamte Fußball.

Sind größere Fankontingente, wie beispielsweise im Falle St. Paulis, noch bei Trost und bei Sinnen, läßt der DFB, da die langweilige, überflüssige sogenannte Nationalmannschaft im Millerntor-Stadion vor einem kreuzbescheuerten Testspiel ein Training absolviert, ein Banner überkleben, auf dem »Kein Fußball den Faschisten« steht. Weil der DFB, diese Gang ehrenwerter Kämpfer gegen Rassismus, weiß, was für Typen mittlerweile zu einem nicht unerheblichen Teil seine Kunden sind?

Die Verbände. Was soll man zu diesen Versammlungen psychopathischer Penner noch sagen? In Brasilien finden seit Monaten in sämtlichen großen Städten Protestmärsche von Millionen Menschen gegen die WM statt, gegen unermeßliche Sozialschweinereien, gegen Geldschiebereien, gegen die FIFA-Diktatur, und Herr Blatter, der Hegel des Weltfußballs, erklärt, der Fußball sei »Opfer seiner Beliebtheit und seines Erfolgs. Wir müssen das Spiel vor politischen Einflüssen schützen.« Um nun in einer unfaßbaren Ron-Hubbard-artigen Wirrkopfrede auf dem FIFA-Kongreß in São Paulo anzukündigen, in naher und noch strahlenderer Zukunft werde eine intergalaktische WM auf Alpha Centauri ausgetragen, unter der Schirmherrschaft, ist anzunehmen, von Rolex-Rummenigge und des laut Wolfgang Niersbach »absoluten Ehrenmannes« Franz Beckenbauer, der augenblicklich bedauerlicherweise Stadionverbot hat.

Selbst *Bild* meldete am 17. Mai 2014: »Vier Wochen vor der WM: Panzer am Strand! – Polizeistreik – In Recife tobt die Gewalt – Landlose besetzen Autobahn – Proteste in Rio: Streikende Lehrer, Busfahrer und WM-Gegner lähmen Rio de Janeiro, Belo Horizonte, Porto Alegre, die Hauptstadt Brasilia und fünfzig andere Städte.« Und zeigte Photos von Transparenten: »FIFA – go to hell!«

Mehrere Tote hat es bei »heftigen Straßenschlachten« *(FAZ)* schon gegeben – und zwar nicht in Katar.

Der Fußball muß weg. Er muß aufhören.

Die Trainer? Man stelle einen Branko Zebec und einen Ernst Happel einem Klopp und einem Tuchel gegenüber.

Bei Spielern erkennbar war mal so etwas wie Eigensinn, ein persönliches Profil, eine individuelle Ausdrucksphysiognomie. Heute reden sie alle das gleiche bewerbungsseminaristische Verdeppungsdeutsch daher, sie sehen alle gleich aus (Tattoos und Gockelfrisuren sind musts), und sie spielen alle den gleichen obrigkeitshörigen Stiefel herunter – in Erziehungslagern zusammengestutzte und -gestückelte Hochleistungsfanatiker mit der Anmutung von Muttersöhnchencyborgs auf Systemfußballspeed.

Kennt noch jemand Rudi Michel, diesen zurückhaltenden Grandseigneur, der fünf Fußballweltmeisterschaftsendspiele kommentierte? Heute heißen alle, alle, alle Fußballreporter Wolff-Christoph Fuss und sind schamlose Sprachzerschreier und derartige Selbstvermarktungsaufdringlichkeitsclowns, daß man, ist man nicht vollends geistig ruiniert, zu welchem Schluß kommen muß?

Der Fußball muß weg. Es muß mit ihm ein Ende haben.

Und zuletzt die sogenannte Fußballkultur oder Fußballbegleitkultur. Ein Kumpel mailte mir kürzlich sage und jaule vor Verzweiflung einundfünfzig Youtube-Links zu aktuellen Fußball-WM-Songs, von denen ein einziger unter Mißachtung aller Kriterien für hörbare Musik gerade noch durchging.

Bereits die Namen dieser Hobby- und semi- bis professionellen Bands: PoKarl, Mallorca Cowboys, Einohrbill & Band, Die Gestiefelten Zwerge, Roboshit, Partybengels, Nik Ball, D11B, debilrockz, Die Partykapitäne, Germany Rockz, Los Rockos und so fort – es sprengt alle Dimensionen der Schande. Wie sie dann jedoch die Noten mißhandeln und zusammenpappen, das wirft ernstlich die Frage auf, ob man die ganze Bagage dafür nicht verklagen kann – für die unbeschreiblichen, am Computer montierten Bauerntrampeldiskostampfer, die Deutschrockstumpfsinnigkeiten mit Hymneneinsprengseln, die Ballermannfanmeilenpartykloakenhits, die tumben AC/DC-Cover, den Spaßpunkmüll, die Achtziger-Jahre-Wiedergängereien, die Schlageradaptionen, den Rentnerelektrosonderkehricht. Verflucht sei die digitale Technik!

Die Botschaften all der Versschmiede mit schwarzrotgoldenen Narrenkappen und in Volksgemeinschaftsgewändern? »Laßt die Fahnen weh'n!«, »Holt den Sieg!«, »Holt das Ding heim!«, »Wir schießen euch ab!«, jawoll, »Wir zeigen es der ganzen Welt«, na bitte, »Der Pokal wird wahr«, fürwahr, »Wir oder keiner«, »Wir singen Schwarz, Rot, Gold! Deutschland!!!«, »Wir stehen hinter unserer Farbe, ich und du, Schwarzrotgold!«, »Und wenn der Ball dann rollt, spielt nur noch Schwarzrotgold«.

Warum mußte die Evolution die menschliche Sprache hervorbringen? Und eine Frauenkabaretttruppe namens DieDo aus der Pfalz, die derart kindisch »Das ist doch geil, geil, geil!« quiekt, daß die Hirnschmelze droht? Und die RTL-Trashtüte Melanie Müller, deren musikalischer Beitrag »Deutschland schießt ein Tor!« bis dato mehr als zwei Millionen Mal angeklickt wurde? Diese nicht mehr schilderbare Zumutung, die ein Youser den »unerträglichsten WM-Song aller Zeiten« nennt?

Die Fußball-WM-Songs 2014 sind der finale Anschlag aufs Gemüt, eine ästhetische Generaldemütigung, eine kriminelle Versaubeutelung des öffentlichen Raums. Sie sind die Vertonung der Hölle und die Verschrottung der Welt.

Der Fußball muß aufhören, er muß abgeschafft werden.

»Der Fußball hat mit dem Fußball nichts mehr zu tun«, sagte mir unlängst der ungemein sympathische Slobodan Komljenović, ehemaliger serbischer Nationalspieler und Verteidiger von Eintracht Frankfurt.

Ich möchte auch nie mehr aus meinem Briefkasten einen DIN-A4-Flyer des staatlich alimentierten Halsabschneiderinstituts Commerzbank angeln, auf dem mir sieben Nationalspieler und der Jogibär entgegenjoggen und für »die Bank an Ihrer Seite« werben.

Der Fußball soll aufhören. Er soll abgeschafft werden.

Schlaumichelig

Seit Jahren schreibt sich die Chronik des kommunikativen Irrsinns praktisch von alleine fort. Nahezu ohne Unterlaß quaken sie auf unsereinen ein, die sogenannten Fußballexperten, die im enervierenden Mediendeutsch selbstverständlich »High-Profile-Verpflichtungen« heißen, denn hochgeachtet und prominent ist, wer Sprache und Geist zuverlässig in Salzbergwerkstollen versenkt.

Drei Idealverkörperungen des Unternullmediums Fußballfernsehen gammeln in Brasilien leider nicht herum: Olaf Thon (»Man darf das Spiel doch nicht so schlechtreden, wie es wirklich war«), Jens Lehmann (»Wenn die Mannschaft nicht gut spielt, wird der Trainer dran glauben«) und der in jederlei Hinsicht seit langem entgleiste, ja unermeßliche Franz Bekkenbauer (»Ja gut, am Ergebnis wird sich nicht mehr viel ändern, es sei denn, es schießt einer ein Tor«), der jetzt endlich mal einem Kegelverein beitreten sollte.

Dafür hat das ZDF neben den ewigen Schwiegermuttertraum Rudi Cerne, der liebend gern »ganz fett auf dieses Spiel eingehen will«, zum Beispiel erneut diesen Schweizer Ex-Referee Urs Meier hingestellt, der konstatiert: »Die Schiedsrichter kommen nicht ins Turnier rein« (sind die eine Mannschaft?), und sie hätten »Mist an den Schuhen« (und nicht etwa Schaum, haha). Woraus er gleichwohl schließt: »Die Diskussionen werden nicht so groß sein.«

Es ist die basale Aufgeblasenheit dieser Form von Expertokratie, die uns, ginge sie auch unter dem Stichwort »Komplexitätsreduktion« (Luhmann) irgendwie noch an und durch, bestenfalls an Parawissenschaft für Zweijährige gemahnt und des mit ihr einhergehenden Zeitraubs wegen spucken und speien macht.

»Schwestern und Brüder der Nacht!« kumpelt uns späterhin der ostentativ joviale Reinhold Beckmann (ARD) an, der sich immerhin vorbereitet hat und solche in Stunden schweren Nachdenkens geschmiedete Pretiosen aus dem Höcker zieht: »Nur der frühe Vogel fängt den Jogi Löw« – und: »Das ist ein sahniges Erlebnis, wenn der Schiedsrichter mal wieder zu seiner Dose greift.«

Mag sein, daß Beckmann, anders als all die Perfektionisten in Sachen Besinnungs- und Sinnlosigkeit, zur Selbstwahrnehmung fähig ist (sein eigenes Geplapper nennt er mal »schlaumichelig«) und eine Art strukturiertes Gespräch zu führen versucht. Doch wie soll das hinhauen – mit dem artigen, indes katastrophal unbedarften Giovane Élber? Der ausnahmslos so was aus sich herauszupft: »Ja, der hat gut geschossen. Also, schlecht war es nicht. Leider ein bißchen zu hoch, aber war schon gut.« – »Der macht das ganz gut. Glück dabei. Das muß man haben.« – »Das ist einfach draufgehauen, mal schau'n, was Torwart macht.«

Wozu der furchtbare Quark? Sagt es uns nach »gefühlt« (Beckmann) dreißig Jahren schauderhafter Schaumquirlerei verdammt noch mal endlich mal jemand? Vielleicht irgendein Programmdirektor?

Weglaufen

Nachdem die kroatische Elf Kamerun zerlegt hatte, stellte sich Kameruns Coach Volker Finke den üblichen intelligenten Fragen und sagte bündig: »Man macht in dem Moment keine Analyse.« – »Wie sieht's denn in Ihnen aus?« Finke: »Na.« Und: »Ich kann da nichts zu sagen.« Kurzum: Der Mann wollte bloß noch davonlaufen. Und tat das dann auch rasch.

Immer mal wieder zu betrachten ist im FIFA-Fußballfernsehen zwar nicht unser Lieblingsherold Sepp Blatter, aber immerhin ein Werbespot eines Brauseherstellers, in dem es heißt: »WM, das sind wir alle.« Wie sagt das Jahrhundertgenie Gerhard Polt? »Wer ist ›wir‹? Ich nicht.«

Es ist zum Weggucken, zum Wegschalten, egal, was man wegglotzt, da hilft selbst ein Arnd Zeigler nicht, der im ARD-*Morgenmagazin* das »Portuknall«-Gelaber und Ronaldo-Blabla der Edelgroschen-, ja Schweinestallpresse seziert. Denn im öffentlich-rechtlichen Kölner Studio macht sich sogleich der noch angesichts grauenhafter Berichte über Mord und Terror in der halben Welt bumsfröhliche Moderator Sven Lorig zum volksgemeinschaftlichen Vollidioten, der schwarzrotgoldene Hasenohren und anderweitigen Merchandisingtand überstreift und sein notorisches Gute-Laune-Gegacker übers »Rudelguckwetter« und so fort durch den bestrafungswürdigen Satz krönt: »Wir möchten Angela Merkel jubeln sehen.«

RTL (*Guten Morgen, Deutschland*, na klar) zeigt, wie man deutsche Wohnzimmer mit Deutschlandfahnen ausstaffiert und versaut, und behauptet (vermutlich nicht grundlos): »Das Wir ist wieder da.« Im ohnehin unbeschreiblich haltlosen Sat.1-*Frühstücksfernsehen* sieht man fassungslos der kompletten Regression zu – garniert mit strunzigen Promitips, Zuschauerhandyphotos von schwarzrotgold gewandeten deutschen Babys (»Selfies sind ganz wichtig«), Einspielern über Schuldeneintreiber (»der Thomas Müller der Inkassobranche«) und einer farblich identischen Studiokulisse, in der das Nationalgeschrei endlich als jene dämlich witzelnd übertünchte Aggression kenntlich wird, die den Gegner vernichtet wissen will.

Im ARD-*WM-Telegramm* dann: Autos, schwarzrotgold lackiert, schwarzrotgoldene Maultaschen, aus dem Off: »Stuttgart im Ausnahmezustand.« Und Sven Lorig, nach Bilderstrecken über den Public-Viewing-Pöbel? »Was für ein Spiel! Und die Kanzlerin hat wieder gejubelt!«

»Wird eine Fußballweltmeisterschaft vom Radio übertragen«, schrieb Adorno 1968, »so mögen selbst spektakulär verschlampte Gammler und wohlsituierte Bürger in ihren Sakkos einträchtig um Kofferradios auf dem Bürgersteig sich scharen. Für zwei Stunden schweißt der große Anlaß die gesteuerte und kommerzialisierte Solidarität der Fußballinteressenten zur Volksgemeinschaft zusammen.«

Nicht lediglich für zwei Stunden. Wir wollen daher nur noch eins: weglaufen. Wie Thomas Müller den Verteidigern.

Wucht

Das Gros der Kommentatoren im derzeitigen Fußballfronteinsatz erwirkt eine beträchtliche Erhöhung des bundesweiten Verbrauchs an Schmerzmitteln, ein einziger jedoch erweist sich stets aufs neue als Inkarnation von Esprit und Würde.

Was für ein Glücksfall, was für ein Geschenk ist Mehmet Scholl! Schon vor der Partie Kolumbien – Griechenland sagte er unverblümt, die allgemeine Jubelariendirektive ignorierend: »Ich verspreche mir von dem Spiel nicht wirklich viel«, und machte sich anschließend charmant über das griechische »Defensivzeug« lustig. Ein andermal erkannte er, daß sich ein Spieler »verarscht gefühlt« habe, und im Zuge der unendlichen Vorberichterstattung zu Portugal – Deutschland knockte er, derweil der deutsche Teambus aus der unterdessen bei jedem Tinnef eingesetzten Vogelperspektive gezeigt wurde, das hypertrophische Medientheater lakonisch aus: »Endlich ein Bus! Danke an die Regie! Ich hab' noch nie einen Bus ankommen sehen.«

Die Meinungen zu Scholl sind nahezu einhellig. »Scholl verbindet Sachkenntnis mit der Fähigkeit, die unter Sportjournalisten übliche Phrasendrescherei großräumig zu umfahren«, schreibt etwa die *Berliner Morgenpost*, und im *Tagesspiegel* heißt es: »Mehmet Scholl ist und bleibt aktuell der beste TV-Experte.«

Scholl läßt all die lausigen, über alle Maßen lästigen Leerredner ins Leere laufen. Als sich angesichts der Frage nach der »richtigen« und der »falschen 9« keiner mehr einkriegte, wurde er deutlich: »Wenn wir schon bei diesen Worten sind, die ich nicht leiden kann: Thomas Müller ist 'ne wilde 13. [...] Aber man muß doch nicht für jeden Mist 'nen neuen Ausdruck erfinden. Das langweilt mich. Das widert mich an.«

Welcher seiner Kollegen würde gestehen: »Das ist das gesamte Geheimnis, viel mehr ist es nicht«? Oder so reagieren? »Nigeria gegen Iran. Mehmet, möchtest du zu diesem Spiel irgendwas sagen?« – »Nö.« Oder, von Matthias Opdenhövel auf Fankostümierungen angesprochen: »Was soll ich zu Verkleidungen sagen?«

Scholl gibt Einblicke in die mannschaftliche Sozialdynamik, erläutert an Hand von Laufwegen, warum die Engländer »Grundregeln« nicht eingehalten haben, begeistert sich für schönen Fußball und eiert nicht herum: »Das ist ein unsinniges Foul, und diesem Spieler müßte man sagen: Der Ball muß nur hinter die Linie, er muß nicht das Netz zerschießen und auch nicht die Latte kaputtmachen.«

Scholl, der taktvoll-selbstkritische Sprachspieler (»Das war jetzt eine Phrase«), kultiviert die Tugenden der Aufrichtigkeit, Höflichkeit, Dezenz und ist, wir klauen ihm eines seiner Wörter, schlicht eine »Wucht«. Nur dem wurschtigen Özil dürfte er mal eine überbraten.

Hübsch

Is' schon klar, »Fußballkommentatoren haben es wirklich nicht leicht« *(11 Freunde)*, die armen Tröpfe und Sprachschrottmarketender. Mittlerweile jammern diese Herren ja auch regelrecht routiniert in Anbetracht der Häme, die ihnen im Internet zuteil wird, diese mies bezahlten, ausgebeuteten und restlos überarbeiteten Buchstabenakrobaten und semantischen Äquilibristen, das ihnen ausgelieferte Fernsehvolk ist schon gar zu undankbar und unbotmäßig, ach Gott, ach Gott.

Ach Gott, ja. Wir müssen – obwohl wir uns auferlegt hatten: kein Wort zu diesem Mann – den Namen leider hintippen: Steffen Simon. Daß er in Geographie und Rassenkunde gut aufgepaßt hat, ist bekannt (»Die Iraner, das sind Südländer, da ist nicht alles perfekt organisiert«), doch wie schaut's in Sachen Politik und Soziologie aus?

Vor der Partie Nigeria – Bosnien-Herzegowina fiel dem topinformierten Hochleistungsdenker zu den Südosteuropäern ein: »Wenn die Mannschaft spielt, vergessen die Leute alles, Korruption und Nationalismus.« Genau. Denn für wen oder was sind Fußballfans bei Nationenturnieren? Für knusprige Fritten? Bandenwerbung auf esperanto? Oder eventuell die Nation, der sie laut Paß angehören? Und zwar, weil sie Fans sind, fanatisch, mithin: auf nationalistische Weise?

Der Herr Simon, der allzeit den kategorischen Imperativ der Lautstärke befolgt, begrüßte im Stadion in Cuiabá alsdann mit einem schmissigen »Willkommen, Sepp Blatter!« den, jojo, Immanuel Kant des Weltsports (der bekanntlich beharrlich für den ewigen Frieden eintritt), um wenig später zu urteilen, die Nigerianer bewegten sich »spielerisch oft an der Armutsgrenze«, hoho, logisch, die ausgehungerten Afrikaner, während er, der satte Europäersack, rhetorisch voll in der Reichtumszone agierte und einen Paß sah, der »gut eingelaufen« worden, und irgendeinen Spielertrottel, der »auf 'nem ganz anderen Trip« gewesen sei. Man rätselt bis heute, auf welchem.

»Immer, wenn er das Spiel liest, denkt man sich, Stevie Wonder könnte es kaum schlechter«, schreibt die *tz* über den exzeptionell ahnungslosen, hochnäsigen, zum Platzen eitlen Reporterstar. In der sechsten (6.!) Minute vergibt Robben gegen Australien eine Chance, und Simon erklärt uns Depperln: »Es wird möglicherweise nicht seine letzte Chance gewesen sein.« Man fällt aus allen Wolken, durchs Dach, auf den Stuhl und von jenem.

97,8 Prozent aller Simonschen Sätze sind das Gesehene mit zerfließendem Käse überziehender, repetitiver Tinnef. Er sagt tatsächlich *alles* zweimal, und neben ihm steht ein voluminöser Phrasenkoffer, in dem viele, viele »Ein Stück weits« (»ein Stück weit erholen«, »ein Stück weit ein Spektakel«), viele »ein Ticks« (»ein Tick in die Jahre gekommen«) und vielmals das Wort »hübsch« (»hübsche Konterchance«, »er bekommt ihn nicht ganz so hübsch«) herumkugeln.

Nee, nee, der Kerl möge nach dem Verlesen der Aufstellungen zum Barbecue gehen. Sonst müßte man mal deutlich werden.

Wunderbar

»Die achtköpfige Kommentatorenblase von ARD und ZDF hätte Sack und Knüppel verdient – allesamt garstige Schreihälse vor dem Tor und dem Herrn«, schreibt mir Stefan Erhardt vom Magazin *Der tödliche Paß*. »Meister im Ausbreiten von absolut Unwichtigem« seien sie ohne Ausnahme (»›Er hat noch bis 2012 in der Türkei gespielt‹ – ach ja, und so what?«), und sie »treffen sich in altväterlich-postkolonialistischer Gönnerattitüde«.

Andere Kollegen sprechen von »Larifari-Journalismus«, »Sülz-Null-Nummer«, »Banalitäten-Hitparade ohne Ende« und »Schland-trunkenem«, »distanzlosem Ranschmeißerjournalismus«. Kann man zu einem anderen Schluß kommen, wenn man die ZDF-Schranze Katrin Müller-Hohenstein (die ich gewöhnlich eher in Schutz nehme, ts, ts) vor dem Mannschaftshotel in nächtlich-verstandeseintrübender Atmosphäre schleimspurlegen sieht und hört: »Am meisten bewundere ich Bundestrainer Joachim Löw. Und ich frage mich: Wie cool ist dieser Mann eigentlich?« Oder wenn der Reporter Gottlob, Gerd (ARD) seine närrische Liebe zum Personalpronomen »wir« inständig zum Ausdruck bringt (»Diese Fehler dürfen wir uns nicht erlauben!«)?

»Herr Gottlob hat maßlos überzogen. Er steht nicht auf dem Platz, auch die Redaktion der ARD steht nicht auf dem Platz«, hakelte der Medienwissenschaftler Michael Schaffrath nach, aber statt sich der Kritik am Gemurkse, Gesabber und Gekreische ihrer Fabelfachkräfte zu stellen, seien ARD und ZDF, meldeten die Agenturen nun, angesichts all der üblen »Beleidigungen« (B. Réthy) wahrlich: »erbost«.

Öha! Ward da Majestätsbeleidigung begangen? Der hochanständigen »PR-Kompanie des DFB« (meedia.de) am Zeug geflickt? Anders gefragt: Glauben diese »schwadronierenden Gesellen« (Adorno), sie seien sakrosankt, weil Axel Hacke sie in seinem schönen Buch *Fußballgefühle* (München 2014) als »Religionsgelehrte« bezeichnet hat und die Mikrophonbolzen das selbstredend für bare Münze nehmen?

»Wir betreiben Journalismus wie alle anderen auch«, rechtfertigt ARD-Sportkoordinator Axel Balkausky das würdelose Gewerkel. Starkes Argument. Da südamerikanische oder italienische Sportjournalisten so dumm sind, wie sie sind, sind wir's auch. Oder: »Wir sind hier bei einer Fußball- und nicht bei einer Fernseh-WM.« Eben. Kritik zum Beispiel an der TV-Politikberichterstattung ist unangemessen, denn es handelt sich um Politik- und nicht um Fernsehberichterstattung.

»Kritische Distanz ist spätestens seit dem ›Sommermärchen 2006‹ nicht mehr erwünscht«, wirft ein Leser des *Tagesspiegel* zu Recht ein. »Einer der letzten Journalisten, der nicht auf den schwarz-rot-hohlen Zug aufspringen wollte, war Manni Breuckmann, der kurzerhand abgesägt wurde.« Und dafür heuer einen vor Deutschlandseligkeit triefenden WM-Song mitverantwortet, gegen den überhaupt nix mehr hilft.

Es ist doch alles allzu wunderbar.

Achtzig

Nachdem uns in der vergangenen Woche eine vermutlich dreifach promovierte Society-Expertin des Wissenschaftssenders Sat.1 darüber aufgeklärt hatte, daß Herr Löw für die Morgentoilette exakt dreißig Minuten benötigt (sichere Quelle!), erfuhren wir dann gestern im ARD-*Morgenmagazin*, daß Helene Fischers Jahrhundertkracher »Atemlos durch die Nacht« das Leib-und-Magen-Lied des deutschen Teams ist, ja dessen »Kompletthymne« (Peter Großmann) – und nicht bloß dessen Dreiviertel- oder gar Halbhymne. Darauf einen doppelten Erleichterungs- und Jubel-Dujardin!

Aber nun zu etwas ganz anderem. (Das dürfen wir in dieser Glosse heute so machen, denn Monty Python treten seit Dienstag wieder live auf. Bless them!)

Poschmann. Wolf-Dieter Poschmann. Was haben wir all die Jahre auf dem orgiastischen Sportsprachfex, der »ja schon seit längerer Vergangenheit« (J. Löw) zum Mikrophon greift, herumgeklopft und -getrommelt, und jetzt, da Poschmann aus Altersgründen wohl zum letztenmal Dienst bei einer Fußball-WM tut, beschleichen uns beinahe freundliche Gefühle.

Woran mag das liegen? Daran, daß die ordinäre Originalitätssucht seiner alleweil mit durchgetretenem Gaspedal kommentierenden Kompagnons im Vergleich zu Poschis fröhlich-obsoletem Geschnatter halt noch mehr nervt? Oder daran, daß uns Poschis altertümliches Sportplatzvokabular gerade in dieser popverseuchten Welt regelrecht erfreut, ja anrührt? Daß es wohlige Erinnerungen evoziert?

»Es wird Sie nicht überraschen, wenn Sie gleich die Hymnen hören«, hebt Poschmann das eine Mal artig an, dann, etwas später, »bilden« bei ihm Fußballer nach wie vor »Anspielstationen«, obschon »die Anspielstationen so schwierig zu finden sind«. Das andere Mal klagt Poschi: »Sie finden nicht den Kanal, den tödlichen Paß, um den häßlichen Begriff zu verwenden«, und kurz darauf bietet er folgende Erklärung an: »Entweder hat der Shaqiri zuviel Kraft, oder der Ball ist zu leicht. Vielleicht hat er irgendein Zaubermüsli gegessen.«

Das ist brav, das stimmt auch ob seiner schön-schiefen Metaphorik lind. Bei Poschi heißt eine Mannschaft noch »Truppe« und ein Spieler noch »Sportkamerad«, ein Ball wird »gezimmert«, eine »andere Variante angedacht«, und »das Spiel ist durch – so mutlos, wie die Burschen da jetzt übers Feld schleichen«.

Mehr gefällig? Bitte sehr: »So, jetzt kommen wieder die langen Jungs nach vorne und versuchen da die Rübe reinzuhalten.« Klasse. »So, jetzt, Sportsfreunde, müßte es mal zügig gehen.« Und »wie wär's mal mit 'nem Schuß?« Halt, »da steht der Grieche wie 'n Baum, und da kannst du fummeln und machen und tun«.

Kurzum: Wir fordern die Rente mit achtzig für Wolf-Dieter Poschmann!

Die Lage der Bilanz

Die drittdümmste Erfindung der Menschheitsgeschichte ist das Field-Interview. Daß sich Bastian Schweinsteiger dem albern-quälenden Floskelpingpong unmittelbar nach dem Spiel seit einiger Zeit verweigert, ehrt ihn, und daß Per Mertesacker nach dem zusammengewürgten 2:1 gegen Algerien dem ZDF-Pseudoschlaumeier Boris Büchel knapp beschied, ja in gebotener Übellaunigkeit entbot, es sei ihm »völlig wurscht«, was der öffentlich-rechtliche Schweranalyst über die Leistung des deutschen Teams denke, und hinterherschob: »Was wollen Sie jetzt von mir? Was wollen Sie jetzt so kurz nach dem Spiel? Kann ich nicht versteh'n. Wat woll'n Se? Woll'n Se 'ne erfolgreiche WM, oder soll'n wir wieder ausscheiden und ham schön gespielt? Also, ich versteh' die ganze Fragerei nich'« – das kam im Zuge der infernalischen fußballjournalistischen Endloserniedrigung von Intellekt und Sprache einer Epiphanie gleich.

Wo soll man anfangen, wo nur, um Himmels oder gar Hummels willen? Beim konstant überdrehten Béla Réthy? Bei dem jeder Halbsatz vibriert, jeder Spielername einem Feldherrn gehört, jede Flanke die Welt wagnerianisch in Brand setzt? Was hat ihn geritten, was hat er eingepfiffen? Was soll das, während einer Zeitlupe die Körpergröße eines Akteurs rauszuorgeln? Oder zu plärren: »Das linke Knie geht weg!«? Oder: »Buffon verhindert das sichere 1:0!«?

Réthy kann sechs Sprachen und keine richtig. Da unterscheidet er sich allerdings von keinem seiner Kollegen, die samt und sonders nicht mal mehr den richtigen Numerus eines Prädikates kennen. Es heißt: Die USA/die Niederlande *spielen* von rechts nach links, nicht: Die USA/die Niederlande *spielt* von rechts nach links oder von oben nach unten oder von wo nach wo auch immer, zefix und die Klappe jetzt bald wahrlich zugenäht!

Sie haben nichts zu sagen, das jedoch reichlich. Man reibt sich die Ohren, wenn Tom Bartels tatsächlich mal eine halbe Minute lang schweigt, dann aber Gott sei Dank wieder wie von Sinnen losschnabelt: »Müßte Abseits sein. Jawoll. Deutlich. Ja, deutlich ist schön. Das war gleiche Höhe.« Oder: »Jetzt können sie Signale setzen, die sie vielleicht in die erste Elf wirbeln sogar.«

Wo sind die nicht effektheischend vor sich hin rhabarbernden, die nüchtern und halbwegs mit Sachverstand kommentierenden Reporter geblieben? Warum sind wir mit einer narzißtischen Peinfigur wie Steffen »Flanke macht keinen Sinn« Simon geschlagen, der das Übertragen eines Fußballspiels »mit extremer Intensivität« (Lothar Matthäus) durch Dauermarktschreierei ersetzt? Dem man fünf Sechstel seiner Sätze rauslektorieren müßte? Und was qualifiziert den forsch-rustikalen Gerd Gottlob für seinen güldenen Job? Daß er sich rauschhaft an sich selbst zu begeistern vermag, gemäß dem Motto: »Hier kann er seine eigenen Empfindungen zelebrieren«? Daß er nicht weiß, was ein Dilemma ist, nämlich eine ausweglose Situation, und daher fragt: »Wie können sich die Chilenen aus diesem Dilemma befreien?«

»Nach der Lage der Bilanz« (Gottlob) ist bei keiner Fußball-WM zuvor derart viel Verbalabfall angehäuft worden wie heuer, »das ist definitiv klar« (Oliver Schmidt). Hie hagelt es »absolute Akzente« (Rudi Cerne), da macht Oliver Kahn »eine absolute Schrott- und Nonsensdiskussion« aus, dort ist »Belgien im absoluten Vorwärtsgang« (ZDFinfo), und selbst in den Zusammenfassungen an den Folgetagen wird, Livereportagen simulierend, gekreischt, als führte Jürgen Klinsmann Regie.

Was man der Sendezeit darüber hinaus noch alles antun kann, demonstrieren gebührenvernichtende Sinnlosigkeitsaufwallungen in irgendwelchen *WM-Clubs*, betongrinsende Lakaien des DFB im Mannschaftshotel und in Anbetracht ihres sonnigen Arbeitsplatzes lichterloh vergnügte Stichwortonkel wie Oliver Welke, der einfach mal so dahinschwadroniert: »Es wird nicht viel passieren in der zweiten Hälfte.« Er ist halt auch so »einer, der wo es wissen muß« (Lothar Matthäus).

Nein, die »Lust am Spiel« (Bartels) – passé. Man schäumt vor Überdruß, man mag nicht mehr. So weit sind wir gekommen, daß wir flehentlich ausrufen: Gebt uns Heribert Faßbender zurück! Und zwar subito!

Wüstenei

Wie soll man das eigentlich alles aushalten? Wie soll man diese permanenten Wasserstandsmeldungen, diese immerzu aneinandergereihten PK-Schnipsel und Einspieler, diese bodenlosen Bilder von feiernden Menschen, dieses Gerede von der »Mannschaft aus Stahl« und der »neuen Körperlichkeit« ertragen? Beiträge wie diesen in der ARD, mit einem Sprecher, der zumal von seinem eigenen Dramatisierungstremolo ergriffen ist? »Nichts zu hören, nichts zu sehen vom deutschen Team heute morgen. Santro André. Trainingsplatz. Das Tor. Dicht. Verrammelt. Zu. Hier geht nichts.«

Merken die gar nichts mehr?

Wo hat beispielsweise Gerhard Delling seinen Kopf abgegeben – angesichts solcher Fragen an den Bundestrainer? »Ist es nicht ein schöneres Gefühl, wenn man schon mal fest unter den letzten vier steht? Und läßt sich's für die Zukunft leichter arbeiten?« Oder derartiger Leer- und Stummelsätze (die keine Ausnahme, sondern die anstrengende Regel sind): »Sechsundzwanzig Millionen haben an dem deutschen Fernsehen zugeschaut. Das heißt also, da ist jetzt 'ne ganze Nation hinter Ihnen. Das ist ja fast schon Verpflichtung, jetzt auch wirklich das ganz große Ziel in Angriff zu nehmen.«

Ausschalten, ja, ja, ausschalten. Aber dann bekäme man ja einen so raren Moment wie jenen nicht mit, in dem Mehmet Scholl (ja, ja, wer denn sonst?) das ganze Getröte und Gedöns ignoriert und durch eine Wutrede konterkariert: »Ich bin sauer! Richtig sauer und richtig enttäuscht! Das kommt dabei raus! Genau das, was wir jetzt gesehen haben! Wenn die Schiedsrichter nicht in der Lage sind oder die Vorgabe haben, brutale Fouls nicht zu stoppen, dann wird ein Neymar verschluckt! Der wird vom Platz getragen. Die Spieler, die uns allen Freude machen, das sind doch nicht die Hulks, die rein von der Physis kommen. Wenn es zugelassen wird, daß die Kleinen vernichtet werden, dann ham wir 'n Problem. Und dann ist das auch nicht mehr unsere Sportart! Das war jetzt nicht mehr meine Sportart. Das war jetzt ein Gladiatorenkampf, aber das hatte mit dem Spiel nix zu tun. [...] Da kann mir auch keiner sagen, daß das nicht Absicht ist. [...] Also, worüber reden wir jetzt hier?!«

Außer Scholl – eine einzige Wüstenei. Lesen wir eben Zeitung und stoßen in der *Süddeutschen* sofort auf so was: »Irgend etwas ist passiert mit Mario Götze während der vergangenen Monate. Was, das weiß niemand so genau.« Phantastisch. Und warum dann einen Artikel zusammenleimen, in dem rein gar nichts steht? Ist in dieser Medienwelt unterdessen wirklich alles vollkommen egal und panne?

Nein, wir schauen uns im Netz abermals den großen Mathias Tretter als FIFA-Funktionär in der *Anstalt* an. Und wispern: So geht es doch auch.

Größe

Vor dem Halbfinale gegen Brasilien schaute ich mir auf DVD »Under The Gun« von Deep Purple an, eine Liveaufnahme aus dem Jahr 1984 mit einem genialisch hemmungslosen Krawallgitarrensolo von Ritchie Blackmore, nachdem der gleichermaßen fabelhafte Sänger Ian Gillan die Nummer so annonciert hatte: »It's in german. It's an anti-war song and it's called ›Under Siieee Gun‹.«

Und danach erwog ich, einfach schlafen zu gehen.

Einer der größten deutschen Dichter, Hermann Peter Piwitt, hatte mir aus dem Fränkischen eine Postkarte geschickt, die am Dienstag im Briefkasten lag und mit den Worten schloß, er »wünsche den Deutschen am Dienstag von Herzen das Ende«. Ein paar Stunden später sagte Béla Réthy, es könnte nach dem 4:0 gewesen sein, beinahe zart: »Es gibt Tage, da kann man bestimmte Dinge einfach nicht mehr erklären.« Und da war ich, es tut mir leid, gerührt.

Ich habe in dieser Kolumne mehrmals einen der bedeutendsten Denker des 20. Jahrhunderts zitiert. Ich möchte es, mit Verlaub, noch einmal tun. »Für zwei Stunden schweißt der große Anlaß«, schreibt Adorno, »die gesteuerte und kommerzialisierte Solidarität der Fußballinteressenten zur Volksgemeinschaft zusammen. Der kaum verdeckte Nationalismus solcher scheinbar unpolitischen Anlässe von Integration verstärkt den Verdacht ihres destruktiven Wesens.«

Sehr wahr ist, was der »Fußballfreund« Axel Hacke über diesen ewigen Atavismus sagt: »Fußballgefühle sind immer gleich, sie sind überschaubar und auf den Fußball beschränkt, sie verändern nichts und rühren den Menschen im Kern nicht wirklich an.« Und zugleich hat er unrecht.

»Was – ist – das?« spricht mir ein deutlich links eingestellter Freund auf die Mailbox. »Was ist denn hier los?« fragt Béla Réthy irgendwann, keineswegs triumphalistisch. Wie viele Torheiten dieses Mannes habe ich mir notiert, und diesmal hält er sich zurück, staunt, er wirkt wie verzaubert – wie ich, in der Kneipe, schließlich doch. Bin ich jetzt endlich auch verblödet?

»So etwas habe ich noch nicht gesehen«, meint mein Vater, bestätigt von meiner Mutter, folgenden Tages am Telephon, und er erinnert an Goethes Satz über die Kanonade von Valmy: »Von hier und heute geht eine neue Epoche der Weltgeschichte aus, und ihr könnt sagen, ihr seid dabeigewesen.«

Oje, oje.

Die Größe dieses Spiels, sie zeigte sich auch, unerwartet, in den humanen Gesten nach dem Abpfiff. Da war es plötzlich ein »Vernunftspiel« (Réthy), im besten Sinne.

Und nun gucke ich, um mich zu beruhigen, auf DVD den einwandfreien Dokumentarfilm *Frei: Gespielt – Mehmet Scholl – über das Spiel hinaus.*

Man verzeihe mir all das.

Der Fußball ist ein Googlehupf

Machen wir's heute mal lang, Unfug: kurz: Uns hat die 85. interstellare Turnweltmeisterschaft in Brasilien sehr gut gefallen.

Sehr gefallen hat uns, daß Sepp Blatter, daß der dem Totaljournalisten Hajo Schumacher zufolge »Google des Fußballs«, wos ois gibt, oioioi, – also: daß der heilige Turnvater Blatter, Joseph sein Schweigegelübde, seine Omertà, einhielt und bei der Eröffnung kein Wort sprach – und dafür, ward im Verlauf des Turniers bekannt, seinen »schwindeligen FIFA-Flöten«, wie es aus dem ARD-Spaßbengel Matthias Opdenhövel herausschnodderte, eine Verdoppelung der Gehälter spendierte, zuzüglich siebenhundert Euro Taschengeld für jeden Tag, den sie an der Copacabana und sonstwo schufteten. Denn über die Befolgung der »göttlichen Paragraphenordnung« *(Süddeutsche Zeitung)* der FIFA zu wachen, etwa das Verbot von Regenschirmen und Bannern in Stadien und von mitgebrachten Getränken beim Rudelglotzen durchzuprügeln, das war kein Pappenstiel, das war titanische Arbeit im Dienste des Welt-, des Google-Fußballs, die wir uns wahrlich loben wollen.

Sehr erfreut hat uns sodann, daß vom ersten Tag des Turniers an auf den Rängen der wunderschönen, an grazile Googlehupfburgen erinnernden Stadien in pittoresken städtischen Supersurroundings zu neunzig Prozent reiche und astrein hellhäutige Brasilianer zu sehen waren. Wie sie schließlich, traten die Gastgeber auf, während der Hymne, auf die wir mit Hilfe einer saustarken FIFA-Countdown-Uhr hinfieberten, zu flennen und zu greinen begannen, als seien sie allesamt erwachsen und abgeklärt, auch dies: labte unser Gemüt aufs lieblichste. Ärgerlich allein (und das bloß leise und in Klammern gesagt), daß Blatters Gaudiburschen an den Fernsehregieknöpfen die bisweilen halbleeren Tribünen nicht wegzupixeln vermochten.

Dieses kleine Mißgeschick allerdings ließ zum Glück schnell vergessen das – wir zitieren die *FAZ* – »Festival der Anbiederung und Schleimerei«, das unsere öffentlich-rechtlichen TV-Vorturner »in der Epoche der als Journalismus drapierten Aufmerksamkeitsökonomie« zu Recht praktisch round about the Googlehupf veranstalteten. Ja, »bei dieser WM haben sie neues Niveau erreicht«, ein brand- und blitz- und buntneues Niveau: mit »Vergötterungsclips« über den Gymnastik- und Dauerlaufjogibär (und keineswegs den ARD-Stoffhund Bello Horizonte), mit rattenscharfen »Analysetools«, »Analysekameras« und »Livetickern«, mit, hau uns weg!, »tollen *Sportschau*-WM-Apps« (»App«, by the way, erfuhren wir, komme von »Appfeiern«, juchhu), mit, leg dich nieder!, Livestreams vom Aufwärmen und mit einer echt crazy ZDF-Mediathek, in der neben einer unüberschaubaren Zahl von unglaublichen Hintergrundberichten aus edlen Folkloreschnipseln und Postkartenimpressionen auch ein Best of Busankunft hinterlegt wurde. Wir unterstreichen mit einem schwarzrotgoldenen Edding, was Jimmy Hartwig im allzu vorzüglichen ZDF-Vormittagsmagazin *Volle Kanne* über die unzähligen Um- und Wegschaltsituationen fallenließ: »Ich finde das alles hervorragend.«

Weiß Gott, der etwas spitzzüngige, oft allzu unbestechliche, schelmisch verschmitzte, halt: naßforsche ARD-Experte Mehmet »Gänsehautentzündung« Scholl (»Alles ist in Bewegung, nur der Fred, der steht«) hätte sich seine Bemerkung »Ich bin inoffizieller Mitarbeiter des DFB, und ich fühl' mich in der Position sehr wohl« verdammt noch mal genauso verkneifen können wie Oliver Welke seinen Hinweis: »Uns wurde weltweit exklusives DFB-Material zugespielt [...], klassisches PR-Material.« Denn das glänzende, inbrünstig polierte Wort- und Bildgeschmeide aus der DFB-Googlehupfpressealchemistenküche präsentierte uns einerseits der hochfidele Gerhard Delling, der vermeldete, das Wetter sei »lecker warm« und das deutsche Team eine »große Kolchose der Superstars«, andererseits die ob ihrer kuscheligen Nähe zu den Spitzencracks glückselig dauerlächelnde Zuckermamsell Katrin Müller-Hohenstein. Als sie zum Beispiel unmittelbar im Anschluß an Nachrichten über ein paar hundert Tote den »tiefenentspannten« Bundestrainer umgarnte und erzählte, im Mannschaftsquartier würden gerade Kaffee und Kuchen gereicht, da jubelten wir neuerlich so ausgelassen wie herzergriffen.

»Nicht eine kritische Nachfrage, warum eigentlich die Kanzlerin jedesmal die Mannschaft in der Kabine heimsucht, so daß die Hälfte der Spieler gerade noch so die Hose hochbekommt! So dreist war ja noch nicht mal Helmut Kohl in seinen Blütezeiten«, merkte Philipp Köster vom Magazin *11 Freunde* an. Quatsch! Gut so! Denn Frau Merkel sei voller »Menschlichkeit« und »ganz lieb«, hatte der Honigkuchengooglegokkel Jürgen Klinsmann der *FAZ* anvertraut, und folgerichtig war es nichts weniger als angemessen, daß der

Lachkönig Sven Lorig im prachtvollen ARD-*Morgenmagazin* angesichts eines sensationellen Propagandaphotos begeistert annotierte, die Kanzlerin sei »da, wo der Männergeruch intensiv ist«, und in der ZDF-Vorberichterstattung über die Mutation von Menschen in knuddelige Nationalklumpen der Satz fiel: »Wer jetzt nicht Deutschland die Daumen drückt, ist selber schuld.«

Was? Wie bitte? Die vergangenen vier Wochen seien mal wieder, so das *Schwäbische Tagblatt*, »eine Hochzeit für dumpfen Nationalismus« gewesen? Fußball, mosert der englische Literaturwissenschaftler Terry Eagleton, sei »das Crack des Volks«? »Dieses Turnier«, qualmt es aus der *FAZ* heraus, »werden Generationen mit dem Gefühl verbinden, daß Zynismus und Brutalität einen Himmelsstürmer zerbrochen haben«, den laut Dilma Rousseff »großen Krieger« Neymar? In der Halbzeitpause der Begegnung Brasilien – Chile soll ein Offizieller der Seleção den chilenischen Stürmer Mauricio Pinilla verdroschen haben? Die FIFA ist, tobte Uruguays Staatspräsident José Mujica, »ein Haufen alter Hurensöhne«? Weil sie Luis Suárez, der den Italiener Giorgio Chiellini in des Papstes »Geiste der Brüderlichkeit« zart an der Schulter geknabbert hatte, eine Guantánamo-artige Strafe aufbrummte? Und die WM sei nichts weiter als Ausdruck »totaler Entropie« und »heiterer Entpolitisierung«, wie Georg Diez auf Spiegel Online schnaubte?

Ach was! Hört doch auf! Erquickt hat sie uns, diese zauberhafte Handball-WM rund um Zuckerhut und Falafels oder auch Favelas, ist doch egal, Mann! Hurra! Dank euch allen! Und Dank, o Herr, dir, Sepp Google!

Weiser Beißer

Fällt Fernsehredakteuren mal wieder nichts oder, umgekehrt, zuviel ein, statt die Arbeit einzustellen, verfallen sie auf eine »Zuschaueraktion«. Anläßlich der jüngstvergangenen Weltmeisterschaft in der Mannschaftssportart Fußball zum Beispiel forderten die in der ARD für den Videotext Verantwortlichen das fernsehkonsumierende Volk auf, Gedichte rund um die angebliche Poesie des Balls einzusenden, »als Kommentar zu einem Spiel oder ganz allgemein, mit Reim oder ohne, als Haiku oder Limerick, aber maximal fünf Zeilen mit je 39 Anschlägen lang«.

So voraussehbar war, daß diese Videotextingenieure nicht mal einen Nebensatz richtig zusammenzuschweißen vermögen (»mit je 39 Anschlägen lang«), so erfreulich klar war – erstens –, daß keiner der Freizeitdichter jemals auch nur davon gehört hatte, was ein Haiku oder ein Limerick sein könnte, und – zweitens – die »Resultate« (»Bei Veröffentlichung winkt ein ARD-Text-Wasserball«, o yeah!) deren Urheber allesamt für eine Busfahrt hinauf auf den Parnaß qualifizierten.

Inhaltliche Originalität, metrische Präzision, kraftvolle Bildlichkeit – da fehlte es an nichts. »Den Bums im Fuß, den Schalk im Nacken, / mit Müller kann Deutschland alle Gegner packen.« Oder hier: »Die Gruppenspiele sind vorbei, / aus 4 pro Gruppe werden 2. / Dem Fußballkenner ist's bekannt, / K.-o.-Runde wird das genannt.«

Man lernt nie aus, dito in diesem Falle nicht (Reimschema ungefähr abab[c]aa!): »Groß ist das Torgejohle unserer Fußballidole. / Warum auch nicht, denn dafür bekommen sie auch jede Menge Kohle. / Wir sitzen zum Wohle vor der ›Kiste‹ / und jubeln mit, auch ohne Kohle. / Na dann zum Wohle.«

Pardon, ich sollte ja *Flügelwechsel* (Berlin 2014) rezensieren, eine Auswahl von Albert Ostermaiers Fußballoden, buchhandwerklich ein Schmuckstück, zumal der grandiosen semiabstrakten Bilder des Malers Florian Süssmayr wegen. Ostermaiers Stilmittel sind im wesentlichen Oxymoron, Enjambement, unkonventionelle Wortstellung (Postponierung et cetera), Parataxe, antikisierende Motive und der Verzicht auf Interpunktion, was eine gewisse Atemlosigkeit erzeugt. Daß der Ball eine Metapher für die Erde ist, lesen wir wiederholt, und Philipp Lahm »meistert / am Ball die Welt«. Da kommt – bei aller nachvollziehbaren Adoration des Spielers Lahm – Axel Hacke der Wahrheit näher, wenn er Lahm schlicht als »sehr machtbewußt« charakterisiert.

Ostermaiers »ode an scholl« billige ich selbstverständlich zutiefst (»sein wildes herz schlägt pässe / in die laufwege des glücks«), obschon sie es auf Grund ihres allzu dezidiert gekünstelt-feierlichen Tons (»Jetzt heul' ich gleich. Ich bin gerührt«, meinte der Gepriesene am 7. Juni des Jahres im BR-Fernsehen) kaum auf die Anzeigetafel der Münchner Arena schaffen wird – wie weiland Eckhard Henscheids unerreichte »Hymne auf Bum Kun Cha« auf jene im Frankfurter Waldstadion. Und bevor Ostermaier fürderhin zum Reim greift, möge er bei Ror Wolf nachschauen, dann möbelte er einen Vierzeiler wie diesen gewiß stark auf: »daß die gegner nicht erbleichen / vor unserem maulwurfteam / sondern ehrlich wir erreichen / daß der bessere gewinnt«.

»Mich fasziniert schon immer seine Fähigkeit, sich auszudrücken, seine lyrischen Umschreibungen sind einzigartig«, schreibt Oliver Kahn über Ostermaier in seiner Vorbemerkung, für die der Linguist Kahn, es muß festgehalten werden, die Wörter »denotativ« und »konnotativ« zugesteckt bekam, jener TV-Exeget, den ein WM-Gucker (damit wahrlich nichts verlorengehe) wie folgt besang: »Der Fußball, der treibt manchen Spieler zum Wahn, / heute ist er ganz friedlich, der Oliver Kahn, / so ändern sich die Zeiten, einst Rüpel, heut' Weiser, / die Urus, die haben jetzt auch einen Beißer.«

Sehr gut. Sehr, sehr gut. Nachträglichen Dank an die ARD-Videotextmannschaft.

Der Schweißnagel im blutigen Auge Gottes – oder wie oder was

Nachdem die Sache mit Argentinien erledigt worden war, gesellte sich Thomas Müller zu seinem Kollegen Bastian Schweinsteiger, den in der Mixed Zone gerade eine kolumbianische Reporterin am Wickel hatte, und pfefferte in deren Mikrophon: »Schweißnagel war super, ne?!«

Das war der mit einem jedem Märtyrer gut zu Gesicht stehenden blutigen Mal geschmückte Schweißnagel schweiß Gott gewesen, und da Thomas Müller von Augustinus auf Grund des Gewinns des WM-Titels nun seiner Begeisterung füglich die Zügel schießen ließ, gab er der verdutzten Journalistin, die in Erfahrung zu bringen gedacht hatte, ob er, der Möller oder Muller oder Müller, sich ärgere, weil er nicht Turniertorschützenkönig geworden sei, Bescheid: »Weltmeister samma! Den Pott hamma! Den scheiß Gold'na Schuah kannst dir hinter d' Ohren schmier'n!« Und den goldnen Topf obendrein.

Da war das Sportjahr 2014, obwohl erst zur Hälfte unter dem Oculo Dei heruntergerockt, im Grunde bereits im Sack. Nicht nur hatte die deutsche Biathletin Evi Sachenbacher-Stehle, die ausgerechnet Ernährungswissenschaften studiert, in Sotschi während der Olympischen Winterspiele sturztränenreich beichten müssen, sie sei irgendwie unwissentlich von einem Ernährungsberater mit Dopingriegeln vollgestopft worden. Heilsgeschichtlich durchgewunken war da auch schon all das freudenreiche Gewummel und Gewammel in unseren gebenedeiten Fußballfernsehanstalten; etwa dieser Stopfelsatz von Claudia Neumann aus einem ZDF-Nachbericht, angesichts dessen seine Urheberin noch heute inflammiert sein dürfte: »Wayne Rooney auf dem Weg zur nationalen Befreiung!« Oder die Messe, die in der Vorberichterstattung desselben Senders gelesen wurde, über die vermutlich aus dem Bundespresseamt herübergeschneite sprachtollhäuslerische »Muttivation«. Oder Reiner Calmunds gesegnet bescheuerte Anmerkung in der Plodderrunde *Markus Lanz* zum niederländischen Coach Van Gaal: Dem sei »mal 'n Käserad um den Kopf gelaufen«, und »er hat da, wo andere Männer zwei Eier haben, hat der 'nen ganzen Hühnerstall«. Wat heb' wie lacht, wir glücklichen Gockel!

O ja: So möge es 2015 und, wir bitten schweißhändenagelringend und -auswringend darum, bis zum Ende aller Tage und bis zum Ende des Fußballs sowie des Fernsehens sportjournalistisch weiter vor sich hin wühlen und würgen.

Allerdings sehen wir uns gezwungen – man steinige uns nicht sogleich –, im Hinblick auf das abermals mit allerlei Skifahrkrimskrams, Skispringkrömskrums und – Jesus, Pechsteinmaria und Josef Blatter – mit diversen Eisraschgleitumläufen verzierte und hoffnungsfroh aus den Startblöcken katapultierte Sportjahr 2015 mahnend die Stimme zu senken; und zwar mit Marcel Reif: »Manchmal ist die Realität einfach stärker und Fakt.« Oder mit Matthias Sammer, der im August vergangenen Jahres dem Bayerischen Rundfunk die Sportsure spendierte: »Ich glaube, daß die Realität immer ein Mittelpunkt des Lebens sein sollte.«

Was, a), hieße, zur Kenntnis zu nehmen: daß die FIFA, die laut Jaroslav Blatter »bedeutendste Entwicklungsagentur der Gegenwart«, in Brasilien, wie der untadelige ZDF-Mann Thomas Wark auf der Frankfurter Buchmesse coram publico erzählte, den übertragenden Bilderinstituten dieses Planeten schlicht vorschrieb: »Keine Aufnahmen von Demonstrationen, von Polizeikohorten und von Panzern rund um die Stadien!« Was, b), hieße, die von der *FAZ* im Zuge der WM aufs schärfste gegeißelte »Verrohung des Spiels« als Ausdruck der allgegenwärtigen Weltverschönerung zu verstehen; der zufolge die Trottelwerdung des Menschen in einer Mischung aus debiler Hingabe an irgendwelche Neymars und messianischen Messis und der Anbetung der, so die *New York Times*, »Umgebung der Gewalt« aufs irisierendste zur vollen Blüte gelangt. Und was, c), schließlich hieße, mit Peter Körte zu konstatieren, daß im Fußball irreversibel »nichts mehr stimmt« und daß der moderne »Strangulationsfußball« der Barcelona- und heuer weiter irrwitzige Geldbeträge erwirtschaftenden Guardiola-Schule in München nur mehr den blamablen und »brutalen (Selbst-)Optimierungsdruck« glorifiziert. Zu unser aller Pläsier und Frommen freilich.

Indem die »Massenkultur«, gab Theodor W. Adorno zu bedenken, »das ganze Leben als ein System offener oder verdeckter sportlicher Wettkämpfe abbildet, inthronisiert sie den Sport als Leben selber«. Kurz und womöglich ungut: »Anstelle der Autorität der Bibel tritt die des Sportplatzes.«

Und das ist indes halt prima. Was uns 2015 ff. erwartet, hat der DFB-Kirchenvater Oliver Bierhoff vor ein paar Tagen in einem bibellangen Interview preisgegeben – nämlich nicht allein ein neuerlicher Jahrhundertsieg gegen Gibraltar (unser Tip: ein schwer erkämpftes 2:1), sondern die vollendete Idiotisierung im Kainszeichen des Sport- und Fußballpalavers.

»Arbeiten. Entspannen. Miteinander sein« – das sei »die moderne Arbeitswelt«, meinte der ehemalige Kirchenchorknabe, was sich der Ali und die Luise vom ALDI gerne vorbeten lassen. Es sei dies zudem das Erfolgsrezept der Nationalmannschaft, fügte er hinzu, und der schamlose Imagestumpffilm *Die Mannschaft*, der einen Stall voller dressierter, der Diktatur der Ökonomisierung und der hehren Sponsoren dienender Honigkuchenpferde zeigt und deshalb sowohl vom Bundespfarrer Gauck als auch vom Weltpestpapst Blatter begeistert abgenickt wurde, sei ein Dokument der »Liebe« der Fans. Und, um nicht mißverstanden zu werden: »der Zuneigung und Liebe« der Fans.

Es ist schon wahr: Die Presse als »vierte Gewalt« wurde vom DFB-Team abgelöst, Herr Bierhoff bekräftigt es unter dem Hinweis auf eine Verbandsstudie, in der steht: »Die Nationalelf ist die vierte Macht im Staate.«

Kein Ulk. Die vierte Macht im Staate Uckermark. Und die verkörpere, in Bierhoffs eigenen weingetränkten Wahnwitzworten, »die Bedeutung der ›soft skills‹, der weichen […] Faktoren wie Kreativität, Empathie, Demut«.

Jetzt mal ungeschützt gefragt: Will uns dieser Schnösel verarschen? Oder will er bloß einen Jokus machen?

Jedenfalls: 2015 wird Marco Reus, dieser Hard-body-Ritter aus dem laut Anno Hecker »Eliteinternat der Leistungsgesellschaft«, eine Taxirechnung von ungefähr 500.000 Ocken steuerlich absetzen, zum Nutzen des Gemeinwohls. Der Blatter Egon wird am 29. Mai auf Überlebenszeit wiedergewählt und vierundneunzig unerbittliche Korruptionsermittlerlachbeutel mit der Auswertung eines FIFA-internen Prüfungsberichts beauftragen, der auf den Papierstreifen eines chinesischen Glücksscherzkekses paßt. Anschließend verleiht man diesem Goliath, der mal verkündete: »Durch den Fußball werden alle bessere Menschen«, den Friedens- und Finanznobelpreis 2015.

Franz Beckenbauer wird den Bayerischen Verdienstorden, den der FC-Bayern-Jugend-Ethiklehrer Uli Hoeneß aus der Festungshaft zurückspedieren ließ, weil er sich »ungerecht behandelt gefühlt hatte«, in Zürich zu Blattgold umschmelzen lassen. Und hernach in Peking im »Vogelnest«, also im Olympiastadion, während der Leichtathletikweltmeisterschaft dem, schmachtet die *Nordwest-Zeitung*, »Diskus-Giganten« Robert Harting einen aus schierem Silberhaar geflochtenen Siegerkranz anheften.

Und damit »Deutschland nicht zu einer reinen Fußballnation werde«, wie die *Rheinpfalz* befürchtet, holt sich die deutsche Herrenhandkegelnationalmannschaft in diesem schönen Jänner beim, grölt Spiegel Online, »Topsportereignis 2015« im Bobmekka Katar die WWW-Trophäe, die Wild-Card-Weltmeisterschafts-Whopper-Tupperdose mit Willkürband am seidenen Konspirationsklopskreuz.

So seiet mithin frohgemut, und solltet ihr verzagen, so leset das gar erbauende Buch *Mein Ditmar Jakobsweg – 875 km für den HSV*, welches im April Anno Domini 2015 der Sakralsportverlag Die Werkstatt emittiert.

Allein, wir werden, Thomas Müller zu Ehren, schicklich grunzen: »Des interessiert mi' ois ned, der Scheißdreck!«

Aloha!

Söldner der Rendite

Sitzen wir im Boot, oder sitzen wir im Beiboot?
Warum sollen wir nicht beides?
Wolff-Christoph Fuss, Buschi.TV, 2014

Ich arbeite ja beim Fernsehen. Also, da trinken alle.
Die müssen ja 'nen Pegel haben,
sonst halten die sich selber nicht aus.
Mehmet Scholl, BR-Fernsehen:
Hacke, Spitze, 1–2–3, 7. Juni 2014

Wovon lebt der Fußball? Von der Unvorhersehbarkeit des Spielverlaufs, wie wir seit Sepp Herbergers Diktum, die Leute latschten zum Fußball, weil sie keine Ahnung hätten, wie die Partie ausgehe, für alle Zeiten wissen; von begnadeten Finten, von eleganten Ballstafetten, von Torabschlüssen, die die Grundannahmen der angewandten Physik auszuhebeln scheinen; von antikisch anmutenden Abwehr- und sogenannten offenen Feldschlachten, die bis in die achtziger Jahre in Fußballreportagen mitunter noch geschlagen wurden, denn damals war dem Sportjournalismus nach wie vor anzumerken, daß sein Wortschatz in den ersten Jahrzehnten in der Begriffswelt des Militärs wurzelte.

Der Fußball lebt indes – in letzterem Punkt deutet sich das an – ebensosehr von den Formen, in denen das Geschehen auf dem Platz versprachlicht und verbal begleitet wird. Der gemeine Betrachter begnügt sich dabei meist mit – kaum elaboriert zu nennenden – Interjektionen und Imperativen: »Herrlich!« – »Wunderbar!« – »Scheiße!« – »Fuck!« – »Schieß!« – »Penner!« – »Drecksack!« An den professionellen Beobachter, insbesondere an den Livekommentator, stellt das Publikum hingegen ungleich höhere Ansprüche, Ansprüche stilistischer und inhaltlicher Art, was sich heutzutage an Hand der Unzahl von nicht enden wollenden Debatten und Meinungsgrabenkriegen im Internet leicht belegen läßt. Obwohl, ich hätte es zu gern gehört, wenn Heribert Faßbender während des WM-Achtelfinales Deutschland – Niederlande am 24. Juni 1990, statt den argentinischen Referee Loustau nur sachte zu tatzeln (»Schickt ihn ganz schnell in die Pampas, diesen Mann!«), durch und durch enthemmt gebrüllt hätte: »Vollidiot! Kalle, guck dir dieses südamerikanische Rindvieh an! Verpiß dich in den Busch, du Arsch!« Oder so ähnlich wenigstens – zwecks einer ab und an doch gebotenen anarchistischen Kleinrevolte gegen die Sprach- und Sprechkonventionen.

Nein, nein, in der Regel sollte einer Fußballübertragung – nicht zuletzt, weil vielerlei Liebhaber des Spiels und nicht wenige Vertreter der Branche dieser Tage allzugern das Wort von der »Fußballkultur« im Munde spazierenführen – schon ein gerüttelt Maß an Zivilisiertheit, Bedachtsamkeit, Sorgfalt eignen. Merkwürdigerweise jedoch, das ist zumindest mein Eindruck, klingen Reportagen und Nachberichte mittlerweile desto greller und wüster, je öfter auf die kulturellen und gesellschaftlichen Werte des Fußballs verwiesen wird.

Ich bin zum Beispiel mit Kurt Brumme großgeworden. Der soignierte Mann, der Erfinder der unvermindert populären ARD-Bundesligakonferenz, war bisweilen durchaus ungehalten und verschaffte seinem Unmut in deftiger Manier Ausdruck. Derweil sich Ernst Huberty 1970 in Mexiko, bei der ersten genuinen Fernsehweltmeisterschaft, im Verlauf der gesamten TV-Übertragung des Halbfinales gegen Italien ausgesprochen proper aufführte – »Grabowski. Schnellinger! Nein, nein, nein, nein, Schnellinger! 1:1. Tor durch Schnellinger. Unglaublich. Ausgerechnet Schnellinger, werden die Italiener sagen, ausgerechnet Schnellinger. Es ist nicht zu glauben« –, langte Kurt Brumme im Radio sauber hin und zauberte eine »Jahrhundertreportage« (Martin Maria Schwarz) in den Äther:

»Es gibt wiederum Freistoß. Die Italiener sind nicht wählerisch mit ihren Mitteln, sie sind wirklich nicht wählerisch. Und wenn sie einen legen, dann führen sie unten, ich sagte schon, schlechte Mailänder Oper auf. Die Gestik, die ist nicht angebracht. Man muß wissen, wann man dem Gegner in die Socken getreten hat und nicht den Ball getroffen hat. [...] Und der Schiedsrichter hat unentwegt gelbe Karten in der Hand, wen er alles verwarnt, weiß ich nicht. Die Italiener geben den Ball nicht frei, geht immer noch hin und her, immer noch hin und her. [...] Libuda steht etwas zurück, bekommt er den Ball, oder gibt es einen Querpaß? Overath hat sich frei gemacht! An zwei vorbei, am dritten vorbei! Wird jetzt mit der Hand gestört! Jetzt gibt er in die Gasse! Held, schieß doch! Aus dem Tor heraus! So eine Chance! Tor! Neeein! Das müßte eigentlich Elfmeter geben, denn Uwe Seeler ist festgehalten worden, als er schießen will! Und was gibt Schiedsrichter Yamasaki? Mein Gott! Er gibt einen Freistoß für Italien. Das ist unmöglich! Das ist unmöglich, diese Schiedsrichterentscheidung! Is' unmöglich! Seeler wird einfach umgerissen, wird am Boden gehalten! Und der

Schiedsrichter läßt sich beeindrucken, weil jetzt ein Italiener auf dem Boden liegt und wir uns besorgt fragen, ob er wohl durchkommt in diesem Spiel, ob wir ihn wohl noch lebend antreffen werden. […] Ich kann das nicht begreifen! Und da sind diese Herren wochenlang geschult worden, ist dieser Herr schon seit einem Jahrzehnt auf internationalem Parkett und sieht nicht, was gespielt wird. […] Grabowski dribbelt jetzt die Linie entlang, läßt sich angreifen – und wird festgehalten mit beiden Händen! Und es ist die … Mein Gott, ist das ein Fußball hier! Das ist ja entsetzlich! Das ist ja widerlich, was hier gespielt wird. Die ersten Sitzkissen fliegen ins Spielfeld, sehr zu Recht, sehr zu Recht. […] Da liegt wieder einer am Boden. Burgnich ist soeben verstorben, sehe ich. Aber er … Nein, er steht auf, er steht auf. Weil der Ball hereinkommt. Der Schiedsrichter kümmert sich nicht drum. Jetzt das Tor! Und wunderbar gehalten von Albertosi! Und da rennt vorsichtshalber Rosato Gerd Müller gleich einmal um.«

Kurt Brumme konnte effektvoll das Sprechtempo und den Rhythmus variieren, er konnte zuspitzen, pointieren, er konnte enthusiastisch sein und passioniert in die vollen gehen, etwa während des Europapokalfinales zwischen Dortmund und Liverpool 1966. Er verfügte über einen enorm nuancenreichen Thesaurus und gestaltete aus dem Stegreif plastische sprachliche Bilder: »Ron Yeats wieder da mit Spreizschritt. Wenn er die Beine auseinanderklappt, dann sieht das so aus, als ob ein Photograph sein Stativ entwickelt, als ob er's auseinanderspreizt und auf das Spielfeld stellt.« – »Warum jetzt die Engländer pfeifen, warum die Liverpooler pfeifen, ist mir so rätselhaft wie eine Kreuzworträtselaufgabe mit siebenundzwanzig Waagerechten und vierzig Senkrechten.«

Schätzengelernt habe ich Kurt Brumme in den siebziger Jahren. Er moderierte an Samstagnachmittagen *Sport und Musik* im WDR derart gelassen, souverän und, wo es angebracht war, selbstironisch, daß er leichtfüßig eine geradezu heimelige Atmosphäre schuf, die den Geschehnissen in den Stadien aber nichts von ihrer ab und an fiebrigen Dynamik nahm. Im Gegenteil, die Kontraste steigerten die Lust zuzuhören, das Wechselspiel zwischen Ernüchterung und Exaltation öffnete jene akustischen Räume, in denen sich das Spiel, sprachlich vermittelt, entfalten konnte:

»Bayer Uerdingen gegen Fortuna Düsseldorf: Da spielen die beiden erstaunlichsten Mannschaften dieser Saison gegeneinander, das kann man mit Fug und Recht sagen, und ich werde sicherlich, ähm, nicht, äh, hier der westdeutschen Brille geziehen, wenn ich ausdrücke, daß eine solche Serie, wie die Uerdinger sie jetzt hingelegt haben, unwahrscheinlich ist. Das ist eine Meisterschaftsserie, die sie hochgetragen hat bis auf den dritten Platz. Und Fortuna Düsseldorf: Mit ganzen neun Punkten aus der ersten Serie kommend, jetzt bei neunundzwanzig, die Klasse dick erhalten zu haben – na, Kinder, ist das denn nichts?«

Vermutlich hielte das Gros des heutigen Publikums einen solchen Sprachsound für onkelhaft, einschläfernd, abgestanden. Und, ja, Nostalgie, wenn nicht gar Sentimentalität – den Vorwurf muß ich mir womöglich gefallen lassen. Doch Kurt Brumme, der von einem Fußballreporter verlangte, »präzise«, »korrekt« und »unparteiisch« zu agieren, und zugleich die oft beschriebenen »Bilder im Kopf des Hörers« zu »malen« verstand, pflegte eine sprachliche Genauigkeit und einen grammatikalischen Reichtum – eben haben wir sogar ein Verb im Partizip Präsens vernommen –, daß man sich in Anbetracht der gegenwärtig im Sportjournalismus – und nicht nur dort – herrschenden Wurschtigkeit und Schludrigkeit die Ohren reibt.

Und das galt genauso für die Kollegen in den Spielstätten. Zwei beliebige Beispiele mögen das illustrieren:

»Eckball ausgeführt, am Elfmeterpunkt Kopfball, da ist dann nicht Immel an den Ball gekommen. Löw kann noch einmal nachschießen, wird aber in den spitzen Winkel gedrängt, flankt dann, und dann ist, äh, André Egli mit dem Fuß noch mal dazwischen gewesen, und noch einmal einen Eckball für den KSC. Man sollte eigentlich erwarten, daß Borussia Dortmund nach diesem Rückstand alles auf eine Karte setzt, daß man bedingungslos stürmt, aber davon ist bislang noch nicht viel zu sehen gewesen, ganz im Gegenteil, der KSC setzt sich in der Dortmunder Abwehr fest. So, das war's zunächst aus Dortmund, zurück ins Funkhaus.« (Ulli Potofski, 1984)

»Ralf Falkenmayer steht am Ball, heute bei weitem nicht so wirkungsvoll wie etwa Lothar Matthäus, legt auf! Und wieder der Schuß, der Schuß aus der Distanz von Thomas Berthold, aber dieses Mal hat er den Ball bei weitem nicht so gut getroffen, der Neunzehnjährige, der ja eigentlich seine Lehrzeit bei Dietrich Weise insoferne [sic!] durchmacht, als er auf allen Positionen erprobt wird. Letzte Saison rechter Verteidiger, dann heuer, als Körbel verletzt war zu Saisonbeginn, Vorstopper und mittlerweile im Mittelfeld gelandet – was kann man sich als Lehrbub eigentlich mehr wünschen, als vielfältige Aufgabengebiete von seinem Trainer gestellt zu bekommen? Nach wie vor, nachdem in der zweiten Halbzeit jetzt gespielt sind siebzehn Minuten, führt der FC Bayern mit 3:1, wir verabschieden uns aus dem Olympiastadion und geben zurück ins Studio.« (Gerd Rubenbauer, 1984)

Ja, »auch die Langeweile kann ihren Reiz haben«, sagte Günther Koch vor ein paar Jahren, befragt, was die Bundesligakonferenz ausmache – wenn die Ereignislosigkeit nämlich derart tadellos geschildert wird. Obgleich uns selbstverständlich die Ausnahmespiele – wie etwa das DFB-Pokalhalbfinale Schalke gegen Bayern am 2. Mai 1984 – Formulierungen spendieren, die in Stein gemeißelt gehörten. Vielleicht mag einer der Anwesenden ja bei Gelegenheit dem ehemaligen ZDF-Mann Eberhard Figgemeier die Reverenz erweisen und diesen glitzernden, schon halb in die Sphäre der Narretei eingetauchten Satz zitierend dem Vergessen entreißen: »Was dieses phantastische Spiel an Werbung für den Fußball gebracht hat, ist nicht wieder gutzumachen.«

»Das höchste Gut einer jeden Sportübertragung, das höchste Gut einer jeden Fernsehsendung überhaupt ist die Sprache«, schreibt Wolff-Christoph Fuss und hebt die Bedeutung von Subjekt, Prädikat und Objekt hervor. Da widerspreche ich nicht eine Nanosekunde lang. Nur, neben Subjekt, Objekt und Prädikat – das sind Satzglieder – gibt es ja auch noch solch lästige Kategorien und Wortarten wie Numerus, Präposition, Adverb, Modus und so weiter, und zu Aspekten der sprachlichen Richtigkeit gesellt sich stets die kniffligeFrage hinzu, was denn die passende und die wirkungsvollste Ausdrucksweise sei, die Frage nach der Sprachnorm, nach dem Stil.

Ich habe, wie ich das seit langem zu tun pflege, während der WM im vergangenen Jahr kein Spiel ausgelassen und, weil ich fürs Radio und für eine überregionale Tageszeitung sogenannte medienkritische

Kolumnen schreiben mußte und sogar wollte, wacker aufgezeichnet, was da gesagt, beredet und weggesendet wurde.

So, wie sich die Präsentationsformen der Fußballberichterstattung im Fernsehen seit Ende der Achtziger grundlegend gewandelt haben – die erste Zäsur dürfte die Ausstrahlung von *Anpfiff* auf RTL plus gewesen sein, die Entwicklungen und Auswüchse in den Folgejahren sind unter den Stichwörtern »Beckmannisierung« und »Kernerisierung« eingehend beschrieben und zerpflückt worden –, so gründlich wurde die Lexik umgepflügt. Auf der Strecke geblieben sind brave, angeblich glanzlose, offenbar als ranzig und räudig empfundene Wörter wie »Fußballfreunde«, »Kreuzeck«, »Bogenlampe«, »Bruder Leichtfuß«, »köpfeln« et cetera. Statt dessen ist der Hang zur Extravaganz weitgehend Pflicht, die Register werden gezogen, bis ein Foul auch mal eines »aus dem Knöchelverzeichnis« (Werner Hansch) ist. Seither warte ich auf den »schlafwandlerischen Traumpaß aus dem Lehrbuch der Raumdeutung« – zu unser aller Sigmund Freude.

Gewiß, aus Brasilien wehten auch gelungene und der jeweiligen Spielsituation adäquate Formulierungen herüber: »Da möchte ich wissen, ob Silva seine Kapitänsbinde spazierenführt oder die Kapitänsbinde ihn.« – »So geht dieses Ballgeschiebe nach zwei Minuten zu Ende. Das war so anstrengend, daß jetzt eine Trinkpause fällig ist.« – »Das ist ja hirnrissig, da noch mal nachzutreten!«

Doch warum ist Thomas Müller ein »Raumgleiter«? Ist er nicht das Gegenteil? Ein in der Regel rasenverhafteter, manchmal staksiger Wühler und Wusler? Der obendrein neben dem Platz auf dem Boden bleibt und im Rahmen von Pressekonferenzen und Interviews die Luft aus dem entweder peinlich humorigen oder pseudofachmännischen Geschnatter rausläßt? Nämlich zum Beispiel auf die Frage nach der »falschen 9« antwortet: »Und wenn man Osterhase zu ihm sagt«, zu diesem Typus Mittelstürmer, »es ist völlig egal.«

Wieso ist Khedira »der Raumhüter«? Und nicht gleich der Traumhüter, der über den Traum, den Titel zu holen, wacht? »Das Finaltrauma von 2010, es hat ein großes Pflaster bekommen« – das ist für das Trauma bestimmt ein Trost, und jetzt weint es auch nicht mehr. »Eine neue Frisurmode ist eingekehrt bei Argentinien« – in dem Satz stimmt überhaupt nichts. Eine Frisurmode ist eine Haarmode, und eine Haarmode kann sich beim besten Willen nicht neben einem Land niederlassen. Der Mann wollte sagen: »Im argentinischen Team tragen einige Spieler eine neue Frisur.« Und weil das äußerst belangvoll war (und unseren Augen nicht verborgen blieb), schob der nämliche Reporter hinterher: »Kein Wetter heute für Bartträger.« Und: »Ein roter und ein weißer Luftballon sind auf dem Platz.«

Wir waren erleichtert.

Gibt es ein »großes Gefahrenpotential für das deutsche Tor«? Gibt es »Zulieferungen für Müller-Chancen«? Das ist nicht bloß grammatikalisch der reine Stuß, sondern zudem jener feinste Substantivstil der Bürokraten, der auf deutschen Traumpaßbehörden sorgsam kultiviert wird.

Ein andermal hörten wir, »daß er die gelbe Karte auspackt und sie verteilt an Hulk«, da man eine einzige Karte so schön verteilen kann. Im Gegenzug verweigerten unsere Sprachartisten bei dieser – alles O-Ton – »Qualitäts-WM« mit »Erlebnischarakter« und

»Gruselfußball« und »Neutralitätsfußball« den Niederlanden und den USA permanent den korrekten Numerus, den Plural.

Ich schieße mich hier nicht auf einen bestimmten Sender oder ein bestimmtes Senderagglomerat ein, derlei sprachliche Unachtsamkeit oder Inkompetenz ist allerorten Usus. »Wer sich über den Stand der Merkelschen Bildungsrepublik informieren will«, merkte der Schriftsteller Stefan Gärtner jüngst an, müsse lediglich ein wenig Fußball schauen; dann werde er sich wundern, »daß der heutige Sportreporter, trotz Abitur und Studium, selbst einfachste relativische Anschlüsse nicht mehr zustande bringt (›das Spiel, was die Deutschen hier aufziehen‹) und überhaupt seine liebe Not hat, mal einen Satz ohne Grammatikunfall herauszubringen – oder wenigstens ohne ›sensationell‹, ›insofern‹ und ›insofern, weil‹. (Wer glaubt, das sei nichts Neues: ist es aber. Gegen die neuzeitlichen Fernsehtrilobiten war Faßbender ein höheres Vernunftwesen, von gebildeten Herren wie Eberhard Stanjek nicht zu reden.)«

Und schließlich die weitverbreitete, suchtartige Neigung zu bemühten, zurechtgehäkelten Wendungen und zur affektierten Bildhaftigkeit: »Er läßt das noch alles farblich unbestraft.« – »Lahms Versuch, die Unterhose des Kollegen mal näher zu betrachten.« – »Pekerman will ein bißchen an der Uhr drehen.« (Indem er auswechseln läßt.) Spieler haben ständig »Gesprächsbedarf« (obwohl sie sich wie eh und je nur kurz abstimmen). Ist dieses Getue Ausdruck der puren Freude am Reportersein? Weil das Spiel bloß noch ein Anlaß ist, um sich zu produzieren?

Zugestanden, das Abendland geht wahrscheinlich nicht gerade unter, und früher war nicht alles besser.

Und die karge, minimalistische Grandezza eines Rudi Michel, der gern die Kulisse sprechen ließ, dürfte außer bei mir nicht mehr bei vielen auf Gegenliebe stoßen:

»Sehr schön. Haller. Goal! *(Einunddreißig Sekunden lang Schweigen.)* Herrschaften noch mal. Zwölfte Minute. Haller. Mehr brauch' ich ja nicht zu sagen.«

Oder der Duktus eines Oskar Klose, der als Fernsehreporter akustische Tableaus wie ein Gemälde von Malewitsch schuf:

»Dürnberger. Und Müller. Und Tor. [...] Dürnberger. Und Tor. [...] Na, und jetzt doch Tor. [...] Hmmm, Hoffmann! Kriegt den Ball nicht unter Kontrolle. Und Tor. Tor durch Franz Roth zum 3:3. [...] Zobel. Und die Gefahr wird immer größer! Und Tor!«

Oder die zurückhaltende, jedoch keineswegs unterkühlte Art von Rolf Kramer, der das Jahrhundertspiel am 8. Juli 1982 in Sevilla kommentierte, das WM-Halbfinale zwischen Deutschland und Frankreich, das bis hin zum Elfmeterschießen mit allem aufwartete, was der Fußball zu bieten hat:

»Uli Stielike. *(Elf Sekunden lang Schweigen.)* Er darf nicht nachschießen. *(Acht Sekunden lang Schweigen.)* Erinnerungen an Uli Hoeneß. Er war einer der Besten, nicht nur in diesem Spiel, der Mann von Real, im ganzen Turnier in der deutschen Mannschaft.«

Diese Szene – verschossener Strafstoß nach einer Verlängerung, die jener von 1970 mindestens ebenbürtig war, Uli Stielike brach zusammen und kauerte weinend auf dem Rasen – würde heute mit Geheule, mit einer das Schicksal beklagenden Jeremiade, mit einem negativen Heldengesang quittiert, daß es nur so schepperte. Denn der Fußball im Zeichen der, wie es in der Medienwissenschaft heißt, »Theatralisierung«, der konsequenten »Emotionalisierung«, der »Personalisierung«, des »Feel-good-Faktors«, des »melodramatischen Gefühlsmanagements«, kurz: der forcierten »Entertainisierung« (*Media Perspektiven* 11/2000) verlangt nach einer stramm rituellen Inszenierung, in der die meisten Bilder- und Sprachcodes festgelegt sind und in der es nahezu ununterbrochen entweder um euphorische Statements oder um Krisen- und Katastrophendiskurse geht, in denen weltbewegende Konflikte bekakelt werden.

Da nimmt es nicht wunder, daß ausgerechnet Béla Réthy, der gewöhnlich arg zur Übertreibung und zur Dampfplauderei neigt, nach dem 7:1 gegen Brasilien wegen seiner vollkommen gerechtfertigten Fassungslosigkeit gescholten wurde. Man hätte sich »gewünscht«, schrieb die *Frankfurter Neue Presse*, »daß zumindest der Kommentator, das Sprachrohr der staunenden Mehrheit, irgend etwas Analytisches, Treffendes, Antwortbringendes« zum besten gegeben hätte, »irgendeine Erklärung, irgendeine Aufgliederung. Statt dessen flüchtete sich Réthy in eine Sprachlosigkeit, die man dem ansonsten so redseligen ZDF-Mann nie zugetraut hätte.« Und die Filmwissenschaftler Katti Jisuk Seo und Mark Wachholz bemängelten in einer Untersuchung, in der sie Réthys Darbietung mit der dialogischen Kommentierung auf BBC texttheoretisch verglichen, die Limitierungen seiner streng an Fakten und am Ereignis orientierten »distanziert-observierenden Erzählweise«, die sämtliche Elemente des »Storytellings« habe vermissen lassen: die dramaturgisch gebotenen Metaphern, die Hypothesen, die Momente der Antizipation, den Spannungsaufbau.

Doch ein Fußballspiel ist kein »Storymaterial«, sondern es ist selbst die Geschichte, es schreibt und erzählt sich selbst. Es ist, wenn es uns derart begeistert, den Atem raubt, ein »Spielfilm«, wie es Mehmet Scholl ausgedrückt hat, und das Schweigen ist dann eine fügliche Reaktion.

Allerdings sind Nüchternheit, Unaufdringlichkeit, Abgewogenheit in einer Zeit, in der die Medien intensiver denn jemals zuvor mit wirtschaftlichen und Sportverbands- und Vereinsinteressen verflochten sind, keine wohlgelittenen Eigenschaften mehr. In der »Sportgesellschaft« (Helmut Digel) regieren die Parameter Geld, Wettbewerb und Götzenverehrung, und das Fernsehen, sowohl das öffentlich-rechtliche als auch das private, ist eine symbiotische Beziehung mit seinen Versorgern eingegangen – eine enge Abhängigkeitsverbindung.

Laut dem Kommunikationspsychologen Uli Gleich zählt einzig die »attraktive und damit lukrative Berichterstattung«, »Attraktivität geht vor Analyse«, bald jedes noch so unerhebliche Match wird zur titanischen Auseinandersetzung hochstilisiert, die Mannschaften stehen immerzu vor herkulischen Aufgaben.

Ulli Potofski moniert (wie vorne in diesem Buch bereits zitiert) an den von ihm so genannten »Schreihälsen« seiner Zunft: »Wenn ich mir manchmal anhöre, wie Zweit- oder gar Drittligaspiele kommentiert werden, denke ich wahlweise, die Welt geht unter oder der junge Pelé steht wieder auf dem Platz – sosehr wird übertrieben, werden mittelmäßige Begegnungen zu Weltsensationen aufgebauscht. Ein wirklich dramatisches Spiel wie das WM-Halbfinale von 1970 könnte, wenn es derart zugetextet würde, gar nicht mehr wirken.«

»Jurado! Farfán!! Kein Abseits von Raúl!! Raúl!!! Raúl!!!! Raúúúúúúúl!!!! [...] Jurado!! Eiii-gentooor!!!! Ich faß es nicht, Freunde!!!! Das gibt's nicht!!!! 2:4 Andrea Ranocchia!! [...] César. Ja, gefäääährliiiich!!!! Tooor!! Es ist Abel! Es ist Mathias Abel!« (Wolff-Christoph Fuss)

Das Gerangel um die Übertragungsrechte, der Quotenzwang, der Vermarktungsdruck, die Konkurrenz unter den Reportern: All das hat aus der Sportberichterstattung eine Dauerwerbesendung im Sinne der Taktgeber und einen Überbietungswettstreit gemacht, in dem so häufig wie nie zuvor Aufputschvokabeln wie »Überragend!« und »Wahnsinn!« ins Rund geschmettert werden. Ein so heftiger wie konfektionierter Ausbruch folgt auf den anderen, das erheischt die obwaltende Selbstdarstellungsökonomie. Das Aufregerfernsehen ist laut um der Lautstärke willen, es herrscht das Gesetz der steigenden Phonzahl:

»Jetzt Großkreutz mit dem Kunstschuß!!!! Und das Toooooor!!!! Kevin! Großkreutz! Und den müssen sie jetzt mit dem Lasso einfangen! [...] In der Mitte Kolleeer!! Abdullaaaaaah!!!! [...] Rosickýýýýýýý!!!! [...] Guter Ball Méndeeez!! Und hinten Marqueeeeeez!!!! [...] Dedê! Dedêêêêêêêêêê!!!! Toooooooor!!!!« (Marcus Lindemann)

Immerhin, Bon Scott hätte einpacken können. Überraschen mag da folglich aber keineswegs, daß inzwischen selbst Nachberichte klingen wie auf Meth. Ich stelle einen Ausschnitt vom Oktober 2011 einem aus dem Jahr 1985 gegenüber. Zunächst Eberhard Stanjek:

»Und das ist Frank Hartmann. Wieder Lerby. Und der sieht Nachtweih. Der hat Glück und Geschick, kommt an allen vorbei, 1:0 bereits nach zehn Spielminuten. *(Neun Sekunden lang Schweigen.)* Schau'n Sie. Rechts angenommen. Schön rumgedreht. Auch Burdenski kann nichts mehr ändern. Und die frühe Führung für die Münchner Bayern. *(Elf Sekunden lang Schweigen.)*«

Und nun Steffen Simon:

»Seit Beginn der Datenerfassung hat es noch kein Bundesligateam gegeben, das mit null Torschüssen aus einer Partie geht, aktueller Zwischenstand: 26:0 Schüsse für Dortmund. Eines der einseitigsten Spiele der Bundesligageschichte geht in seine letzten fünf Minuten! Und Achtung, jetzt!! Podolski!! Podolskiii!!! Geblockt von Piiiszczek!!! Und – das – zählen – die – Statistiker – als – Torschuß!! Köln hat ihn!! Köln hat einen Torschuß für die Statistik!! Und Köln – hat – jetzt Blut geleckt! Wir sind in der sechsundachtzigsten Minute! Sie setzen nach! Dortmund weiß überhaupt nicht mehr, was passiert! Dortmund ist ja regelrecht eingeschnürt! Okay, Dortmund hat drei, vier Gänge zurückgeschaltet, aber das macht ja nichts, der FC mit dem eingewechselten Clemens. Clemens – bedient – Podolski! Und Achtung, Podolski!! Podolskiii! Das ist ja ein richtiger Torschuß!! Und Roman Weidenfeller muß tatsächlich eingreifen! Und jetzt – sind es – zweiii Torschüsse in Kölns Statistik! Es ist ja phantastisch.«

Unter uns: Zwackelt's noch ganz richtig? Alle Neuronen an der vorgesehenen Stelle? (Zum näheren Verständnis: Dortmund führte zu diesem Zeitpunkt, ein paar Minuten vor dem Abpfiff, 5:0. Und falls das eine Parodie gewesen sein sollte: Sitz, Brauner, sitz.)

Sein Pendant findet dieser Kreisch- und Aufdringlichkeits-Eventstil in der Anbiederung an die maßgebenden Akteure, die ihrerseits seit etlichen Jahren ihr anmaßendes, gutsherrenhaftes Verständnis vom Verhältnis zu Reportern und Redakteuren offen zu erkennen geben. Ich erinnere daran, wie sich ein gewisser

Franz Beckenbauer schon in den achtziger Jahren äußerte:

»Was den Fußball im allgemeinen anbelangt, ja: Ich wehre mich also dagegen, wenn, äh, wenn ich Kommentare do jetzt vom Michael Palme oder von euerm, wie heißt er, Ploog, und jetzt habt's ja noch so aan Zauberer do, den hab' i amol g'seh'n … Wie heißt der? Reif oder wie? Der spricht wunderbare politische Kommentare, aber, bitt' scheen, laßt ihn vom Fußball weg.«

Ich erinnere an Uli Hoeneß' mehrmalige Wutschnaubereien, nachdem es Satiriker wie Fritz Eckenga, Achim Greser und Heribert Lenz gewagt hatten, ein wenig über den FC Bayern zu spötteln. Ich erinnere an Theo Zwanzigers Aufforderung zu einer »wohlwollenden Berichterstattung« über das Auftreten der DFB-Elf bei der Europameisterschaft 2008. Ich erinnere – exemplarisch – an Katrin Müller-Hohensteins abgeschmackte Plansch- und Strand-Tête-à-têtes in Santo André, und in Anbetracht dieser schamlosen Kotaus erinnere ich an ein Zwiegespräch, das sich während der WM 1982 zwischen Paul Breitner und dem standfesten Harry Valérien entspann.

Erst mal meckerte der mündige Breitner kernig drauflos:

»In diesen ersten vierzehn Tagen hat uns fast niemand gefragt, mit einigen wenigen Ausnahmen. Es is' niemand gekommen, es sind Dinge inszeniert worden, es sind Lügen verbreitet worden, die eine Frechheit waren, eine Sauerei waren. Und dann erst, plötzlich mit der zweiten Runde, als wir wieder interessant wurden, als es besser lief, kamen die Herren wieder und haben gemeint: So, und jetzt, äh, müssen wir ja mit den Leuten wieder reden. Und ich meine, so is' es wieder a net.

Uns nur zu gebrauchen und uns nur zu fragen, wenn man uns braucht, und uns in die Pfanne zu hau'n, und zwar miserabel in die Pfanne zu hau'n, hinterfotzig in die Pfanne zu hau'n, äh, wenn's leichtfällt, wenn wir eben Mist gebaut haben, zu dem wir stehen – ich glaube, daß das a Sauerei is'. Es is' einfach eine Sache der Unhöflichkeit und auch der Unfairneß. Und wenn wir dann, vielleicht überspitzt, reagieren, was man uns mit Hochnäsigkeit oder Arroganz, äh, nachredet, ich glaube, da geht's a bißerl am Ziel vorbei.«

Das würde kein Götze, kein Hummels, kein Kroos, kein Neuer tun, und mir fiele kein derzeitiger Fußballjournalist ein, der auf diese Weise eine Replik hinlegen würde:

»Äh, Sie gestatten mir schon, daß ich sog': also hinterfotzig, Sauerei, Schweinerei, daß ich mich mit dieser Ausdrucksweise nicht identifiziere, auch nicht im Namen meiner Kollegen. Ich kann nicht für die auftreten. Moment, lassen Sie mir den Satz sagen, äh, Paul Breitner! Ich bin nur der Meinung: Sie sind ja auch nicht zartbesaitet dann, ob's um a Weltmeisterschaft geht oder um a Pokalspiel. Sie hau'n ja auch ganz schön rum. Und ich meine: So, wie Sie reinrufen in den Wald, sagt man bei uns dahoam, kummt's wieder raus. Wenn Sie jetzt ein Typ wär'n, der also wirklich, äh, sehr sensibel wäre, von dem man wüßte, daß man ihn gar nicht antupfeln darf, dann würd' i sog'n, er hat a Recht, so zu reagieren. Aber am meisten wundern wir uns darüber, daß Sie einfach die Jalousie runtermachen. Und Ihr letzter, äh, Punkt, den Sie erwähnt haben, daß man nur zu Ihnen käme, wenn Sie weiterkommen mit der Mannschaft – da muß ich einfach auch für uns sagen, und Sie ham ja mir auch ein Interview verweigert: Das stimmt nicht! Das ist nicht wahr! Wir kommen, ich komm' viel lieber zu Leuten, die verlier'n, wenn Sie so woll'n, weil sie im Grunde ganz andere Aussagen machen. Wenn aner gewonnen hat – na ja, schön.«

Wie einfallslos, kläglich, hilflos und duckmäuserisch dagegen folgender Auftritt vom 2. April 2014, von Jochen Breyer:

»4:1 würde jetzt nicht mal reichen. Sie ham grade schon gesagt: Wir treten natürlich an, aber die Sache ist durch, oder, Jürgen Klopp?« – »Äh, wie, wie könnte man mir Geld überweisen für meinen Job, wenn ich heute hier stehen würde und sage: Es is' durch. Ich wär' genau so 'n Doofi, wenn ich sagen würde: Wir hau'n die sicher weg. Aber man sollte, also, entschuldige, ich möchte nicht im ZDF-Studio schon wieder irgendwie …« – »Hähähähähä.« – »… mit irgend jemandem aneinandergeraten.« – »Lassen Sie sich freien, freien Lauf!« – »Aber glauben Sie wirklich, daß ich sagen könnte … Ja. Also, auf doofe Fragen kann ich auch schon doofe Antworten geben, wie wir alle wissen.« – »Na ja, gut, aber … Aber …« – »›Herr Klopp, das is' durch.‹ – ›Ja, Entschuldigung, aber wir müssen noch mal ran.‹« – »Hähä.« – »Sind wir fertig?« – »Wir sind fertig, Sie dürfen geh'n. Vielen Dank, hä.« – »Olli, super heute, wir zwei, hä?« – »Hähähähähähähähä, hi, haha.«

Da wird die gutbezahlte, festangestellte Fachkraft mal angepflaumt – und hier zu Recht – und herausgefordert, und das einzige, was ihr in den Sinn kommt, ist, die eigene Unfähigkeit oder Feigheit windelweich wegzugickeln. Was hätte der Interviewer riskiert, hätte er nachgehakt? Hätte sich da nicht ein aufschlußreicher Schlagabtausch entwickeln können? Der etwas über das Selbstverständnis von Jürgen Klopp zutage gefördert hätte?

Ungefähr so hätte es sein können:

»Ich hatte den Eindruck, daß Sie gegen Spielende zweimal das Gefühl hatten, Lewandowski sei elfmeterreif gefoult worden.« – »Béla! Béla! Nich' so Zeuch fragen! Und, und nich' auf die Art! Äh, gucken, sagen, was war, und nich' ...« – »Also, ich fand, es war nicht zwingend.« – »Ja, das sieht genauso ... Das hab' ich mir schon gedacht. Ähm, der erste auch nich', wo der Arm oben dran war.« – »Leicht an ..., ja. Also, das kann man pfeifen, muß man nicht.« – »Ja, genau.« – »Oder? Is' das so?« – »Es hat Christian Heidel da neulich 'ne Antwort zu gegeben, daß Journalisten mittlerweile immer sagen bei Schiedsrichterentscheidungen: kann man, muß man nich'.« – »Also is' klarer Elfer?« – »Béla. Ja. Alles klar. Du noch 'ne Frage?«

Den Regelfall beschreibt der erwähnte Uli Gleich: Sportjournalisten, diese Söldner der Rendite, »sehen sich zunehmend eher in der Rolle des Unterhalters als des kritischen Informierers«. Eine repräsentative Umfrage zu Beginn des Jahrtausends hatte ergeben: »Sportjournalisten beim Hörfunk und vor allem beim Fernsehen akzeptieren diese Entertainer-Rolle stärker (67,9 %) als ihre Kollegen aus dem Printbereich (41,6 %). Bei Befragten, die für private Fernsehanbieter arbeiteten, war die Zustimmung zur oben genannten Aussage [›Sportjournalisten werden immer mehr zu Entertainern‹] mit 72,1 % am deutlichsten ausgeprägt.«

Ist es angesichts einer solchen mehrheitlichen Selbsteinschätzung, die das Ende des Sportjournalismus ratifiziert, nicht sinn- und zwecklos, über Moderationsweisen, Interviewtechniken, Sendeformate, über die Sprache der Reporter und über deren Fähigkeit zur (sprachlichen) Selbstreflexion zu debattieren?

Wollen die das überhaupt? Oder wollen sie's ohnehin »immer nur so machen, wie mir [ihnen] der Schnabel gewachsen ist« (Fuss auf Buschi.TV)?

Sagen wir's mit Béla Réthy: »Das erspart natürlich Diskussionen, die dann trotzdem stattfinden«, in Foren und Blogs (forum.digitalfernsehen.de, aktives-abseits.de u. a.) und an Kneipentischen und sonstwo. »Mir persönlich sind die Kommentatoren völlig wurscht, weil sie für mich der mit Abstand unwichtigste Part eines Spiels sind [...], was da auf dem Platz passiert, seh' ich selbst« – das ist eine Minderheitenmeinung. Die Beschwerden sind vielfältig: über die stereotypen »Crescendos bei den Spielernamen-Tripletten«, über Reporter, die stur Heil an ihren Ansichten festhalten, obwohl die Bilder sie widerlegen, über fachliche Mängel, über hypertrophes Gebaren, über das »Auffallen um jeden Preis«, über Berichte, die mit Schnickschnack gespickt werden.

»Einen Fußballkommentator darf man nicht bemerken, dann ist er gut«, meint ein User. Ich teile diese Auffassung allenfalls bedingt. Ich plädiere allerdings für rhetorische Abrüstung und Enthysterisierung. Und ich bin erfreut, wenn die heillos »heile Welt des Sports« (U. Gleich) gelegentlich aufgemischt wird – und sei es nur, wenn spielerisches Gewürge auch als solches benannt wird:

»Ooouu! Ooouuuu!! Also, wenn ich's nich' selber sehen würde! Wenn ich's nich' sehen würde!! Ich würd's nicht glauben!! Das ist ja unfaßbar!! Was die Bremer hier vermurksen. Daniel Jensen.« (Fritz von Thurn und Taxis)

Oder wenn es lässig auseinandergenommen wird:

»Das is' ein Unpaß, so etwas. Stürmer mit dem Rücken zu zwei Mann. Und keiner rückt nach zum

Prallenlassen. Das war jetzt Glück, daß sie am Ball bleiben. Farfán, unbedrängt, spielt den Ball dem Gegner in die Füße. Und der will ihn aber auch nich' haben. Jurado. Jurado. Mein lieber Mann, neulich gab's Champions League in Tel Aviv, und Sie sind dabei, live.« (Marcel Reif)

Und wenn mir dann noch so eine Perle geschenkt wird:

»Und im Pokal, haben wir ja gesagt, sind sie raus, gegen RB Salzburg. Äh, Salzburg, he. Leipzig. RB Leipzig. Himmels willen. Machen wir die Dinge nicht größer, als sie sind. Is' einmal schon schiefgegangen« (derselbe),

ja – dann bin ich geradewegs: sehr zufrieden.

Ich danke für Ihre Aufmerksamkeit.

Die Entdeckung der Gleichgültigkeit

Ach ja. Schön. Tatsächlich?

»Stimmt, heut' spiel'n die Bayern. Keine Ahnung, ob die 'ne Chance haben. Meinetwegen soll er den Götze rauslassen oder gleich verkaufen. Und der Hoeneß ist im Stadion?«

Ich saß vor meiner Stammkneipe, wie immer eisenhart vorsätzlich ohne Handy, hob den Kopf und guckte den drei Mauerseglern zu, die über den prächtigen, von einem kürzlich niedergegangenen Mairegen benetzten Baumkronen dahinschossen.

In meinem Hinterhof brütet ein Paar hinter einer Traufe. Das kann es natürlich nicht rausreißen. Die heimische Population der tränenrührend geselligen und verspielten Naturkünstler schrumpft unaufhaltsam, die jährliche Zählung des Naturschutzbundes (»Stunde der Gartenvögel«) hat es vor wenigen Tagen manuelneuerlich bestätigt.

Drei Mauersegler. Mehr sind es heuer nicht. Es ist eine Schande, ein Zeugnis dessen, was aus der Welt in den Händen der Menschen wird.

Mein Lieblingsprofessor, Werner, ein Physiker, war geruhsamen Schrittes eingetrudelt, wie gewöhnlich kurz vor dem Anpfiff. »Hoffentlich verliert der Scheißverein«, hatte ich dann gesagt; ich, seit etlichen Dekaden Anhänger des FC Bayern, mit dem Herzen Fan, »Edelfan« (Andreas Rüttenauer). Oder Jodelfan. Oder Odelfan.

Auch recht.

Werner, ein sanftmütiger Mensch, steht stets an meiner Seite, wenn es die gründlich verachteten Tugenden der Vernunft und der Gottlosigkeit zu verteidigen gilt, gegenüber den allenthalben herumschwallenden Religionsdeppen. Und wir begrüßen uns jedesmal per Handschlag. Macht kaum jemand mehr.

Dann kommt mein zweiter Lieblingsprofessor, Dirk, er arbeitet am Institut für Sozialforschung. Seine Gattin Katrin zeigt mir strahlend ein Buch über Vögel, mit einem Chip, der beim Umblättern die Stimmen all der holden Kameraden ertönen läßt.

»Fußball. Wie herrlich«, sagt Dirk. Ich frage einen Kollegen von ihm, der ab und an dieses Etablissement beehrt und ein äußerst schlauer Bursche ist, wie die Vögel heißen, die auf dem Buchcover abgebildet sind. Er kennt keinen einzigen, nicht einmal die Amsel.

Ich hab' das alles lange genug mitgemacht, das mit dem Fußball. Vermutlich war es ein zäher Abnutzungs- und Zermürbungsprozeß, der mit der ekelhaften WM 2006 begann, mit dem dummen und würdelosen und sprachzertrümmernden Klinsmann und seinem Reformgegeifer und dem Nationalgewichse all der Schafe allüberall. Nicht mal mein Freund Stefan Gärtner, dito Marxist und ein Roter, vermag mich mehr aus der Reserve zu locken.

Haben die Bayern eine miese Saison gespielt? Eine gute? Es ist mir gleichgültig. »Gleichgültigkeit« darf man als brauchbares Wort ansehen. Aus ihm spricht eine gelassene Haltung, die der gleichen Gültigkeit.

Eine Haltung der gleichen Gültigkeit? Nebbich.

Den Rest hat mir Guardiola gegeben – beziehungsweise das nicht endende parareligiöse Tamtam, das die Gammelpresse rund um diesen Neuerer, dieses Genie, diesen Erlöser, diese Niete veranstaltet. Meine Güte.

Na, immerhin: Der FC Bayern sichert zirka sechs Spiegel-Online-Redakteuren Lohn und Wurstbrot, und ein granitener Asi kümmert sich an der Isar um den sportlichen Nachwuchs, auf daß die nächste Saison noch besser oder noch mieser verlaufe.

Soll so weitergehen.

Wir haben in unserer Kneipe unterderhand eine Adorno-Kurve gegründet. Unser Wappentier ist der Gelbspötter, der Punk unter den Rohrsängern. Und Benno Möhlmann bleibe bitte beim FSV.

Theatrum mundi de futebol

Im Dezember trudelten via *FAZ* doch noch zwei mißliche Meldungen herein. Erstens: »Deutsche Handball-Frauen streiten sich um eine Pizza.« Es ist zum Haareraufen. Und zweitens: Der an Heiligabend von der Schweiz an Uruguay überstellte ehemalige FIFA-Vizepräsident Eugenio Figueredo habe gestanden, »große Summen Geld« eingesackt zu haben; das hätten zehn Präsidenten südamerikanischer Fußballverbände ja nicht anders gehalten. Man könnt' die Blattern kriegen.

Aber sonst – sehr schön, sehr gelungen, das Sportjahr 2015. Im September schlug, wie ein völlig entfesselter Zeitungsreporter schrieb, »der Meteorit [Robert] Lewandowski ein«, schoß in Gestalt eines Steinklumpens fünf Tore innerhalb von neun Minuten und »trampelte« dergestalt, weil er sich währenddessen von unbelebter Materie in einen Trupp Wildrinder verwandelt hatte, der aus *einem* Tier bestand, als »Ein-Mann-Bisonherde den armen VfL Wolfsburg ganz alleine über den Haufen«. Kein Zweifel, der Sportjournalismus ist weiterhin auf einem guten Weg.

Das zerebral zerzauselte ZDF hinwieder bekrähte in seinem Jahresrückblick ein »großartiges Wintermärchen für Goldjungs und Superfrauen« (es ging da um Skihüpfen und ähnlichen Zeitvernichtungshumbug) sowie, eine Formulierung von einem Nürnberger Reichsparteitag vor exakt achtzig Jahren aufgreifend, die »unerreicht eisenharte menschliche Fortbewegung« eines Triathleten; kam allerdings nicht umhin, verschämt und halb verbrämt einzuräumen, die Leichtathletik sei »womöglich ein Wespennest des Dopings [...], alles offenbar gedeckt vom Weltverband«. Weshalb man, genug des Gemäkels, zefix!, getrost unter den Schneidetisch fallenlassen konnte, daß bereits im Januar in Katar eine Handball-WM der Männer mit einem zusammengekauften Heimteam, vor gekauften Fans und vor gekauften Journalisten abgewickelt worden war.

Katar, übrigens – ist das nicht ein Akronym? Kauf alles – Tore, Ansehen, Ruhm.

Nicht?

Na gut.

Das Sportjahr 2015 jedenfalls – sehr apart, sehr reizend war's. Während sich, wie durchsickerte, Spitzenfußballer in aller Welt systematisch des Steuerbetrugs in Uli-Hoeneß-Dimensionen befleißigen, versuchte hierzulande das Zentralorgan der organisierten Obszönität, die *Bild*-Zeitung, im Zuge der Flüchtlingswirrnisse den Profifußball für eine ekelhaft-verheuchelte Imagekampagne zu kapern. Immerhin, ein Drittel der Zweitligaklubs, vorneweg der FC St. Pauli, sagte: Njet! Schleicht euch, ausg'schamte Schmierer!

Gut einen Monat später, Mitte Oktober, fuhr daraufhin Alfred Draxler, Chefredakteur der historischen Fachzeitschrift *Sport Bild*, dem linken Querulantengelichter in der Vollidiotenfernsehrunde *Doppelpaß* anläßlich einer anderen bezaubernden Causa in die Parade: »Was der *Spiegel* da gerade treibt, geht überhaupt nicht! Ich hab' mit Franz Beckenbauer [...] telephoniert. Er sagt: ›Es ist einfach nicht wahr.‹ Er sagt: ›Es ist glaubhaft nicht wahr.‹«

Der *Spiegel* hatte, teils unter Berufung auf den, so die *FAZ*, »Bombenleger« Theo Zwanziger, in epischer Breite Indizien dafür präsentiert, daß die WM 2006, das nachmalige sogenannte Sommermärchen – ohnehin nichts anderes als der Ausfluß ausdauernder Autosuggestion besinnungsloser Medien und Machtinhaber –, im Juli 2000 mit Hilfe von pechschwarzen Geldern des damaligen adidas-Bosses Robert Louis-Dreyfus an Land gezogen worden war. »Warum« auch, fragte das Blatt, »sollten die Deutschen die einzigen Koi-Karpfen in diesem Dreckstümpel«, im FIFA-Sumpf, »gewesen sein?«

»Ich bin nie, zu keinem Zeitpunkt mit Korruption in Kontakt gekommen«, hatte Franz Beckenbauer, in den sechziger Jahren der erste Nutznießer des von adidas installierten weltweiten Bestechungs-, Schranzen-, Schieber- und Schmiergeldsystems, 2012 gegenüber dem TV-Sender Al Jazeera auf englisch kundgetan. Nun schwieg – außer gegenüber Herrn Draxler – der Sportbotschafter von Gazprom, dem die ARD kurz zuvor noch eine herrlich zusammengehudelte hagiographische Dokumentation zu Füßen gelegt hatte.

Die FIFA sei ein »Schweinesystem«, säuselte jetzt Oliver Fritsch auf Zeit Online, »der Schlamm fließt mitten durch Deutschland«. »Schafft endlich den Kaiser ab!« flötete Dietrich Schulze-Marmeling in der *taz*. Doch nicht den Protagonisten, den konspirativen Kitzbüheler Kaiserkasper, raffte die Lawine der Enthüllungen hinweg, sondern den tumben Tor in diesem Theatrum mundi de futebol, den DFB-Präsidenten Niersbach, der sich von einer grotesk-wahnsinnigen Version, zu welchem Zwecke das Dreyfus-Darlehen wann von wo nach wo geschlafwandelt sei, zur nächsten fortlog und -märte – kulminierend in einer säkularen Pressekonferenz (»Keine Ahnung«, »Das entzieht sich meiner Kenntnis«, »Auch das kann ich

Ihnen nicht beantworten«) und in einer das trostlose Täuschungsgehampel wahrlich transzendierenden Rücktrittserklärung. Er habe, so Wolfgang Niersbach, »absolut sauber und gewissenhaft gearbeitet«. Aber es seien in der verfluchten Vergangenheit »offenbar Dinge passiert, von denen auch ich keine Kenntnisse hatte«. Diese Dinge fielen ihm dann Mitte Dezember wundersamerweise wieder ein: Das Dreyfus-Beckenbauer-Bimbes habe 2002 die Wiederwahl Blatters sichergestellt.

Zwischenfrage, bevor wir zum Abschluß dieser kleinen Retrospektive kommen: Müßten nicht für das, was die FIFA und der Sport insgesamt treiben, neue Wörter her? Wie wäre es mit Heuchelhauseniade? Bigottgläubigkeit? Alcaponismus? Mit neoneapolitanischem Nepobyzantinismus? Oder doch einfach mit dem schon älteren Wort Schopenhauers von der »Lumpazität«?

Dessenungeachtet: Zum Gelingen des Sportjahres 2015, zum prachtvollen Anno horribilis 2015, trug schließlich weiß Gott nicht unwesentlich unser Joseph Blatter bei; der Jahwegleiche; der »Schweizer des Jahres«, zu dem ihn die *Weltwoche* erkieste; der Gottesnahe, auf den im Juli während einer PK sechshundert gesegnete Dollarscheine herabregneten; der Vater Theresia aus dem Weltall oder dem Wallis; der narzißtische Fratz, Sektenführer und Strippenverknüpfer – der nach vierzig Jahren Filz und Fideldumdei kurz vor Heiligabend von der FIFA-Ethikkommission mitsamt Michel Platini ins Off befördert wurde und darob einen heiligen Terminator-Schwur sprach: »I'll be back.«

Wird er am 26. Februar 2016 zum Sonderkongreß der FIFA mit einem Panzer vorfahren? Sich an der

Schlangenbrut, die ihn stürzte, zu rächen? Oder wird uns, wie wir auf der Website zdf-werbefernsehen.de lesen, ein friedliches »Super-Sportjahr 2016« bevorstehen? Mit einer noch auf Geheiß Michel Platinis aufgeblähten Fußball-EM? Mit Olympischen Sommerspielen in Rio de Janeiro, die, quelle surprise, mit Naturzerstörung, mit der Vertreibung der Verelendeten, mit massiven Menschenrechtsverletzungen einhergehen?

Wird der Ritter der Enterbten, Karl-Heinz Rummenigge, in den Verhandlungen über die künftigen Fernseherlöse für die Fußballbundesliga den Sieg davontragen und »ein Komma x Milliarden« einheuern? Oder werden wir uns daran erinnern, was der adidas-Sprößling und eherne Ehrenmann Thomas Bach angesichts der Eskapaden und Explosionen in Blatters Blasenwelt zum besten gab? »Genug ist genug«?

We'll see, my friends, because it's a show, that never ends.

PS: Nachdem ich obigen Beitrag abgeliefert hatte, erschien auf Spiegel Online (30. Dezember 2015) ein Kommentar zum Sportjahr 2015, also zur »Geschichte vom DFB der unbefleckten Empfängnis« und zu allerhand mehr. »Wenn es noch so etwas gab wie Restglaubwürdigkeit für die hohen Herren Sportfunktionäre, so wurde sie 2015 pulverisiert«, hieß es – und weiter (damit nichts vergessen werde): »Der greise Pate der Weltleichtathletik, Lamine Diack, soll Dopingbefunde verschwinden lassen und dafür kassiert haben, die russische Leichtathletik steht am Pranger, sie gilt als flächendeckend dopingverseucht. Diacks Nachfolger Sebastian Coe, der smarte Saubermann aus Großbritannien, der die Spiele 2012 so glanzvoll organisierte, kann bis heute nicht glaubhaft belegen, was er von all den Machenschaften in der Leichtathletik nicht gewußt hat. Scheibchenweise kommt belastendes Material über ihn ans Tageslicht. Der Lack ist ab beim feinen Lord.«

Tscha. »Aber dieses Jahr 2015, es würde zumindest alles mitbringen, um ein Wendejahr für den Weltsport werden zu können.«

Ist die Abschaffung des Kapitalismus eingeleitet worden?

*

Auch Thomas Kistner sprach von einer »Zeitenwende« und vom »endlosen FIFA-Kabarett«. Wolfgang Niersbach, der sich über Monate verdächtig ruhig verhalten hatte, erklärte Anfang Oktober, nach Blatters erster, auf neunzig Tage befristeter Suspendierung: »Wichtiger als die Personalie ist, daß ein neuer Geist reinkommt.« Freilich. Und: »Was heute passiert ist, ist der absolute Super-GAU«, also der totale supergrößte anzunehmende Unfall.

Ich schreibe diese Sportjahresrück- und -ausblicke für den Deutschlandfunk seit vielen Jahren. Noch nie saß ich vor einem so großen Materialhaufen (obwohl ich nicht mal systematisch gesammelt hatte; Dank bei der Gelegenheit an den Zulieferer Martin Weishaupt!).

Der Platz für einen Rundfunkbeitrag ist selbstverständlich beschränkt (Astrid Rawohl und ihre Kollegen räumen mir dennoch stets lange »Strecken« ein, auch dafür merci!). Einige gedankliche und sprachliche Pretiosen will ich daher nachreichen; etwa Jogi Löws Granatenstatement: »Diese Ereignisse geben Anlaß zum Nachdenken.« Oder das Geschmarre des DFB-Generalsekretärs Helmut Sandrock im Rahmen der Eröffnung des Deutschen Fußballmuseums in Dortmund: »Wir hatten unter [Theo] Zwanziger eine Angst- und Krisenkultur beim DFB.«

Nun hat man beim DFB »bei all der Krise, die im Moment sein mag« (Rainer Koch, 1. Vizepräsident des DFB, auf dfb.de), eine Kultur des Kopfzerbrechens.

*

Dieses Museum, das nach vorschulpädagogischen Gesichtspunkten eingerichtet und mit allerlei Reliquiengerümpel vollgestopft worden zu sein scheint, werde, schnabelte es aus der ebenfalls durchgedrehten nordrhein-westfälischen Ministerpräsidentin Hannelore Kraft heraus, in Bälde »zu einer Pilgerstätte«, zu einem, aua, »Ballfahrtsort« *(Süddeutsche Zeitung)*, zu einem Tempel, in dem regredierte Köpfe den allmächtigen Fußball anbeten.

»Ziel des Deutschen Fußballmuseums ist es, das Phänomen Fußball und seine Faszination mitreißend zu inszenieren«, teilt man auf der Website mit – drei Lügenwörter gleich im ersten Satz: »Phänomen«, »Faszination«, »inszenieren«.

Man kann derartigen Sprachschund, in dem sich der »universelle Verblendungszusammenhang« (Adorno) ausdrückt, von dem sich der Fußball nährt und den er päppelt und päppelt, nur noch wiedergeben: »Das Haus macht emotional geladene Geschichte« – wer hat die Geschichte eingeladen? – »erlebbar und zelebriert die Freude am Fußball. Die Leitidee und das Motto des Museums orientierten sich an dem Anspruch, der zentrale Erinnerungsort des deutschen Fußballs zu sein: Wir sind Fußball.«

Und die von mir so geschätzte Fußballkultur? Wo bleibt die denn? Da is' sie ja! »Für die deutsche Fußballkultur gibt es nun eine zentrale Arena: das Deutsche Fußballmuseum. Das museumsbegleitende Kultur- und Veranstaltungsprogramm ANSTOSS bietet dabei das ganze Fußballjahr abwechslungsreiche, spannende und einzigartige Formate.« Abwechslungsreich, spannend, einzigartig. »Ob Soccer Slam, Taktik Talk oder Fußball-Disco: Hier ist für jeden Fußballbegeisterten etwas dabei.«

Sogar einmal ein Divis.

»Fußball hat und ist eine ganz eigene Kultur.« Wenn man es oft genug wiederholt. »Als Massenphänomen sorgt der Fußball für faszinierende Anekdoten und spannende Storys.« Diesmal: »Phänomen«, »faszinierend«, »spannend«. »ANSTOSS greift diese Episoden der Fußballkultur zwischen Spiel, Stadion, Fans, Kunst, Medien und Wirtschaft auf und entwickelt sie weiter zu ungewöhnlichen Kultur- und Kommunikationskonzepten.« »Ungewöhnlich«? Ganz sicher. »Konzepte«? Machen sich immer gut. »Das Deutsche Fußballmuseum beschäftigt sich dabei mit historischen Bezügen, greift Themen zum aktuellen Geschehen auf und wagt nicht zuletzt den Blick in die Zukunft.«

Denn man tau!

Faszinierend und spannend, apropos, auch das: »Bei Eintrittspreisen von bis zu siebzehn Euro sind rund zweihundertsiebzigtausend Besucher jährlich nötig, um die Kosten zu decken. Andernfalls müßte der Steuerzahler für einen Teil des Verlustes aufkommen.« (*FAZ*, 24. Oktober 2015)

Oder anders gesagt: »Da ist es eigentlich fast nur noch eine Petitesse, daß die Stadt Dortmund ab 2016 jährlich 300.000 Euro für den Betrieb des Fußballmuseums zahlen wird und Defizite ab einer Million übernehmen muß […]. Zuschüsse an andere Kultureinrichtungen wurden hingegen gekürzt, das Grundstück im Wert von mehreren Millionen bekam die Museumsstiftung umsonst.« (*Der Tödliche Paß* 79)

*

Die Hamburger waren alles andere als »Feuer und Flamme« für eine Bewerbung um die Olympischen Sommerspiele 2024, für die die Presse im Schulterschluß mit der Politik aufs frechste getrommelt hatte. Ach, diese Visagen nach der Bekanntgabe des Wahlergebnisses! Diese ausgebremsten Gockel! Diese vom Souverän abgewatschten, beleidigten Vespers, Hörmanns, Scholzens!

Man sähe sich solche Bilder gern täglich an.

Jürgen Busche, nebenbei, wies im *Freitag* vom 16. Dezember auf strukturell krumme Deals im Hintergrund hin: »In der Wahrnehmung eines großen und größer werdenden Teils der Bevölkerung hat sich den Bürgern gegenüber ein parteipolitisch-journalistischer Komplex herausgebildet, dessen Wirken erkennen läßt, daß er die Öffentlichkeit für beliebig manipulierbar hält. Die Politik will die Unterstützung der Presse, die Presse will gutes Einvernehmen mit der Politik. […] Man braucht nicht von ›Lügenpresse‹ zu reden, um zu konstatieren, daß Journalisten in den vergangenen Jahren gewaltig an Glaubwürdigkeit verloren haben. Die meisten von ihnen wissen, was ihre Gesprächspartner in der Politik von ihnen erwarten. Aber sie wissen nicht, was die Leute am Stammtisch in der Kneipe nebenan über sie denken. Und sie wissen nicht, was diese Leute über die Dinge denken, über die sie schreiben oder Filme machen.«

*

Ende Mai, nachdem in Zürich sieben FIFA-Funktionäre arretiert worden waren, gab Franz Beckenbauer einem Fernsehsender ein sagenhaft hingeholpertes, redundantes und offenbar kaum beachtetes Interview, in dem er sagte: »Es ist das System, was halt einfach so is'. [...] Daß da auch einige dabei sind, die, sagen wir mal, ja, sich selbst bereichern, des is' halt amal a so. Also, die Struktur – also, ich seh' keine bessere Struktur.«

Danke schön.

Im Oktober tauchte »der Mann, der genau weiß, was gelaufen ist« (Thomas Kistner), dann ab. Dietrich Schulze-Marmeling: »Bei all den Schiebereien, von denen wir gerade erfahren, ist Franz Beckenbauer die zentrale Figur.« Der *Spiegel* 43/2015: »Beckenbauer und Radmann waren die entscheidenden Männer. Sie waren Fleisch vom Fleisch eines Systems, in dem sich Sauberkeit nicht auszahlt und der Ehrliche deshalb der Dumme ist.«

Im November ließ sich Beckenbauer schließlich dazu herab, mit Redakteuren der *Süddeutschen Zeitung* zu parlieren. Ich habe es nicht (mehr) gepackt, das auch noch im Original zu lesen. Spiegel Online faßte zusammen: »Wenn man ihm glaubt, hat der ›Kaiser‹ in seiner Funktionärslaufbahn so ungefähr alles wahllos unterschrieben, was man ihm so hingelegt hat. ›Tausende von Briefen, Tausende von Erklärungen, tausende Vereinbarungen‹ will er signiert haben, Beckenbauer, die Unterschreibmaschine. [...] Drei Stunden hat Franz Beckenbauer mit der *Süddeutschen Zeitung* gesprochen, aber in Wahrheit ist jetzt nur eins klar: Franz Beckenbauer will offenbar, daß im vielleicht größten Skandal des deutschen Fußballs nichts klarer wird.«

»Sie werden doch nicht glauben, daß ich nur eine einzige Vereinbarung oder nur ein einziges Dokument gelesen habe.« – »Ja, wo samma denn?« (Beckenbauer)

Do samma.

Und was ist eigentlich mit dem untadeligen Herrn Netzer?

(Ich könnte verraten, was ein bekannter Fußballreporter, mit dem ich eng befreundet bin, von Netzer hält. Das wäre allerdings justitiabel.)

*

Ich schenke dem Piper Verlag einen Titel: *Gebrauchsanleitung für eine Geldwaschmaschine.* Autor? Wer wohl.

*

Christian Holl (*Der Tödliche Paß* 79): »Beckenbauer war Mitglied des FIFA-Exekutivkomitees, das 2010 Katar als Austragungsort der WM 2022 bestimmt hatte. Katar ist VW-Aktionär. VW ist Großsponsor im deutschen Fußball. Die VW-Tochter Audi ist im Aufsichtsrat von Bayern München vertreten.«

Des Auftrittes von Alfred Draxler im *Doppelpaß* (Sport1) habe ich Erwähnung getan. Der Vollständigkeit halber seien hier zwei andere Wortbeiträge des Golfpartners von F. Beckenbauer hinzugefügt (der erste aus besagter Sendung, der zweite auf Twitter): »Ich weiß nicht, was das [was der *Spiegel* tue] mit journalistischer Arbeit zu tun hat.« – »Der @DerSPIEGEL muß jetzt Beweise bringen! Sonst haben wir neue #HitlerTagebücher! – Alfred Draxler, 18. Oktober 2015«

*

Weitere Details zur »peinlichen Gegenwart« *(Süddeutsche Zeitung)*.

In *11 Freunde* hieß es: »Es wäre auch eine Schande gewesen, wenn der DFB-Präsident der Herzen, über den Freunde jahrelang erzählten, daß er sich problemlos an Torfolge, Auswechselspieler und die Vorspeise des anschließenden Galadinners jedes noch so schimmeligen Nationalmannschaftstestspiels aus den vergangenen dreißig Jahren erinnern könne, ausgerechnet im Fall von hochbrisanten Zahlungen rund um die WM-Vergabe 2006 einer Teilamnesie zum Opfer gefallen wäre.«

Spiegel Online vom 15. Dezember 2015: »Niersbach erinnere sich laut der Protokolle [der Anhörung durch die Kanzlei Freshfields], daß Beckenbauer ihm 2002 nach Blatters Wiederwahl gesagt habe: ›Der ist auch mit meinem Geld gewählt worden.‹ Ähnlich soll sich auch der ehemalige DFB-Vizegeneralsekretär Stefan Hans geäußert haben. Beim FIFA-Kongreß 2002 in Seoul, bei dem Blatter im Amt bestätigt wurde, habe Beckenbauer laut den Protokollen auf die Frage, wem Blatter seine Wiederwahl zu verdanken habe, auf sich gezeigt. […] Derweil sieht der Verband weiter keinen Grund für die Abberufung Niersbachs von seinen Posten bei der UEFA und der FIFA. ›Die Ergebnisse der unabhängigen Untersuchung durch Freshfields liegen zwar noch nicht vor, zum jetzigen Zeitpunkt gibt es aber keinerlei Anzeichen, daß Niersbach aufgefordert werden müßte, aus seinen Ämtern bei der UEFA und FIFA auszuscheiden‹, sagte DFB-Interimschef Rainer Koch der *Sport Bild*.«

Denn, so Koch: »Er hat über Jahrzehnte sehr viele internationale Kontakte aufgebaut. Es wäre ja töricht, sein Angebot, uns Türen zu öffnen und sich für unser Vorhaben [die Bewerbung um die EM 2024] einzusetzen, auszuschlagen.«

»Aus dem Mauschelfunktionär wird offensichtlich ein Musterfunktionär.« *(taz)*

Und der DFB bleibt gemeinnützig. Und ist somit »der Öffentlichkeit gegenüber nicht rechenschaftspflichtig, muß keine Jahresabschlüsse publizieren oder über Einnahmen und Ausgaben informieren. [...] Während der DFB hier kategorisch dichtmacht, nutzt er auf der anderen Seite stets die Vorteile der Öffentlichkeit und sieht sich mit seinem Aushängeschild als nationales Kulturgut. Als die deutsche Nationalmannschaft im vergangenen Jahr nach dem WM-Titelgewinn in Brasilien aus Rio de Janeiro zurückkehrte, geriet die Jubelparade in Berlin zu einer ausgewachsenen Werbeveranstaltung. Die größten Sponsoren des Verbandes präsentierten sich vor einem Millionenpublikum auf den Straßen und im Fernsehen rund um das Brandenburger Tor.« (Michael Ashelm).

*

Der rotzenschlechte Witz an all diesen Angelegenheiten: Jeder, der wissen wollte, »was ist« (Herodot), weiß seit Jahren, nach welchen Maßgaben der durchkapitalisierte, verbandsmonopolistische, in einer selbstgeschaffenen und, systemtheoretisch gesprochen, autopoietischen, also sich selbst erhaltenden Parallelwelt verankerte Profisport vor sich hin brummelt. Sportkritik kettet sich daher notgedrungen, von der Sache her, an die immer gleichen Argumentationsfiguren, es ist da nichts Neues mehr zu holen.

Dieser Befund gilt ebensosehr hinsichtlich des seit ungefähr zehn Jahren dominanten, leitbildprägenden Sozialcharakters, der im Spitzenfußballer als »juveniler, beratergepamperter Ich-AG« (Johannes John) seine spezifische Gestalt gewinnt. »Welches Männerbild prägt den heutigen Fußball insgesamt?« fragte die *taz* vom 15. August 2015 den Philosophen Wolfram Eilenberger. Dessen so prägnante wie überraschungsfreie Analyse: »Global haben wir zwei alles überragende Fußballikonen, das sind Cristiano Ronaldo und Lionel Messi. Und es ist die große Tragik unserer Dekade, daß es sich bei diesen beiden Leitfiguren um derart ausgesprochene Sackgassencharaktere handelt. Sie zeigen keinem einen Weg auf. Nicht einmal sich selbst.«

Es ist nicht die Tragik unserer Dekade, es ist die Mechanik, die »Farce« (Marx) einer Welt im Würgegriff des Kapitals. Nichts darf über sie hinausweisen. »Der Welt melden Weise nichts mehr« (R. Wagner), der Welt als »stahlhartem Gehäuse der Hörigkeit« (M. Weber), und taub vor Lärm, vor Fangelärm' und Fernsehgelärm', ist sie ohnehin oder obendrein, scheiß doch rein.

Vor ein paar Jahren hockte ich nach einer Sportkonferenz des Deutschlandfunks mit drei sehr klugen Sportjournalisten in der Lobby eines kleinen, wunderbar anachronistischen Hotels im Kölner Süden zusammen. Wir holten, nachdem die Bar geschlossen hatte, Sixpacks von der Tankstelle und redeten bis in die Morgenstunden weiter. Einer der drei äußerst ästimierten Kollegen war von der Zeitung, einer vom Fernsehen, einer vom Rundfunk. Ich plaudere keine Details aus, selbstverständlich nicht. Aber daß alle drei bekundeten, allerhöchstens zwanzig Prozent dessen, was sie wissen, veröffentlichen zu können, da andernfalls die Mafiaanwälte der Verbände sie und ihre Arbeitgeber in Grund und Boden klagten – das darf ja mal erwähnt werden.

Unterdessen haben sich die Gewichte – weil es die Herren Funktionäre in ihrem wagnerartigen Wahn schlicht zu lange übertrieben haben? – verschoben, Tatsachen scheinen in der medialen Öffentlichkeit zum erstenmal Gewicht zu erlangen. Empfohlen seien hier stellvertretend Hajo Seppelts filmische Dokumentationen *Geheimsache Doping – Wie Rußland seine Sieger macht* (ARD 2014) und *Geheimsache Doping – Im Schattenreich der Leichtathletik* (ARD 2015) sowie Thomas Kistners Buch *Schuß – Die geheime Doping-Geschichte des Fußballs* (München 2015).

*

Ebensowenig etwas Neues: »Im Spitzenfußball ist jeder käuflich. Manche haben sich so etwas wie Restwürde erhalten.« (Frank Willmann im *Tagespiegel,* 2015)

Ich zitiere das nach einem Aufsatz von Stefan Erhardt »über die Käuflichkeit und das moderne Arbeitsverhältnis von Profi(t)fußballern«, erschienen im *Tödlichen Paß* (Nummer 78).

Man werfe einen Blick in die brauchbare Literatur zum brasilianischen Fußball, man vergegenwärtige sich, wie in England und in Spanien fußballspielende Kinder abgerichtet und feilgeboten werden, man schaue sich die deutschen Fußballinternate an – es ist hie wie da »ein moderner Sklavenhandel mit überwiegend zufriedenen Sklaven«, wie Jürgen Rollmann schon vor Jahren schrieb.

»Ganz generell«, läßt Stefan Erhardt Christoph Kramer zu Wort kommen, fühle man sich als Spieler »manchmal wie in einem modernen Menschenhandel«. Ist es aber in Zeiten des Neofeudalismus nicht nur so, daß sich der Leibeigene, weil dressiert und abgestumpft, zufrieden in sein Los schickt, sondern außerdem so, daß der »Konsument« beziehungsweise »Kunde« respektive Fan (den reflektierten Betrachter und Genießer gibt es genausowenig mehr wie den »Bürger« oder den »Arbeiter«) den Terror der Spektakelökonomie willfährig spiegelt? Weil er die Gesetze des ökonomischen Diktats und der (Selbst-)Ausbeutung und, vice versa, der Verhöhnung und Stigmatisierung und Demütigung derer, die nicht mithalten, verinnerlicht hat?

Es ist so. Stefan Erhardt: »Abhängigkeit geht aber auch andersherum. So brachten es rund zweihundert Fans des 1. FC Nürnberg fertig, nach der 3:6-Niederlage im Auftaktspiel der zweiten Liga gegen Freiburg den Mannschaftsbus respektive den Sportvorstand dazu zu überreden, nachts auf der Heimfahrt auf einem Parkplatz einer Raststätte an der A 5 haltzumachen. Dort mußten die müden Krieger, Pardon: Söldner, Pardon: Spieler wütenden Fans Rede und Antwort stehen. Der Mob tobt und bittet chefmäßig nicht nur zum Rapport, sondern will Köpfe rollen sehen – weil die eigenen Erwartungen nicht erfüllt wurden und nun Sündenböcke geschlachtet werden sollen.«

Hier werden Menschen (Fußballer) gezüchtet, dort werden sie gezüchtigt (vom Verband, vom Verein und vom Fan). Hermann L. Gremliza meint schon seit längerem, daß wir im Faschismus leben.

Selbst als Marxist dürfte es schwierig sein, ohne Moral auszukommen. Ich zumindest greife neben der *Deutschen Ideologie* und dem *Kapital* und Herbert Marcuse zu Schillers *Zur ästhetischen Erziehung des Menschengeschlechts* und zu Kants Schrift »Zum ewigen Frieden«. Wie anders wäre zu begründen, warum man den Automatismus, die scheinbare Menschennaturgesetzlichkeit der Verwertung, der Vernutzung und der Vernichtung nicht länger hinzunehmen bereit ist?

Stefan Erhardt: »Wenn also wir Fußballspielenthusiasten einen Rest Würde hätten, würden wir den Profitfußball in seiner kapitalisiert-extremierten und asozialen Form meiden; vielleicht würde das der Würdelosigkeit des Geschäfts den Rest geben.«

(Vermutlich ist die nobelste oder wenigstens die dringlichste, die *erste* Tat der Linken heute jene, die keine ist: die Marcusesche Weigerung. Das Nichtmittun.)

*

Kleiner Zusatz zum Thema »Industriefußball« (Kistner) und Doping (es ist das letzte offene Geheimnis des Leistungsports): »Jeder dritte Fußballprofi nimmt (nach einer FIFA-Studie!) vor wichtigen Spielen (und welche Spiele sind heutzutage keine wichtigen mehr) Schmerzmittel ein, mindestens«, schreibt Stefan Erhardt in seiner Besprechung des erwähnten Buches von Thomas Kistner (*Der tödliche Paß* 79).

Herr Guardiola, daran erinnert Erhardt, wurde als Spieler zweimal positiv getestet. »Derselbe Guardiola tönte später diktatorisch als Startrainer: ›Wenn der Arzt sagt, der Spieler ist in acht Wochen wieder fit, will ich ihn in sieben Wochen haben, wenn er sagt, in fünf Wochen, will ich ihn in vier Wochen haben.‹ Der handfeste Krach zwischen ihm und der medizinischen Abteilung beim FC Bayern, der mit dem sofortigen Rücktritt von Müller-Wohlfahrt endete, ist noch gut im Gedächtnis. Die lange Liste an immer wieder aufs neue verletzten Spielern unter seiner Ägide ebenso.«

Der spanische Cocktailmixer Fuentes, der neben Radlern und Handballern auch die Nationalmannschaft versorgte, verplapperte sich mal: »Wenn ich rede, sind wir kein Weltmeister und kein Europameister mehr.« Konsequenzen?

»Doping im Fußball? Da hört jeder Fan auf Mehmet Scholl, der immer wieder betont hat, daß Doping überhaupt nichts bringe, weil das Spiel und seine Anforderungen viel zu komplex seien. Vielleicht aber gerade deshalb?«

Es ist eine große, eine »faustische Lüge«, so Erhardt, und er schließt sich der restlos desillusionierenden Einschätzung von Kistner an: »Solange das System in sich geschlossen bleibt, sogenannte Stars von ihm profitieren – und zwar immens –, verträgt das Publikumsgeschäft Fußball keinen Makel [...]. Es herrscht damals wie heute ein mafioses Schweigegebot, Omertà, Verharmlosung und Schönfärberei.«

Ich stimme Stefan Erhardts Schlußfolgerung abermals zu: »Diejenigen, die sich für Fußball, genauer: für den Profifußball begeistern, engagieren, für ihn gar leben – sie alle können das Dopingproblem nur leugnen. Denn letztlich müßten sie zugeben, einem kolossalen

Irrtum, dem des fairen Wettbewerbs, einer gigantischen Verarsche aufgesessen zu sein (und auch noch kräftig dafür gelöhnt zu haben). Das können sie nicht, wenn sie nicht den Glauben an ›ihren‹ Fußballsport verlieren wollen (beziehungsweise nur noch selbst kikken, denn auch die Kreisklasse ist keine Lösung).«

*

Fußball heute: Zeitgeistkleister. Unser täglicher Porno. Für dessen Konsum sich niemand schämt.

Freud: Der Verlust der Scham führt in den Schwachsinn.

*

Bei mir war es auch ein Prozeß kumulierter Einsichten. Ich habe den Fußball nie »geliebt«. Was ein törichtes (und oft todbringendes) Generalisierungsgeschwafel: statt eines Menschen eine »soziale Tatsache« (Durkheim), eine gesellschaftliche Institution, ein Abstraktum zu »lieben«. Wer ein – oder »sein« – Land liebt, haßt das Leben oder ignoriert es – das, das Leben, man auch nur in der Konkretion lieben kann.

Ich liebe meine Eltern, diese Frau, jene Frau, dieses Tier hier, dieses Dorf da, einen Ausschnitt einer Landschaft, eine Geste, vielleicht sogar eine Akkordabfolge oder ein Gitarrensolo, das so – und nur so – ein einziges Mal gespielt worden ist. Ror Wolf liebt Bix Beiderbecke, weil dieses und jenes Solo sein Herz aufschließt.

Ich habe den Fußball nie geliebt; ich habe ihn gemocht, als ohne inneres Rechtfertigungsgezerre gutgeheißenes Gemütlichkeitsritual und als Vorkommnis, das auf der Zeitleiste einen Abschnitt markiert.

Als soziales Schmiermittel. Durchaus auch als rockkonzertaffine Aufwallungs- und Berauschungsereignishaftigkeit. Irgendwie so. Wie man sich auf den Frühschoppen oder den Stammtisch freut. Als jeweiliges und darob unwiederholbares, nicht konfektionierbares Sein im Seienden (Heidegger oder wer), als Zustand, in dem man sich der Abwesenheit des Kriegerischen sicher sein konnte.

Vielleicht war es der Fußball der Siebziger und der Achtziger, den ich mochte, über dessen Hintergründe ich nichts wußte und an den ich mich, sentimental, wie ich halt bin, erinnere wie an das Gefühl, das mich wärmte, wenn wir die Schulferien bei den Großeltern verbrachten und man abends in ein Bauernbett fiel und schlief, als sei man behütet und beschützt, ganz und gar beschützt. Die Welt war keine Bedrohung. Man war ein Teil von ihr, ohne daß sie einem zusetzte, ohne daß sie einen erledigte. Und fanatisierte.

Mein Lieblingsfußballreporter bis heute: Rolf Kramer.

Es war ein stilles, ein prosaisches Pläsier, morgens zum Nachbarn, zu unserem Schustermeister Hans, hinüberzugehen und in seiner Werkstatt, während er auf Ledersohlen und Stahlnägel eindrosch, den Sportteil des lokalen Schnarchblattes zu studieren. Hey, Gladbach hat vorgestern das UEFA-Cup-Rückspiel bei Lokomotive Plovdiv gewonnen!

Der Kampf des Fußballs gegen seine Freunde war in meinem Fall dann 2015 endgültig entschieden, als der FC Bayern im Sommer jenes Jahres Bastian Schweinsteiger undankbar vom Hof schickte.

So kam es mir vor. Bis mich der *Tödliche Paß* aufklärte. »Ein Spieler mit einunddreißig gilt heutzutage als alt, als Auslaufmodell; wer andererseits mit neunzehn noch keinen Profivertrag hat, gilt als untauglich«, schrieb Stefan Erhardt.

Johannes John machte mir klar, daß das Geraune über den »Seelenjungen« *(Die Zeit)* davon ablenke, »daß es nämlich möglicherweise kein Zufall war, daß der Wechsel eines repräsentativen adidas-Gesichts – mit oder ohne Final-Cut – ins Nordenglische zu einem Zeitpunkt erfolge, da sich Manchester United für eine ganze Dekade an den Herzogenauracher Konzern gebunden habe«.

*

Toni Kroos war ja ebenfalls fortgegangen (worden).

Ich mag (Fußballer-)Namen, die Genauigkeit, ja – nicht bodendampfende, sondern freundlich-lichte – Zugehörigkeit suggerieren – und damit Nichtverfügbarkeit immerhin vortäuschen; Namen, deren Klang die universal-fatale Gültigkeit des Tauschprinzips dementiert.

Alright, das ist der Standpunkt der Literatur.

*

Schwarzenbeck. Schwarzenbeck. Müller. Schwarzenbeck. Burgsmüller. Kapellmann. Schwarzenbeck. Müller. Brenninger. Höttges. Schulz. Pfaff. Kunter. Holz. Tenhagen. Dietz. Schwarzenbeck. Müller. Kalb. Trinklein. Zewe. Müller. Schwarzenbeck. Posipal. Schwarzenbeck. Müller. Müller. Müller. Stollenwerk. Flohe. Schmidt. Hammer. Nickel. Schwarzenbeck. Brülls. Bruhns. Breitner. Sieloff. Ulsaß. Schwarzenbeck. Müller. Schwarzenbeck. Krämer. Weber. Schwarzenbeck. Wohlfarth. Dörfel. Fichte. Förster. Schwarzenbeck. Schwarzenbeck. Schwarzenbeck.

*

Gerald Wenge im *Tödlichen Paß* zur Causa Schweinsteiger: »Verkauft wurde nach Manchester eine (lange) Buchstabenfolge, ein Trikotbeflockungsrecht, eine sehr gut eingeführte, wenn nicht reife Text-/Bildmarke; der ganze Leitwolfrest ist Folklore.«

*

Ab und an achte ich in der Kneipe noch darauf, was sie im Fernsehkasten zusammenreden. »Irgendwann reißt die Logik«, sagte beispielsweise am 7. Oktober 2015 der unermeßliche Wolff-Christoph Fuss während der Begegnung Darmstadt 98 gegen den HSV. Zerfetzt wird die Logik im Maul des Sportreporters, bevor er's aufreißt. Mein Kumpel Dirk Braunstein, ein Spezialist für Kritische Theorie, meint: »Die Sprache ist eine Hure. Sie läßt alles mit sich machen.«

»Die Überlegenheit von Darmstadt wird mehr« – so Fuss wenig später.

Einst gaben Menschen, die mit Sprache arbeiten, acht auf die Wörter und die Worte. Heute verachten diese PR-Zombies die Wörter und die Worte.

»Kriegt dieses Spiel hier noch eine letzte: Po-ante?« (Fuss)

»Jetzt muß man sich mal aufraffen, denn das Ganze geht ja weiter.« (Martin Groß, Sky)

Könnten sich Wörter wehren und dagegen verwahren, benutzt zu werden.

*

Einige andere vernünftige, nicht korrumpierte Sportjournalisten lassen mich bisweilen durchatmen.

René Hamann räsonierte in der *taz* vom 21. September 2015 über die Fans »als Propagandaarmee für ein großes Unternehmen«, über »einstudierte ›Choreographien‹«, über die Abrichtung des Publikums und die Bedeutungslosigkeit des Spiels: »Wer einmal im Stadion in Köln-Müngersdorf war, der kennt das: Die Zwangsbeschallung mit ›kölschen Tön'‹ hört erst auf, wenn der Schiri pfeift: nämlich das Spiel an. Vorher werden auch außerhalb der ›Session‹ Karnevalsschlager gesungen; es wird geschunkelt, während auf dem Feld die Cheerleader die einlaufenden Mannschaften begrüßen, und zwischendurch gibt es Interviews im Fan-TV. Am ruhigsten ist es, wenn der ›Effzeh‹ hoffnungslos zurückliegt. Dann läßt sich das Spiel auch einmal genießen.«

Trotzdem trotten etliche Freunde von mir unverdrossen ins Stadion – unter ihnen ein Anarchist, ein Physiker, Schriftsteller, Zeichner, ein Lehrer, ein Professor.

Man begreife es.

*

Oder Jürn Kruse, ebenfalls in der *taz*, am 25. September 2015 über die Journalistenlaiendarsteller von Sky, dem »offiziellen TV-Partner« der DFL: »Diese Liebesbekundungen, dieses Devote, dieses Sich-gegenseitig-die-Speiseröhre-Sauberlecken. Zum Kotzen.«

Im näheren ging es um die weiter oben erwähnte »Aktion« der *Bild*: »Kein Wort am Freitag beim Spiel Mainz gegen Hoffenheim – obwohl im Mainzer Block omnipräsent ein paar Grüße an die *Bild* hingen.

Kein Wort am Samstag bei der Konferenz. Keine Fragen an die Klubs, warum sie trotz der Proteste ihrer Fans mitmachten. Keine Frage an Ligaverantwortliche, warum sie sich überhaupt beim Thema Solidarität mit Geflüchteten in ein Boot mit der *Bild* setzen mußten. So sieht er aus, der Journalismus in Zeiten exklusiver Partnerschaften, in denen die Berichterstatter nicht mehr sind als die Promoter des Berichterstattungsgegenstands. [...] Die Frage ist: Wozu brauche ich als Zuschauer die Sender noch? Wozu noch zwischengeschaltete Instanzen, die einem eine ernsthafte Auseinandersetzung vorgaukeln? Warum nicht gleich eine Art Liga-TV gucken? Profilloser und unkritischer kann es eh nicht mehr werden.«

*

Ein Text, den ich nicht schreiben muß: über das Prinzip und »Symptom« Opdenhövel, über dieses »Vollmitglied des lärmenden Volks«, über dessen »penetrant-augenzwinkernden Ekeljargon«, über den »Sound der plärrenden Mehrheit«, über diese »Kirmesvokabelsoße«, über das »weitverbreitete Elend des zwanghaft saloppen, bieder-›lockeren‹ Spruchs«, über diese »ausschließlich aus trostlosen Marotten bestehende Schwundsprache«.

Aufs eleganteste erledigt hat das David Schuh in der *Titanic* 4/2015. Und da wir's eben mit dem Vomieren hatten, servieren wir einige wenige der zahllosen Belege, die Schuh in qualvoller Sammelarbeit zusammengetragen hat: »Das ist ganz locker durch die Hose geatmet über Senderschnitt.« – »Ein Wagenrennen mal live im Fernsehen zu übertragen find' ich auch sehr sexy.« – »Ich stehe in Sachen Fußball voll im

Saft.« – »Ich find's grad sehr, sehr sexy, immer frisch geshaved zu sein.« – »Der erste Spieltag mit dem ganzen Rundum-sorglos-Paket [...] hat wieder total Bock gemacht.« – »Daß man irgendwann alle Spiele in größter Ausführlichkeit sehen konnte, finde ich an Revolution aber auch absolut ausreichend.« – »Generell muß man schon sagen, daß ich schon recht breit aufgestellt bin, was mein ...«

Nein! Stop! Stop! Stop, stop, stop!

*

Ein Unterschied zwischen den Privaten und den Öffentlich-Rechtlichen ist nicht mehr auszumachen. Ich habe, ich sagte es, die ständige Beobachtung der unausgesetzten Tollheiten und Entgleisungen eingestellt (es sei denn, man beauftragt mich, zumal bei sogenannten Großereignissen, Glossen oder ähnliches zu schreiben).

Gleichwohl, aus Zufall aufgeschnappt: Ralf Scholt in der *Sportschau* vom 25. Oktober 2015 (oder war's bereits 2014?), Frankfurt gegen den VfB: »Da hatte Stuttgart das Prä.« – »Mit dem Linken schaltet er den Unwahrscheinlichkeitsdrive ein.« – »... die Chance, das zehnte Tor zu erringen.«

Der Mann ist hr-Sportchef.

*

Dem Jahresabschlußheft des *Tödlichen Passes* entnehme ich, daß am 15. September 2015 im ARD-Videotextticker gestanden habe, für die Gladbacher gehe es »immer noch« darum, »irgendwoher ein Erfolgserlebnis zu generieren«.

Das ist in ihrer technokratisch-merkelistischen, katachrestisch in sich selbst rotierenden hyperbolischen Blödheit und Verkommenheit selbstverständlich eine Formulierung, die ich durchwinken will.

Dem Herrn Tuchel lasse ich seine gespreizten, hirnschreddernden Ramschitäten nicht und niemals durchgehen: »Wir sind in der Lage, Hunger auszustrahlen.« – »Daß Mats heute zunächst auf der Bank saß, war eine geplante Maßnahme zur Belastungssteuerung.«

Dagegen ist Klopp ja Gold am Kongo.

*

Noch ein Guter, ein sehr Guter. Am 19. September 2015 stellte Andreas Rüttenauer dem »entsorgten« FIFA-Generalsekretär Jérôme Valcke, der im Zuge der Veräußerung von VIP-Tickets das eigene Konto nach Kräften aufgestockt hatte, in der *taz* ein glänzendes Zeugnis aus: »Er mag ein Geschäftemacher sein und korrupt. Er ist ein arroganter Pinsel. Er hat immer den Oberlehrer gegeben. Er hat die WM-Organisatoren behandelt wie Sonderschüler, wenn sie es nicht geschafft haben, für die FIFA die Gesetzgebung des Gastgeberlandes zurechtzubiegen. Jérôme Valcke [...] ist ein Unsympath, wie er im Buche steht.«

Allein, der »sinistre Superfunktionär« habe Beachtliches geleistet: »Seine gnadenlose Offenheit, ja Ehrlichkeit der Öffentlichkeit gegenüber hat manchem erst die Augen geöffnet. Er ist, wenn man so will, ein ehrliches Arschloch. Unvergessen bleibt sein Satz, daß Demokratie bei der Organisation eines sportlichen Großereignisses eher hinderlich sei.«

Ich sanktioniere das jetzt mit einer Schneider Weisse TAP 6 (»Unser Aventinus«, 8,2 %). Und überlasse ein weiteres Mal Jürn Kruse das Wort (*taz*, 30. Oktober): »Es ist wunderbar zu sehen, wie sich hier eine Familie in ihre Einzelteile zerlegt, wie die Omertà zerbricht. Die FIFA war immer die Art von Familie, von der jeder in der Nachbarschaft wußte, daß die Alten beide fremdgingen und daß deren Kinder unausstehlich waren. Dafür war der Hund reinrassig, der Rasen gepflegt, Mutti im Elternbeirat der Schule, Vati in der Lokalpolitik, und beide hatten immer Tips parat, wie das gute Leben auszusehen habe.«

Die Selbstenthauptung, die Selbstdemontage, die Implosion der FIFA – fürwahr ein »unendlicher Spaß«: »Aus vertraulichen Runden werden munter die irrsten Details ausgeplaudert. Der eine korrupte Funktionär schimpft den anderen einen Lügner. Man droht mit gegenseitigen Anzeigen, tritt gegen Gefallene nach und schwärzt Kollegen an. Alle hoffen, am Ende der eine Funktionär zu sein, der übrig ist.« (Rüttenauer, ebenda, 9. Oktober 2015)

St. Blatter war 1998 mit Hilfe des von Mohamed bin Hammam (Katar) geregelten Stimmenerwerbs ins Amt gehievt worden (2011 fiel dann der Emir auf die Fresse, weil er fünfundzwanzig Stimmen von karibischen Hampelmännern zu kaufen versucht hatte). Blatters Konkurrent Lennart Johansson nannte den Heiligen Vater der Weltreligionsgemeinschaft Fußball schon damals einen »Diktator« – und zog den Schwanz späterhin ein und pries vor Fernsehkameras (vergleiche mehrere auf Youtube abgelegte Dokus) die unverbrüchliche, innige Freundschaft zwischen ihm und dem Schweizer Schwerhumanisten.

Der Weltenlenker im »Zentrum der Verdorbenheit« (Michael Horeni) nämlich setzte sich nicht bloß unermüdlich gegen »eine bestimmte fehlgeleitete Presse« zur Wehr, sondern insbesondere dafür ein, »aus der Welt einen besseren Ort zu machen«. Die ehedem liberale, seit geraumer Zeit zutiefst reaktionäre *Weltwoche* feierte ihn noch kurz vor seinem Rausschmiß – dem ein Rücktritt vom Rücktritt vorausgegangen war – auf dem Cover: »Sepp Blatters dornenvoller Kampf für eine bessere Welt«.

Er war seit jeher ballaballa. Er brauchte »nur den Mund aufzumachen, und alle Fußballwelt lachte« (Rüttenauer). »Krise? Was für eine Krise?« delirierte er vor Jahren vor sich hin. »Hört auf zu sagen, die FIFA ist korrupt! Die FIFA ist nicht korrupt! Definitiv nicht!«

Zuletzt traute sich »Comical Sepp« (Oliver Fritsch) nicht mehr aus jenem Land, in dem, wie der Zürcher Verleger Peter Haag 2008 mir gegenüber beiläufig bemerkte, »alle Gauner der Welt hausen«. Die US-amerikanischen Ermittler rund um die namentlich sehr gelungene Loretta Lynch hatten die FIFA als »Racketeer Influenced and Corrupt Organization« eingestuft, Blatter wäre zumindest in den USA sofort festgesetzt worden.

»Die Krise ist beendet«, Gott spreche mit ihm, »ich bin die einzige Person in der Welt, die in jedem Land der Erde auftauchen kann und vom Staatschef empfangen wird« – und dergleichen mehr plumpste aus diesem eminenten Kopf heraus. »Wenn die FIFA kommt, ist das ein Staatsbesuch«, quallte Blatter herum, »das ist eine Anerkennung für meine Arbeit, die ich für die Gesellschaft leiste«. Der UNO-Generalsekretär und der Papst empfingen ihn, aus der Hand A. Merkels nahm er 2006 das Bundesverdienstkreuz entgegen (dessen Verleihung an ihn er zuvor explizit gefordert hatte).

»Respekt, Fair play, Solidarität« – das waren seine Mantras. »Also sind wir alle gut.« Ehrlich. Gesagt ward's von ihm 2002, vor seiner vollständig anwesenden »Familie«.

Eine gar wundersam schillernde Anekdote überlieferte Thomas Schifferle im *Tages-Anzeiger* vom 9. Oktober 2015: »Unvergessen ist die Episode, die Christian Constantin von seinem Walliser Vertrauten erzählte. Constantin, der Präsident des FC Sion, saß in Blatters FIFA-Büro, im Fernseher lief die Übertragung einer Papstwahl, jener von Benedikt XVI. ›Der neue Papst wird angekündigt‹, erinnerte er sich, ›Sepp steht auf und verkündet: ›Und der Papst heißt ... Sepp Blatter!‹ Wortwörtlich! Ich denke, er spinnt total, er ist übergeschnappt, aber okay. Es geht noch weiter. Er ruft eine Sekretärin an und sagt ihr: ›Schreiben Sie sofort dem Papst. Ich will eine Audienz haben.‹«

Er war seit jeher ballaballa, aber Ende 2015 wurde er, vor verfaulter Hybris platzend, final-total piffpaff. Kurz vor seiner Absetzung steckte er der russischen Nachrichtenagentur Tass: »Vergiß nicht, daß die FIFA die wertvollste Institution der Welt ist!« Allein, nix half mehr; nicht, daß ihn Putin (Blatter: »Wladimir Wladimirowitsch ist ein guter Freund von Joseph Josephowitsch«) inmitten eines »geopolitical standoff's between Russia and the United States« *(The Guardian)* für den Friedensnobelpreis vorgeschlagen hatte; nicht, daß ihm Bernie Ecclestone beisprang und gegenüber Russia Today erklärte, Korruption im Weltfußball sei – wortwörtlich – »gut« und halt »die Steuer«, die der Sport zu entrichten habe; eine Steuer, die der Fußball an sich selbst entrichtet und die strukturell exakt das gleiche wie jene »Kriegssteuer« ist, die Pablo Escobar im Meddelín-Kartell zwecks Gewinnverteilung einführte (vergleiche die großartige Netflix-Serie *Narcos*, die einen, in leichter Abwandlung, auch in anderer Hinsicht vieles über die FIFA und analoge Saustallverbände lehrt).

»The whole fuck up«, wie es in einer FIFA-internen Mail mal hieß, quoll jetzt über. Den gesamten und gesammelten Fuck-up hatte übrigens schon 2002 der damalige FIFA-Generalsekretär Michel Zen-Ruffinen offengelegt. Blatters vermutlich letzte Pressekonferenz, auf der er »von Nelson Mandela und Humanität und Verrat« *(Die Zeit)* und »Schande« irreredete, auf der er davon faselte, »ein Opfer des Westens« und der »Inquisition« zu sein (»Ich bin immer noch der Punchingball«) – dieses unerreicht larmoyant, konfus, hohl verquasselte (»Ich glaube an Gott und an mich«) und paranoid hingeholzte »Scherbengericht« *(Süddeutsche Zeitung)*, es war der letzte, von der Umnachtung eines verdepperten, »gefallenen, entrückten Despoten« (Michael Ashelm) zeugende Versuch, das Messer zu wetzen, den Dolch zu schärfen, den Säbel zu schwingen, das Zepter gen Firmament zu strecken. Thomas Kistner hielt fest: »Indem er nun eine halbe Stunde jammert und zürnt und fabuliert über die Schändlichkeiten des FIFA-Ethikkomitees, das ihn für acht Jahre gesperrt hat, begeht der 79jährige munter die nächsten Verstöße gegen den Ethikcode. Wild und substanzfrei greift Blatter FIFA-Instanzen und -Reglements an, im nächsten Moment tut er so, als wäre er immer noch der Weltverbandspräsident, der sich zu den Dingen des Fußballs äußert – und über den Regeln steht.«

Die beste Comedyshow des Jahres hatte Blatter jedoch am 25. November im Schweizer Fernsehen hingelegt: Er sei gar kein Funktionär der FIFA, sondern lediglich der Präsident des Kongresses. Deshalb könne er überhaupt nicht suspendiert werden. Mit dem »Sesselkleber« *(FAZ)* und Schacherer Platini, dem er 2011 zwei Millionen Schweizer Franken für irgendwas in die Tasche gesteckt hatte, habe er ein einwandfreies »Gentlemen's Agreement« getroffen. »Bin ich denn der Buchhalter der FIFA?« Nö. »Ich habe keinen Einfluß – und insbesondere keinen moralischen Einfluß.«

»Eine Weltmeisterschaft kann man nicht kaufen!« Platini sei »ein redlicher Mann«. Und von seinem Vater habe er ein Prinzip übernommen: »Nimm nur Geld an, das du verdient hast.« Deshalb sei klar: »Ich bin kein schlechter Mensch! Ich bin mir nicht bewußt, daß ich etwas falsch gemacht habe.«

Noch mal was zum Märchenonkel Niersbach. Der *Spiegel*: »Er sagt, daß Beckenbauer ihn im August 2015 angebettelt habe, doch bloß nicht in der Sache mit den 6,7 Millionen Euro herumzubohren.«

Im Angebot wäre darüber hinaus »Das große Wolfgang-Niersbach-Bullshit-Bingo« von fussballmachtspass.de: »Ich hoffe, daß wir das total klären können.« – »Die Frage kann ich nicht beantworten.« – »Der Punkt ist mir auch unklar.« – »Ich möchte da keine Namen nennen.« – »Auch das ist eine Frage, die ich nicht beantworten kann.« – »Der Punkt ist mir auch unklar.« – »Bei Franz ist es ähnlich. Das sind Vorgänge, an die kann er sich nicht erinnern.« – »Da bin ich überfragt.« – »Ich weiß nicht, aus welcher Quelle etwas gekommen sein könnte.« – »Das kann ich mit hundertprozentiger Sicherheit auch nicht sagen.« – »Wo sollte es da zu einer Korruption gekommen sein?« – »Das kann ich nicht bestätigen.« – »Daß da was dranhängt, ist mir nicht bekannt.« – »Das kann ich so nicht sagen. Da muß man aufpassen.« – »Ich will die Dinge so darstellen, wie ich sie in Erinnerung habe.« – »Das kann ich von meiner Position aus nicht sagen.« – »Ich kann nur versichern, daß wir mit absoluter Ehrlichkeit gekämpft haben.« – »Da müssen Sie Franz Beckenbauer fragen.« – »Bitte! Nein! Wir haben die WM auf korrektem Wege nach Deutschland geholt.« – »Das ist das, was ich seit letzter Woche bei jeder Gelegenheit sage.« – »Ich kann nur sagen, daß mir das nicht bekannt war.« – »Davon weiß ich nichts.« – »Da ranken sich natürlich Fragezeichen, die auch ich sehe.«

Mittlerweile sehe ich auch schon Fragezeichen, die sich ranken und die sich aufstachelnd lasziv vor meinem inneren Schweinehundauge räkeln, o gosh!

*

Wer hatte uns noch gefehlt?

Ol' Waldmeister Hartmann! Der zuverlässig und erfreulich knülle auf frankenfernsehen.tv herausblökte: »Ich hab' 1997, am Tag vor dem Champions-League-Finale in München, Borussia Dortmund gegen Juventus Turin, mit Franz Beckenbauer zusammen die Bewerbung des DFB für diese WM moderiert. Und, äh, ich bin von der ersten Sekunde, kann man sagen, eingeweiht gewesen. Und ich sag' heute mit dem Abstand: Haben denn wirklich die Deutschen geglaubt, daß wir diese WM bekommen haben, weil wir so ganz besonders beliebt sind auf dieser Welt? Weil wir so tolle Hechte sind? Weil wir so gut ausschau'n und weil uns alle lieben und zum Niederknutschen? Hallo! Die Realität sieht anders aus. [...] Sie haben's [...] so bekommen wie viele andre auch.«

Daß man dem Spezlbolzen doch noch mal ein mit Obstler aufgepepptes Faß Bier spendieren wollte – ich hätte es nicht gedacht.

*

Der Sport – vermutlich war er's immer – ist kaputt. Bleibt einem, ihn kaputtzuzitieren.

Aus dem Zentrum für Interdisziplinäre Sportrecherche (c/o M. Weishaupt) erreicht mich ein hundertneunseitiges Textpaket, dem ich folgende weitere Nachrichten entnehme:

»Ein im März dieses Jahres veröffentlichter Bericht einer unabhängigen Untersuchungskommission hatte ergeben, daß es die Union Cycliste Internationale (UCI) unter Führung der Präsidenten Hein Verbruggen (Niederlande) und Pat McQuaid (Irland) jahrelang unterlassen hatte, den Amerikaner Lance Armstrong ›trotz Verdächtigungen gezielt zu testen‹, wie moniert wurde, und daß sie ihn sogar noch ›öffentlich gegen Dopinganschuldigungen unterstützte‹. In diesem Zusammenhang ist auch eine Zahlung von 125.000 Dollar von Armstrong an die UCI belegt. Daß damit positive Dopingproben des nach eigenem (wenn auch spätem) Bekunden jahrelang dopenden Armstrong vertuscht worden sind, konnte zwar nicht explizit nachgewiesen werden. Aber daß der Amerikaner die seinerzeit als ›Spende‹ deklarierte Zahlung aus reiner Barmherzigkeit geleistet hat, vermag man sich bei aller Phantasie kaum noch vorzustellen. So eine ›Spende‹ erinnert jedenfalls eher an Mafiafilme: Schutz gegen Geld. Oder auch an frühchristlichen Ablaßhandel [...]. Dazu gehörten während der Renaissance zunehmend auch Geldspenden. Auf Einnahmen aus dem sogenannten Almosenablaß ist im übrigen der Petersdom in Rom errichtet worden. Der schwunghafte Ablaßhandel hat erst im Zeitalter der Aufklärung nachgelassen, doch das hat im Sport gerade erst angefangen. Legt man die jüngsten Erkenntnisse aus der Leichtathletik zugrunde, dämmert das Bild eines furchterregenden Systemzwangs herauf, in den Athleten heutzutage geraten: Um als Profis Geld zu verdienen, sind sie fast genötigt, mit unerlaubten Mitteln nachzuhelfen, für die sie bei skrupellosen Ärzten, Trainern und sonstigen Hintermännern bezahlen müssen. Und wenn sie dann mal erwischt werden, zahlen sie an nicht minder korrupte Funktionäre dafür, daß man sie laufen läßt, indem Beweise unter Verschluß gehalten werden. Es ist das Übel des modernen Sportbetriebs, daß immer mehr Geld ins Spiel kommt, durch Sponsoren, durchs Fernsehen. Wo aber viel Geld ist, sind auch viele Geier, und wo viele Geier kreisen, muß für gewöhnlich etwas sterben. In diesem Fall ist es der Sport.« (*Süddeutsche Zeitung*, 8. November 2015)

»Im April 2005 unterzeichneten Horst R. Schmidt und Theo Zwanziger einen Brief. ›Beitrag Kulturprogramm‹ lautete die Betreffzeile, aber das war nur die Tarnung. Denn das Schreiben der beiden Präsidiumsmitglieder des Organisationskomitees für die WM 2006, das an den damaligen Generalsekretär des Weltverbandes FIFA adressiert war, gehörte zu einer Inszenierung. Es beinhaltete Instruktionen für eine höchst verschlungene Transaktion im Rahmen der Sommermärchenaffäre, mit der es sich inzwischen wie mit einem 1.000-Teile-Puzzle verhält.« (*Süddeutsche Zeitung*, 28. Oktober 2015)

Joseph Blatter im *Guardian*: »It is then those, who have lost the World Cup. England against Russia. They lost the World Cup. And the USA lost the World Cup against Qatar. But you cannot destroy FIFA. FIFA is not the Swiss bank. FIFA is not a commercial company. So, what they have done together with the Swiss, they have created this attack towards FIFA and the president of FIFA. [...] But FIFA is working well. FIFA is carrying out competitions and all development programs. FIFA is so well organized that even big opponents in Germany have to say that FIFA is better organized than the German football. Since I became president of FIFA, we have made FIFA a big commercial company. And this naturally provokes envy and jealousy. [...] FIFA is not in crisis. The government of FIFA is in crisis. It must be in crisis if you kill the same day the president, the secretary general and the vice president of the biggest confederation. [...] I think this crisis, and this is also the idea of my lawyers, has nothing to do with any criminal activity. Has nothing to do. So it was by perception. And the perception is given by whom? If you open the newspapers, if you open the television, every day it said – Blatter must go. [...] Don't forget that FIFA is the most valuable institution in the world. On one side, our game is best in discipline and respect. It's a school of life for all its players. And secondly, it's a game that gives you emotions. And today emotion is very important. Emotion and hope because in football you lose today and you can win tomorrow. It creates people with a positive thinking. Football is connecting people. It brings people together. It makes bridges.«

Christian Seifert, Vorsitzender der Geschäftsführung der DFL, im Gespräch mit der *Zeit*: »Die Frage lautet schon lange nicht mehr, ob das System FIFA zusammenbricht, sondern, wann. Insofern wundern mich die Entwicklungen nicht. In den letzten Jahren ist in extrem kurzer Zeit extrem viel Geld in ein in sich abgeschottetes System mit vielen gegenseitigen Abhängigkeiten geflossen. Es gab kaum Strukturen, die Kontrollmechanismen sichergestellt hätten, die es bei Summen dieser Größenordnung aber unbedingt braucht. Daß das FBI den Ausschlag gibt, um Veränderungen auf den Weg zu bringen, ist ein Indiz für den Zustand der FIFA und deren Fähigkeit zur Selbstverwaltung.«

»Die einstigen Helden der deutschen Fußballführung, von Franz Beckenbauer über Horst R. Schmidt, lange Jahre die Seele des Deutschen Fußball-Bundes (DFB), bis Wolfgang Niersbach, den die Affäre schon das DFB-Präsidentenamt gekostet hat – diese Helden haben viel zu verbergen. Daß sie Sinn und Zweck einer Zahlung von 6,7 Mio. Euro, die sie, raffiniert verkleidet, am damaligen Aufsichtsgremium vorbei in die Schweiz expediert hatten, heute nicht erklären können, ist absurd. Das wirkt so unglaubwürdig wie Beckenbauers Versuch, sich in Print- und Funkmedien als eine Art ewig Heranwachsender zu verkaufen – oder sogar: als Trottel der Nation. Er sei vom realen Alltag abgekapselt gewesen – ja, und erst mit Ende fünfzig erwachsen geworden, erzählt der Mann, der den Deutschen seit Dekaden als Fußballkaiser und Lichtgestalt gilt. Erst da habe er angefangen, seine persönlichen Dinge selbst zu regeln.« (*Blätter für deutsche und internationale Politik* 1/2016)

»Als im Jahr 2001 die Bayern den peruanischen Stürmer Claudio Pizarro verpflichteten, sollen insgesamt unter finanzieller Beteiligung des Sportartikelherstellers [adidas] fast dreiundfünfzig Millionen Euro zwischen München, Pizarros vorherigem Klub Werder Bremen und einer Gesellschaft in der Steueroase Panama geflossen sein. Das recherchierte der *Spiegel* vor Jahren. [...] Bis 2001 war Robert Louis-Dreyfus adidas-Chef. Er hatte Uli Hoeneß ein Jahr zuvor zwanzig Millionen Mark angeblich für dessen Finanzzockereien geliehen. 2002 wurde adidas dann Teilhaber beim FC Bayern. Der Konzern bestreitet einen Zusammenhang der Geldflüsse. [...] Der frühere DFB-Präsident Zwanziger hatte einmal von ›langen Lohnlisten‹ des Sportartikelkonzerns gesprochen und das Beziehungsgeflecht von adidas mit dem Fußball gemeint.« (*FAZ*, 19. Oktober 2015)

»Was muß eigentlich noch passieren, daß sich die Spitzenkräfte des Fußballs ernsthaft für Aufklärung einsetzen, Verantwortung übernehmen, Reue und Einsicht zeigen? Und um Entschuldigung bitten für das, was sie getan, geduldet oder gewußt haben? Ermittlungen des FBI, des Schweizer Bundesanwalts, der amerikanischen und deutschen Steuerbehörden genügen dafür nicht. Auch nicht interne Sperren. Darüber schweigen oder lachen die Herrscher der Verbände.« (*FAZ*, 8. November 2015)

»Viele Fußballganoven dürften sein [Blatters] Herrschaftswissen aus dreieinhalb Jahrzehnten an der FIFA-Spitze fürchten. Er weiß, wo die Leichen liegen, da sind sicher noch einige schwarze Kassen und Afrika-Fonds unentdeckt.« (Oliver Fritsch, 5. November 2015)

*

Schon im Juni des Jahres hatte sich Wolfram Eilenberger im Gespräch mit der *Zeit* (25/2015) geäußert. »Ich sehe die FIFA als eine Art katholische Vertretung«, sie verstehe sich »als Fußballvatikan«.

Über Blatter sei »alles [...] gesagt worden, alles liegt offen«. Trotzdem holte er aus: »Bereits in den Monaten vor den Verhaftungen der FIFA-Mitglieder in Zürich kam mir bei den Auftritten Blatters das Zentralkomitee der SED im Sommer 1989 in den Sinn.« Und: »Wenn eine Gesellschaft extrem verunreinigt ist, wählt sie einen aus, den sie stellvertretend für alle opfert. Die Figur Jesus ist das einschlägigste Beispiel. Danach fühlt man sich als Gesellschaft deutlich besser. Auch Blatter beflügelt unsere Reinigungsphantasie. [...] Blatter ist, mit dem Philosophen Edgar Wind gesprochen, ein Verbrechergott. Wer trotz aller Vorwürfe und Anklagen noch immer da ist, wird zum Übermenschen. Die Anklage wird zur Stärke des Angeklagten, er wird vom Dämon zum Gott.«

Ein paar Monate später haute die auf den ersten Blick geschmeidige, zwischen Staatssozialismus, Urchristentum, Fußballfunktionärsideologie, Al Capone/Escobar, Nietzsche und Monotheismus oszillierende oder doch eher sloterdijkesk wichtigtuerisch hin und her hüpfende Argumentation (Honecker = Jesus = Blatter = Verbrechergott = Übermensch = Gott) dann halt nicht mehr hin.

Dem Philosophen Eilenberger sei geraten, das nächste Mal, bevor er seine Zunge lockert, zum Ockhamschen Rasiermesser zu greifen.

*

Einen wahrlich gewaltigen Logikböller zündete – darauf stoßen wir gerade in einem Materialsupplement – Fedor Radmann bei einem Schwatz mit der *Zeit*: »Ich könnte beim Leben meiner sechs Kinder beschwören, daß ich felsenfest davon überzeugt bin, daß nicht ein Mensch von uns bestochen wurde.«

Das bringt noch nicht mal die Merkel zustande: im Konjunktiv (wen?) beschwören (statt zu schwören, daß ...), von etwas durch und durch überzeugt zu sein (eine Überzeugung ist keine Tatsachenaussage) – nee, ich streiche die Segel.

Zurück zu Kurt Brumme.

*

Beziehungsweise zu unseren Sport- und Öffentlichkeitsphilosophen, genauer: zu Gunter Gebauer, der überall hingeht, wo's guttut, mal reden zu können; diesmal zur *WAZ*, die ihn zum »schwärzesten Jahr des Sports« befragte (Online-Portal Der Westen, 30. Dezember).

Da nimmt es nicht wunder, daß auch die schwärenden Beulen der von der Pest heimgesuchten Sprache aufplatzen. »Die Konflikte und Probleme, die der Weltsport seit Jahren mit sich herumträgt, sind aufgeplatzt«, und wenn Konflikte und Probleme aufplatzen, ist ein Professor für Philosophie, der an der FU Berlin lehrt, aufgefordert, die ins Zentrum der konfligierten Problematik führende Frage zu stellen: »Wie konnten diese Machenschaften überhaupt passieren?«

Ja, es ist oft ein Rätsel, wie Machenschaften passieren, aber Gott sei Dank liegen die Personen, die die Machenschaften passierten und den leckeren Brei hernach auslöffelten, nun offen auf dem Tisch, auf dem die Schüssel mit dem Machenschaftsmus steht oder stand: »Es freut mich, daß Blatter und viele andere aufgedeckt worden sind.«

Gebauer erinnert sodann daran, daß die Fakten, mit deren Hilfe die Aufdeckung der vielen Köche gelang, die den Brei so lange verdorben hatten, bis sie aufplatzende Magengeschwüre bekommen hatten, durch den Einsatz einer Gesetzgebung geliefert wurden: »Die Fakten wurden nicht von der Ethikkommission geliefert, sondern durch Einsatz der Anti-Mafia-Gesetzgebung in den USA.«

Wäre zum Schluß in Erfahrung zu bringen, welches Gefühl die Enthüllungen über das ubiquitäre Doping auf seiten des Sportanhängers auslösen: »Da«, so Prof. Dr. Gunter Gebauer, »fühlt sich der Sportfan, der mitgefiebert hat, um seine Begeisterung betrogen.«

Unbestechlichen Quellen zufolge hat Prof. Dr. Gunter Gebauer vor vielen Jahren Literaturwissenschaft und Linguistik studiert.

*

Auch das gehörte zum Sportjahr 2015 – daß nach irgendeinem Spiel der Eintracht zum erstenmal Ultras in meiner im besten Sinne heimeligen Stammkneipe auftauchten und einen solchen Rabatz veranstalteten, daß der besonnene, liebenswürdige Wirt kurz davor war, die Polizei zu holen.

Eben: der Fußball und seine friedensstiftende Kraft.

*

Bis zum Mai des Jahres wich meine Indolenz ab und zu noch dem Bedürfnis, beim FSV Frankfurt vorbeizuschauen, vor allem, um nette Leute zu treffen. Nachdem Thomas Oral, der auf den sympathischen Benno Möhlmann gefolgt war, »seine« Spieler vor dem ersten Training durch eine Autowaschanlage hatte laufen lassen, damit sie sich »reinwüschen«, war der Käse dito gebissen.

*

Wer, weil ihm nicht zu helfen ist, Karten für ein Spiel der Europameisterschaft in Frankreich ergattern möchte, muß, so hat es der DFB verfügt, zunächst Mitglied im »Fan Club Nationalmannschaft powered by Coca-Cola« (dfb.de) werden, das heißt: zehn Euro Aufnahme- und dreißig Euro Jahresgebühr berappen. Dann kütt er in den Lostopf, in dem er schmoren soll.

Und DFB und DFL protzen weiterhin mit ihrer »Kulturstiftung« und ihrem »Pool zur Förderung innovativer Fußball- und Fankultur (PFiFF)« herum.

*

Den Wanderungen der Ameisen im Hof zuzugucken, es wäre eine Alternative.

Oder Rugby?

Ich begreife das »Gegrabbel und Hodengreifen« (*taz*, 30. September 2015) nicht. Die Abseitsregel zum Beispiel – die »verstehen auch nicht alle Spieler«.

Aber ich hab' mich während der sporadisch angeschauten WM ganz ordentlich amüsiert – über die merkwürdigen Gedränge (»Haufen ab drei Personen, die im Stehen schieben oder aufeinanderliegen. Früher Schauplatz dunkler Künste«), über diese undurchsichtig agierenden Verbinder und Innendreiviertel, über das Heben bei Einwürfen, über die sogenannten Versuche.

Einnehmend obendrein: »Rugby ist der Beweis, daß Bier nicht nur aggressiv macht. Zehntausende angenehm alkoholisierte Rugbyzuschauer der verschiedensten Länder ziehen bei der WM ins Stadion ein, singen, frotzeln, fachsimpeln.«

Und Darts?

»One hundred and eighty!«

Na klar. Der vielleicht beste antisportive Sport. Das ist was für uns Gewöhnliche. Pfeilewerfer mit seltsamen Namen und außerordentlicher Konzentrationsgabe. Enorme Bierpokale, wohin man blickt. Wirtshausleben und »Festzeltstimmung« (ZDF-*Morgenmagazin*, 7. Januar 2016) mit Charme und proletarischem Charisma. Im Kontrast dazu die stille Dignität der Protagonisten.

So darf's sein.

Beckenbauers Bäuerchen

Wer bringt im Hause Beckenbauer eigentlich den Müll runter? Wer schaut nach, ob noch genug Champagner im Kühlschrank ist? Und wer windelt diese unsere königliche Exzellenz und erlauchte Superstarweltmannmamasöhnchenexistenz? Zumindest seit Robert Schwan Anfang des Jahrtausends im gesegneten Alter das Zeitliche gesegnet hat? Jener Mann, der dem schon in den siebziger Jahren von der verdämlackelten Journaille zum »Kaiser« ernannten Fußballspieler bei großangelegten Steuerhinterziehungen zur Seite stand, freilich unter Mithilfe der royalistisch-bayerischen Staatspartei des Franz Josef Strauß?

In der heutigen *Bild am Sonntag*, einem Blatt aus einem Konzern, der ungefähr zweiundneunzig Ghostdenker im Dienste von Franz Beckenbauer beschäftigt, gibt der Unantastbare, gibt diese zerebrale Sanddüne, angesprochen auf die Millionen, die über sein und Robert Schwans Schweizer Konto 2002 nach Katar geflossen waren, zum besten, er habe davon erst am vergangenen Mittwoch erfahren, und es sei ja überhaupt so gewesen: »Robert hat mir alles abgenommen – vom Auswechseln der Glühbirne bis hin zu wichtigen Verträgen.«

Man wird dieses Interview fürderhin als einen Text würdigen müssen, in dem sich der sogenannte Sportjournalismus zu den Höhen des absurden Theaters aufgeschwungen hat. Samuel Beckett hätte den ebenda hervorgerülpsten und aufgetürmten nihilistischen

Schnodder nicht einen Deut eindrücklicher zu Papier gebracht. Beckenbauer: »Ich hatte damit nichts zu tun.« Was wußte Beckenbäuerchen? »Nichts.« Wirklich nicht? Nein, »davon weiß ich nichts.« Ehrlich? Beckenbauer: »Wir haben keine Stimmen gekauft.« Ach was. Wir sind shoppen gegangen und haben danach bei einem Obstler einen zünftigen Skat gedroschen. Denn »wir waren überglücklich und haben nicht gefragt, wofür das Geld war«. Und in wessen Auftrag haben wir etwas getan, von dem wir nicht wußten, was es war, während wir es taten? Im Auftrag der Weißdergeiergötter: »Ich wollte unbedingt die WM im eigenen Land retten – ein göttliches Geschenk!«

Mein Name ist Meister Lampe-Aus, die Gehirnglühbirne ist erloschen, die Welt ist ein Würfel mit acht Seiten, und die Weißwurst hat drei Enden im Quadrat, dividiert durch die Wurzel aus Süßholzraspelsenf mal Radi hoch Radler.

Der Sportinformationsdienst kommt heute angesichts dieses singulären Brabbelauflaufs zu dem Schluß: »Der Kaiser gibt weiter den Trottel: Franz Bekkenbauer hat nach Vorlage des Freshfields-Reports zur WM-Affäre beim Deutschen Fußball-Bund sein Schweigen gebrochen – und sagt weiter nichts. Die Lichtgestalt mutiert zur Schlichtgestalt!«

Gibt er ihn – den Trottel? Oder greift, nachlesbar, dokumentiert, der Tatbestand der Unzurechnungsfähigkeit? Oder so gefragt: Was muß man sich als noch nicht vollends abgestumpfter Zeitgenosse eigentlich noch bieten lassen? Welches Maß an vorgetäuschter Dummbrockenhaftigkeit und gegenüber jedem Argument resistenter Tatsachenleugnung und sich kaprizierender Knallköpfigkeit hält das öffentliche Leben noch aus?

Oder hülfe – in Sachen Beckenbauer, Franz – ein Satz warmer Ohren?

Mitnichten. Franz Beckenbauer, erfahren wir in der *Bild am Sonntag* von ihm höchstselbst, »ist an einem kleinen Weinberg in Südafrika beteiligt«, und es muß ein Weinberg des Herrn sein, in dem er bescheiden sein Werk verrichtet, und es ist alles gutgefügt, »und das ist Erholung für mich«, halleluja!

Gloria, gloria, Omertà!

Mentalitätsmonster und Kapitaltroglodyten

Aber der Mensch ist doch um so manche Stufe über jene Elemente erhöht.
Goethe: *Die Wahlverwandtschaften*

Ich bin überhaupt, muß sag'n, ich bin für 'n Sport.
Gerhard Polt: »Toleranz«

Aus Anlaß der Bitte um das Verfassen eines Vorworts zwecks Einstimmung der geneigten Leser auf vorliegende Sammlung noetisch infiltrierter Betrachtungen eines Sportspiels namens Fußball habe ich bei einem nimmermüden Beobachter des nämlichen Sepplspektakels, bei einem aus unerfindlichen oder eventuell romantischen Anwandlungsgründen zähen Inspektor des realen gleichwie medialen Geholzes und Gebelles, mal wieder Fußballfernseh' geguckt; und zwar am 20. September des, menschheitsgeschichtlich beäugt, durchaus nicht unbedeutenden Anni Domini absconditi 2015.

Es wäre eher müßig respektive lästig, an dieser Stelle neuerlich medienkritische Invektiven jener Art herunterzuorgeln, wie ich sie seit zwanzig Jahren mehr oder weniger freudvoll (und freilich folgenlos) zu Papier bringe. Gleichwohl, es sei mir nicht verwehrt – und die ob ihres Fleißes, ihrer Hartnäckigkeit, ihrer zu 93,8 Prozent unkorrumpierbaren Haltung in Sachen Fußball und Fußballpolitik und Fußballgedöns von mir ästimierten Herren Erhardt, John und Melchior mögen es mir verzeihen –, die hier kompilierten und teils stark versierten Texte und Traktate aus dem *Tödlichen Paß* mit meinen wenigen Fundstücken zu beschmutzen; sie, die Fundstücke, sind halt ungeachtet ihrer Zeitgebundenheit symptomatisch für das ewigwährende Ärgernis, das der Fußball, einbetoniert ins Stahlgitterfundament der Kapitalverwertungszwänge, seit geraumer Zeit ist.

*

Okay, erst mal ein Weißbier.

So.

*

Der Betrieb, expandierend und expandierend und, zu hoffen sei's, dereinst ex- oder implodierend, muß am Laufen gehalten werden, und seine Währung ist – neben dem allgemeinen Wertäquivalent – das nichtige Geschwätz, in dem sich zuallermeist die autoritäre Generalgesinnung der Handelnden und der Konsumenten verpuppt.

An besagtem 20. September, an dem in einer Art Musilscher Parallelaktion das zwanzigjährige Jubiläum der Talkshow *Doppelpaß* (Sport1, früher: DSF) begangen ward (der *Tödliche Paß* feierte im Sommer des Jahres ebenfalls seinen Zwanzigsten), erklärte uns zum Beispiel ein Herr Wontorra, Sebastian Rode vom FC Bayern sei gegen Darmstadt 98 »natürlich doppelt heiß« gewesen. Um diesen Scheiß vorauseilend zu doppeln und zu toppen, hatte der vor Ehrgeiz und Hotness nachweislich wahnsinnig gewordene Gierkopf

Matthias Sammer dem Buben von der Bergstraße natürlich bescheinigt, ein »Mentalitätsmonster« zu sein, praktisch von Natur aus – und hatte das, die bellizistische, terroristische Sprache des Mehrgeldfußballs um ein erhellendes Lexem erweiternd, selbstverständlich lobend gemeint; gemeint zudem im Sinne einer Tapferkeitsauszeichnung sowie in folgendem, komplett inferiorem und niederträchtigem Zusammenhang: »Solche Spieler braucht eine Mannschaft. Sie sind der Kitt zwischen den Elementen, der alles zusammenhält.«

Ach, welch ein Solitär, welch eine Trostgestalt der Marcell Jansen ist! Mit neunundzwanzig Jahren gab er bekannt, seine Karriere zu beenden: »Ich bin fit, ablösefrei, könnte noch gutes Geld mitnehmen, aber ich verzichte lieber auf dieses Geld. Manche schauen mich an, als wäre ich von einem anderen Planeten, ja.«

Ja, der Kit-Kat-Mensch Rudi Völler beispielsweise, einer der zahllosen Kapitaltroglodyten in diesem elenden Gewerbe. Der glotzte nicht bloß blöd, der erfrechte sich obendrein zu geifern: »Wer so was macht, hat den Fußball nie geliebt!«

Abgesehen davon, daß keine Sau mehr Gustav Heinemann kennt (»Ich liebe nicht den Staat, sondern ich liebe meine Frau«) – recht hatte freilich die *Titanic* (9/2015), die schrieb: »Tja, lieber Jansen: So gesehen haben Sie alles richtig gemacht.«

*

In der RTL-Sendung *Anpfiff* (oder womöglich auch bei Sat.1) gab es meinem Gewährsmann zufolge mal die Rubrik »Die Parade des Monats«. Ich hab' das verdrängt, wie so vieles, was den Fußball anbelangt.

Mittlerweile bewege ich mich beinahe auf dem »Niveau« (G. Polt) eines glücklichen Idioten, eines von all dem Schrei'n und von all der Pein befreiten Privatmannes. »Privatmann«, das ist die ursprüngliche, die griechische Bedeutung des Wortes »Idiot«. Es bezeichnete einen von den öffentlichen Angelegenheiten Abgesonderten, einen sich Absetzenden. In Zeiten, in denen der Fußball die Öffentlichkeit und die Zeit, die wir in ihr noch zu verbringen oder die wir für die res publica noch aufzubringen vermögen, nahezu zur Gänze kolonisiert hat, zähle ich die Schmähung, ein »Fußballidiot« zu sein, zu den Ehrerbietungen.

Der *Doppelpaß* – ich komme aus dem Staunen nicht mehr raus, und der *Tödliche Paß*, den ich seit vielen Jahren recht sorgsam rezipiere, die Diarien, die langen Analysen, die Photostrecken, die Buchkritiken, er kann jetzt einpacken. »Lesen? Das macht man nicht mehr!« tadelte mich mal mein Lieblingswirt, als ich mich am Tresen anschickte, einen Blick in ein Buch zu werfen.

»Noch mehr Videos und Hintergründe zur Sendung« verspricht ein Insert, die Trailer verzücken durch fidele Rumsbumsmusik, ein begnadet dummer Faselaugust präsentiert begnadet dämlichen Tweetquietschquatsch und ein Reifenhersteller den »Leistungscheck«, in dem der Satz fällt: »Er bleibt ein Knipser ohne Gelegenheit zu knipsen.« Noch lieber hätte ich vernommen: »Er bleibt ein Wichser ohne Gelegenheit zu wichsen.«

Und endlich: »Das Zusammenspiel der Woche«.

Es hüpft das Herz.

*

»Das Normalste auf der Welt ist passiert«, sagt Johannes B. Kerner, der in dieser Runde in dieser widerwärtigen Hotellobby hockt, weil er immer irgendwo hokken und irgendwas sagen muß, etwa: »Man kann einen Zweikampf auch mal gewinnen.«

Man kann auch mal spazierengehen.

In Abwandlung einer Formulierung von Wilhelm von Humboldt: Die Fußballsprache muß von endlichen Mitteln unendlich leeren Gebrauch machen, und im »Universum der Rede« (Herbert Marcuse), in dem sich die Exegeten bewegen, kreisen Banalitäten und Ressentiments umeinander herum. Sonst ist da nix.

»Ich war in Bremen live im Stadion.« (Wontorra) »Das muß auch alles analysiert werden.« (Oliver Kahn) »Das ist eine sehr differenziert zu betrachtende Situation.« (Kerner) »Es geht schon darum, das einfach zu verhindern.« (Kahn) »Die sollen einfach Normalität an den Tag legen.« (Thomas Strunz)

Sogar Rudi Brückner, den ich persönlich ganz gut kenne und den ich für einen integren Mann halte, geriert sich wie ein ritalinbedürftiger Sparkassenleiter und ist noch immer hellauf begeistert, im Zuge der Premiere des *Doppelpasses* am 3. September 1995 das Kotzwort »Vollspannmeinung« kreiert zu haben.

Um den Höllenbraten abzurunden, stellt man uns die Gewinnerin der »Aktion« »Design dein Schwein, und schick es ein!« vor. Ein selten häßliches Phrasenschwein hält sie strahlend in Händen, und ich frage mich, warum die Diskutanten keine Phrasenschweinemasken tragen.

Kurz danach grölt die unfaßbare Andrea Kiewel in der nicht minder unbegreiflichen ZDF-Veranstaltung *Fernsehgarten* (es ist Wort für Wort wahr): »Mehr glücklich kann eine Sendung nicht machen!«

Ich indes refüsiere all dies und öffne eine Buddel Doppelbock.

*

Es ist mir ein Rätsel, warum Freunde von mir, Detlev Claussen und der formidable Stefan Gärtner zum Beispiel, nicht von der Fahne gehen (bei letzterem war es ein paar Monate später soweit; siehe den Gastbeitrag am Ende dieses Buches). Nach Abschluß der Bundesligasaison 2014/15, zu dem ich auf Wunsch der *taz* einen Kommentar zusammengestöpselt und in dem ich meine Indifferenz zum Ausdruck gebracht hatte, schrieb mir Stefan: »Ich hab' das Spiel gestern allerdings mit Interesse, ja Vergnügen verfolgt; und mich heute [...] gar dabei ertappt, wie ich den Schlachtgesang ›Es ist wahre Liebe: FCB!‹ vor mich hin summte. Weil, irgendwie stimmt's halt: Es ist mir, trotz Sammer, Pep und allem, nie *völlig* egal, was mit diesem Scheißverein ist. Nie. Leider! Verstehst Du mich bitte!«

Und der Adorno-Schüler und -Biograph Detlev Claussen kennt sie doch, die einschlägigen Passagen, oder?

»Der Verzicht auf ein wenig Bridge oder Golf, den die neue Oper den Großbürgern zumutet, wäre allerdings bei Arbeitern und Angestellten der Ausschließlichkeit des Fußballs gegenüber ebenfalls zu propagieren«, notierte Adorno 1930 (»Neue Oper und Publikum«).

Oder: »Im Leben des Kollektivs geht es anders zu als nach den Spielregeln in den Beziehungen zwischen den Individuen. Schon bei jedem Fußballmatch jubelt die jeweils einheimische Bevölkerung unter Mißachtung des Gastrechts schamlos dem eigenen Team zu.« (»Meinung Wahn Gesellschaft«)

Oder: »Die sportlichen Vorgänge, denen das Schema der Massenkultur Züge entleiht und die es mit Vorliebe zum Gegenstand macht, haben alles Bedeuten von sich abgeworfen. Sie sind nichts, als was sie sind. So hat Sportifizierung am Zergehen des ästhetischen Scheines teil. Sport ist der bilderlose Gegensatz zum praktischen Leben, und die ästhetischen Bilder partizipieren an solcher Bilderlosigkeit, je mehr sie selber zum Sport werden. [...] Massenkultur aber möchte ihre Konsumenten nicht in Sportsleute, sondern in johlende Tribünenbesucher verwandeln. [...] Das wird unter ihren Händen aus der Liquidation des ästhetischen Scheins. Selbst die Pseudopraxis wird von Massenkultur zu jener Bildlichkeit neutralisiert, der man im gleichen Atemzug durch die Sportifizierung der Produkte abschwört.« (»Das Schema der Massenkultur«)

Hab's abends, am 20. September, auch noch mal in einer Sportsbar in Frankfurt-Bockenheim probiert. Hab's versucht, obschon mir bereits der Anblick der Tuchels (»Es klemmt ein bißchen in der Ausstrahlung«) und Guardiolas zuwider ist, dieser Kraftraumgehirne und gesellschaftlichen Intellektualabbruchikonen – wie im Grunde das gesamte »Gesportel« (Thomas Roth), ausgenommen Darts und Taschenbillard auf RTL IV.

Die Menschen fressen Mist, kaufen Schrott, sehen Müll, denken schäbig. Die Zurichtung des Bewußtseins, des Gedächtnisses, der Sinne ist vollkommen. Eine beträchtliche Rolle in der stillen Kulturrevolution, die vor zwanzig Jahren begann, spielt der vermaledeite Fußball, und er marschiert weiter voran wie einst Hans-Peter Briegel.

»Alles richtig bisher«, sagt Marcel Reif. Die Bardame, aufs angenehmste desinteressiert wirkend, fragt mich allen Ernstes: »Ein Alkoholfreies?«

Bandenwerbung einer Schuhfirma: »Forever faster.« Voilà.

Ich gehe vor die Tür, eine rauchen. Ein Jogger, Ohrstöpsel in den Waschln, trabt herbei, verlangsamt seine Schritte, bleibt stehen und stiert durch die Scheibe auf die Flachbildschirme. Brav. Brav.

Abrichtung, Förderung der Erfahrungsblödheit. Schiedsrichter müßten Fußballspiele auf Grund von Sinnlosigkeit und der Zerstörung der Urteilskraft abpfeifen dürfen.

Was mir aber gefällt: die verbreitete Unaussprechlichkeit von Spielernamen. Und ich begrüße jeden Fehler, den ein Fußballer auf dem Platz macht. Auf daß sich Tuchel die Sackhaare rauft.

Und wenn ich künftig Fußball schaue – ausschließlich bei meinen Eltern und bei abgestelltem Ton. Meine Mutter ist als Reporterin unübertroffen, eine Meisterin des Impromptudadaismus.

*

Der letzte Hieb: der im Juni 2015 abgelehnte Bürgerentscheid für den Erhalt der Galopprennbahn in Frankfurt-Niederrad, eines der letzten Flecken in der Stadt, der bislang von der Raserei des Kapitals verschont geblieben war.

Breitmachen wird sich dort der DFB, und das Werk der Kultur-, Architektur- und Naturvernichtung wird tragen den Namen »Akademie«.

Schämen sollen sie sich, schämen, allesamt.

PS: Mail von Stefan Gärtner vom 2. Oktober 2015: »Im übrigen schwöre ich: Sollte jemals der entsetzliche, furchtbare, klinisch wahnsinnige Tuchel den FCB trainieren, dann sehe ich kein Spiel mehr, nichts. Noch schlimmer als Klopp, weil Asket/Mönch, Ernährungsschamane und Rundumoptimierer. Dann doch lieber Hecking und Pep, die beide noch Signale des Menschseins senden, und sei's via Kleidung oder Haarschnitt.«

PPS: Mail von Stefan Gärtner vom 14. September 2016: »Rangnick: ›Es war einfach geil.‹ So sollten erwachsene Menschen nicht reden. Ein einziges Kinderkaspertheater.«

Wahnsinn Fußball

Ich gebe es zu. Ja, ich gebe es ja zu. Und es ist grotesk, es ist hirnverbrannt, das hinzuschreiben: Ich gebe zu, daß ich vorgestern für den Club war – als müßte ich mich rechtfertigen, entschuldigen oder ein Vergehen eingestehen.

Selbstverständlich – das weiß selbst ich, ich bin ja nicht völlig verblödet, noch nicht, das rede ich mir zumindest ein – »kochen« beim Fußball die sogenannten Emotionen »hoch«, das »gehört dazu«, freilich, man regt sich auf, meckert, krakeelt, flucht, schimpft und verwünscht, jubelt, jauchzt, johlt und juchzt, andernfalls müßte man sich das ja nicht antun, andernfalls bliebe man der Sache fern, andernfalls machte man sich mit seiner Frau einen feinen versauten Abend oder guckte in die Luft, einfach so, weil's schnafte ist, einfach mal in die Luft zu gucken, oder man wäre, mit Monty Python zu reden, nett zu seinen Nachbarn und läse anschließend ein gutes Buch.

Alles geschenkt, klar, so ist das halt beim Fußball, das weiß sogar ich. Aber so was wie vorgestern abend habe ich noch nicht erlebt.

Ich war für den Club, der einer Formulierung des brillanten Zeitungsreporters Klaus »Der Spezi« Schamberger zufolge »ein Depp ist«. Ich war so unverschämt, für den Club zu sein, obwohl ich seit fast dreißig Jahren in Frankfurt lebe und gegen die Eintracht auch gar nichts habe, ich hatte nie was gegen die Eintracht (warum soll man überhaupt gegen einen Verein sein, man könnte doch viel eher zum Beispiel gegen das Wetter sein, aber lassen wir das), noch nie hatte ich was gegen die Eintracht, die Eintracht der siebziger Jahre war klasse, die Eintracht hatte in ihren Reihen einst den von Ror Wolf zu Recht geadelten Thomas Rohrbach oder Bernd Nickel, jenen »Dr. Hammer«, dem Eckhard Henscheid in seinem Roman *Dolce Madonna Bionda* ein Denkmal gesetzt hat, ich habe mir in den neunziger Jahren im Waldstadion Bein, Binz, Stein, Möller, Yeboah und den wackeren Bindewald, Uwe sehr gern angesehen, und ich kann bezeugen, daß Heribert Bruchhagen ein ausgesprochen angenehmer, reflektierter, höflicher Mensch ist, und Alex Meier ist nicht bloß ein toller Fußballer, sondern auch ein vorzüglicher, man verzeihe mir das altmodische Wort: Charakter.

Die Eintracht hat verdient gewonnen, was der Depp, für den ich halt aus autobiographischen Gründen bin, zusammengestochert hat, war nicht mal unter Freunden des Catenaccios satisfaktionsfähig. Und bis zum 0:1 jammerten und hampelten die Clubberer bei jedem Einwurf, nach jedem Preßschlag, nach jedem Tackling herum wie dazumal vornehmlich die Italiener, zumal im WM-Halbfinale 1970 gegen Deutschland. Es war würdelos.

Nach dem Führungstreffer von Seferovic lief's umgekehrt. Die Frankfurter litten wie die Schwäne, krümmten sich wie niedergeknüppelte Demonstranten, simulierten und schauspielerten sich durch die Sekunden. Und als Fabian dem Nürnberger Keeper Schäfer, der auch ein Lump ist, ins Gesicht trat, dann eine Pirouette hinlegte und sich danach schmerzensreich auf dem Rasen wälzte, sagte ich, durchaus etwas erregt: »Der muß Rot kriegen!«

Ich war in meiner Stammkneipe, und jetzt passierte etwas, das mir offengestanden, sagen wir: nicht behagte. Ein paar Leute, mit denen ich seit Jahren ab und an plaudere und Bier trinke (oder die mit mir, wie man's sieht), brüllten mich an, unter ihnen eine ehrenwerte, sozial engagierte Linke: »Verpiß dich aus Frankfurt!« – »Halt's Maul, du Sau!« Einer hat mir Prügel angedroht und schrie: »Ich schlag' dich tot!«

Was war, was ist das? Wahnsinn. Es sind Vernichtungsphantasien. So weit hat es diese Gesellschaft gebracht.

Einer meiner Lieblingskneipkollegen, ein, ja, zarter Mensch, ein Physiker, Eintracht-Fan, sagte später, als er ging, zu mir: »Ich bin glücklich.« – »Glücklich? Du bist glücklich?« – »Ja, ich bin glücklich.«

Es ist deprimierend.

Ernüchterung

Im Gespräch mit Nicole Selmer.

Nicole Selmer: Sie schreiben Bücher über Fußball, aber ins Stadion gehen Sie nach eigener Aussage nicht. Warum?

Jürgen Roth: Manchmal bin ich beim FSV Frankfurt, einem Verein, den kein Mensch kennt und der jetzt vielleicht auch in die dritte Liga absteigt. Der FSV ist sympathisch aus dem einfachen Grund, daß er kein Geld hat. Das Stadion ist angenehm altmodisch, die Fans sind überwiegend geerdet, das Bier bezahlt man in bar, das ist alles sehr wohltuend. Vor einiger Zeit hat mich Stefan Erhardt vom *Tödlichen Paß* in die sogenannte Commerzbank-Arena in Frankfurt mitgenommen. Der im Gegensatz zur früheren Bezeichnung, Waldstadion, scheußliche Name wäre allein schon Grund genug gewesen, das nicht zu tun. Ich habe ein nostalgisches Verhältnis zum Fußball, zu den alten Betonschüsseln, den sozialdemokratischen Zweckbauten, in denen man sich richtig in die Sache hineingekniet hat. Heute ist das eher ein unverfänglicher Samstagnachmittagsausflug für die Familie. Und wenn ich mir Bier und Bratwurst nur mit einer Bezahlkarte kaufen kann, ist das einfach eine Unverschämtheit. Am großen Fußball stört mich auch schon diese architektonische Geste – diese großen Tempel, die aufschneiderisch in die Gegend geknallt werden.

Bei der EM ist der Fußball ja noch größer. Wie werden Sie das Turnier verfolgen?

Mit distanziertem Interesse. Vor zehn Jahren hat sich bei mir vor solchen Großereignissen noch eine kindliche Freude aufgebaut, da habe ich mir Sonderhefte besorgt und sie studiert wie früher den *kicker*. Aber das ist vorbei. Es gibt einfach zuviel Fußball, wie es ja von allem zuviel gibt, zuviel Kunst, zu viele Meinungen. Das ist Überdruß, nicht nur wegen der Quantität, sondern auch wegen der Protagonisten und der Art, wie der geldschaufelnde Fußball organisiert ist. Bayern-Vorstand Karl-Heinz Rummenigge hat mal gesagt, Menschen kämen nicht wegen der Pinakothek nach München, sondern wegen des FC Bayern. Darin drückt sich ja alles aus, man hält sich mittlerweile für kulturmaßstabsetzend.

Vor zwanzig Jahren war es ja eine wichtige Veränderung der Sicht auf den Fußball, ihn als Teil der Kultur zu betrachten. Das paßt Ihnen nicht?

Ja, ich habe in dieser Zeit auch angefangen, über Fußball zu schreiben, und mich schon damals darüber mokiert. Die Allzuständigkeit, die man dem Fußball zugeschrieben hat, ist schlichtweg an den Haaren herbeigezogen. Die Alltäglichkeit, in der er so präsent geworden ist, ist furchtbar. Ich kann kaum noch in meine Stammkneipe gehen, ohne daß dort Fußball läuft. Und in der Sommerpause wissen die Leute nicht mehr, was sie ohne Fußball tun sollen.

Wie stehen Sie zum deutschen Nationalteam, das ja immerhin heute schöner spielt als vor zwanzig Jahren?

Spielerisch hat sich der Fußball unglaublich entwickelt. Das ist ein Verdienst von Jogi Löw, nicht von Jürgen Klinsmann. Der ist ein Waschmittelverkäufer, kein Fußballtrainer. Diese Verbesserung ist zu begrüßen, genauso wie Spieler wie Mesut Özil und Thomas Müller, wobei man sich Müller auch in den siebziger Jahren vorstellen könnte. Aber diese Tendenz zur Verwissenschaftlichung und Überformalisierung des Spiels ist ja nicht von der Hand zu weisen.

Was meinen Sie damit?

Ich habe mir mit einem Freund das Länderspiel Deutschland gegen Italien angeschaut und war entschlossen, nicht zu meckern. Aber mein Kumpel, der ausgesprochen fußballbegeistert ist, hat dann sehr schnell gesagt: »Ich kann das nicht mehr sehen, die Spiele sind alle vom Reißbrett.« Und ich mußte ihm zustimmen. Den in der Gesellschaft so weit verbreiteten Gedanken der Selbstoptimierung finden Sie auch im Fußball, er bildet sich im Spiel und in den Spielern ab. Es hat eine Schematisierung stattgefunden, in der der Zufall verlorengeht. Spiele geraten nur noch selten aus den Fugen und werden dadurch aufregend, fünfundneunzig Prozent der Topspiele sind in ihrer Kunstfertigkeit vollkommen mechanisiert. Eine Ausnahme im Nationalteam ist vielleicht noch Mario Gómez, der mitunter hölzern wirkt.

Ist er eine Erinnerung an vergangene Tage?

Ja. Früher hat es ganz verschiedene Laufstile gegeben, ich könnte heute noch Uli Stielike, Felix Magath und Pierre Littbarski erkennen, die hatten eine läuferische Identität. Inzwischen ist es viel normierter, das mag an irgendwelchen Gummitwistübungen und dem Koordinationstraining liegen. Vielleicht ist die Feinmotorik so gut trainiert, daß individuelle Merkmale und Ungelenkigkeiten ausgemerzt werden. Das Rabaukenhaft-Proletarische und Eigensinnige ist den Spielern systematisch ausgetrieben worden. Sie sind besser gebildet oder zumindest ausgebildet, rhetorisch gewandter, geschliffen, aber eben auch abgeschliffen.

Ist das nicht die klassische kulturpessimistische Klage, daß früher alles besser war?

Man läuft immer Gefahr, so zu klingen, aber ich versuche es ja zu begründen. Das Früher war nicht in jeder Hinsicht besser – und nicht, weil es früher war, sondern weil es gelassenere Zeiten waren, mit mehr Leerlauf und mehr Muße. Der Fußball war so etwas wie ein kleiner Festtag, eine Kerbe, die man in die Zeit geschlagen hat. Heute ist er stetiger Begleiter, ständiges Hintergrundgeräusch.

Trost bietet da ein weiteres Ihrer Buchthemen: Bier. Das offizielle Bier der EM ist Carlsberg. Was läßt sich darüber sagen?

Es wird Bier genannt, es ist untrinkbar.

Warum ist Bier überhaupt das Fußballgetränk schlechthin?

Das sind noch Restbestände, die den Fußball mit einer bestimmten Klasse verbinden. Die Beiläufigkeit, das Unspektakuläre dieses Getränks paßt zum Fußball. Bier ist ein Rauschmittel, das man gut kontrollieren kann, es kann zu einem Granatenrausch führen, einer eher stillen Beseligung oder einer milden Form von Melancholie. Das bildet die Gefühlswelt eines Fußballfans sehr gut ab. Schnaps ist ein reiner Aufputscher, Wein ein Tafelgetränk, aber Bier kann man auch im Stehen, im Regen und im Matsch trinken. Daß beim Fußball noch Bier getrunken werden kann, halte ich ihm zugute.

Noch?

Ja, die Ernüchterung der Gesellschaft zeichnet sich ab. Vielleicht kommt es dann ja auch zu einem Aufstand, es hat in der Geschichte viele Bierrevolten gegeben, wenn das Bier nicht mehr als selbstverständliches Mittel der Entspannung und des Rausches zur Verfügung gestanden hat. Bier erinnert in seiner Schlichtheit daran, daß im Leben noch andere Dinge zählen als Leistungswahn und Ellbogengesinnung.

Am See is' schee

Weil das Fußballvolk nicht davon lassen kann, praktisch rund um die Uhr gewienerten Sprach- und Bilderplunder in sich hineinzustopfen, und weil man das Fußballvolk leider auch nicht fristlos entlassen kann, geht es weiter und läuft das alles weiter aus dem Ruder.

Fünfhundert Journalisten und Mitarbeiter schikken ARD und ZDF nach Frankreich. Zehn Millionen Euro kostet allein die Organisation dieser vergnüglichen Klassenfahrt, und eine vierzigseitige, mit der Trademark »UEFA Fußball Europameisterschaft™ 2016« verzierte Hochglanzbroschüre haben sich die Öffentlich-Rechtlichen obendrein gegönnt. »Wir haben auf der Erde Geld wie Dreck«, sagte Heiner Geißler am 3. September 2015 in Hamburg in einem anderen Zusammenhang, »es haben nur die falschen Leute.«

Wir aber freuen uns. »Wir werden eine elf Meter lange LED-Wand haben, das ist schon was Besonderes«, prahlt der Chefredakteur des ZDF, Peter Frey. Wir werden versorgt werden mit »Fakten, Expertenwissen und erzählenswerten Geschichten aus dem Gastgeberland«, es wird ein »match of the day« präsentiert werden, und ein »marodierendes Fußvolk« (Johannes John) aus »elf ARD-Kamerateams« wird »die Stimmung während des Turniers einfangen«, hurra. Hurra, hurra, heureka, wir haben sie gefunden und gefangen, die Stimmung.

Der Gerhard Delling, dessen Qualifikation seit zwanzig Jahren eine gleichbleibend gutsitzende Frisur ist, wird uns aus Évian-les-Bains am Genfersee »Neuigkeiten aus dem Basecamp der deutschen Mannschaft« übermitteln, denn am See, da is' schee, und am Genfersee werden ja auch die »spannenden Geschichten vom Genfersee« geschrieben, holla, der Waldsee, grüß Gott, die Herren, halleluja, et is' so spannend, leck mich am Arsch.

Bescheidenheit ist keine Zier, weiter kommt man ohne ihr – je größer der Heißhunger des Fußballkapitals, desto monströser das mediale Begleitcremegesabber, desto haltloser und langatmiger das Geseich der selbstsüchtigen Schranzen, die ihr Geschäft unterdessen gänzlich ohne Scham »in distanzloser Komplizenschaft« (Johannes John) betreiben und dabei vor allem sehr viel Freude am Geschäft haben, ihre impertinente Freude am Mitwursteln ist ihnen allen ja ins Gesicht gekerbt, der sexbombigen Informationsvermittlerin Katrin Müller-Hohenstein zum Beispiel, die fürs ZDF »diesmal alle wichtigen Teaminfos aus Évian vermitteln« wird, oder dem Reinhold Beckmann, der zum Abschluß eines zehn- oder hundertstündigen Sendetages aus der Sportschule Malente »Unterhaltung, gepaart mit geballtem Fußballwissen«, herüberreichen wird (»es geht mal um Taktik, mal um die richtige Ernährung für Spieler«), es ist schon eine schillernd sauköpfige PR-Prosa, die aus diesem softstalinistischen Starschnittpresseheft herauspladdert, und Fußballwissen, sehr verehrte Damen und Herren, gibt es nicht, es sei hier ein für allemal gesagt.

Nö, wir kriegen nicht genug. »Mehr Tore, mehr Spannung, mehr Leidenschaft«, ein Spielplan wie bei einer WM, »drei Teams [der ARD] beobachten die

Geschehnisse rund ums deutsche Quartier in Évian«, eine dreizehnköpfige (13köpfige!) Abordnung des ARD-*Morgenmagazins* rumpelt mit Wohnmobilen durch Frankreich, das ZDF, das zwei Hanseln vom *Morgenmagazin* auf ein Kreuzfahrtschiff packt, klotzt unter dem Leitsatz »Fußball, mon amour« sogar das Kinder- und Jugendprogramm mit Sportschund voll, das *Mittagsmagazin* dito, dazwischen die »aufmunternde Musik« eines Mark Forster, der den ZDF-EM-Song »Wir sind groß« erbrochen hat (laut Broschüre transportiere jener die »Erkenntnis«: »Für immer bunteste Zeiten«), dazu »Tele-Twitter«, Social-Media-Stuß (»Wen sollte Löw jetzt einwechseln?«), Second-Screen-Klimbim (»Kein Tor wird mehr verpaßt, keine wichtige Meldung versäumt«), und im Studio »mit Augmented Reality« (meint: computergenerierte Einblendungen, yeah!) turnen alternierend das schleimige Hanswurstduo A. Bommes/A. Zeigler (»Das wird bestimmt unterhaltsam«) und Welke/Kahn oder irgendwelche Talkgastnullen herum.

Langt das? Ach was, da ginge im Grunde noch was, »in der Leistung gibt es noch Luft nach oben« (Tuchel). Weil: »So eine EM ist ja nicht nur ein Fußballfest, sondern eine höchst begehrte Werbemesse auch für die Stars am Mikrophon.« (*FAZ*, 28. April 2016)

Man sehnt sich, es sei konzediert, nach alten Zeiten zurück; als noch nicht »die Weltmarke FC Bayern« (Sport1: *Doppelpaß*, 8. Mai) allerorten lobpriesen wurde und als ein – neuerdings mit einer Biographie *(Mission & Passion Fußball)* ausgestatteter – (Ex-) FIFA-Boß noch nicht tirilierte: »Fußball für die Menschen, für die Welt, für den Frieden«; als in der »ewigen Sanduhr des Daseins« (Nietzsche) die Fußballkörnchen kaum zu finden waren; und als es noch einen so gentilen, ernstzunehmenden, ehrenwerten Reporter und Moderator wie Harry »Auf welcher Kamera sind wir?« Valérien gab.

Im *aktuellen sport-studio* nahm Valérien zum Doping Stellung: »Man müßte sich distanzieren, das Mikrophon weglegen, Abschied von der Kamera nehmen und sagen: Solang' das so läuft – ohne mich.« Im November 1985 knetete er den beleidigten und über alle Maßen arroganten Franz Beckenbauer durch, der auf die honorigen ZDF-Sportjournalisten Michael Palme, Günter-Peter Ploog und Marcel Reif sowie andere »geistige Nichtschwimmer« losgegangen war, weil sie den ganzen Fußballrummel mehr oder weniger für obsolet erklärt und den Leuten empfohlen hatten, nicht mehr ins Stadion zu gehen. Beckenbauer daraufhin: »Das müssen wir uns angewöhnen, daß wir den Fußball etwas positiver sehen.« Jawohl, Herr Leutnant. Beziehungsweise Herr Lääwoohl.

Karl-Heinz Rummenigges Wechsel nach Mailand für damals absurde zehn Millionen Mark kommentierte Valérien im März 1984: »Das paßt nicht in unser Wirtschaftssystem.« Und 1982, einen Tag vor dem WM-Finale in Madrid, führte er mit Paul Breitner am Swimmingpool, mitten unter Touristen, ein Streitgespräch (aus dem ich weiter vorne bereits ausführlich zitiert habe). Breitner nämlich war »grantig«, da ihn »die Herren von der Presse« »als Mensch fertiggemacht« und »hinterfotzig in die Pfanne gehauen« hätten: »Es sind Lügen verbreitet worden, die eine Frechheit waren, eine Sauerei waren.« Und Valérien? »Sie sind ja auch nicht zartbesaitet dann, ob's um a Weltmeisterschaft geht oder um a Pokalspiel. Sie hau'n ja auch ganz schön rum. [...] Sie wissen selber, daß wenn Sie sich so weit in die Öffentlichkeit wagen in einem

Sport, der also nicht von einem Netz getrennt ausgetragen wird, dann mußt du auch manches einstecken, das erleben auch wir, was dir nicht zugedacht ist, was du nicht kriegen sollst, und Sie sind hart genug, und gerade, weil Sie so hart genug sind, weil Sie austeilen, auch den Journalisten gegenüber, meinte ich, Sie sollten eigentlich – bitte, ist kein Ratschlag, kann ich Ihnen gar nicht geben –, Sie sollten vielleicht ein bißchen mehr, darf ich das Ihnen sagen?, gelassener sein. Geht das?«

Fußball heute ist die Pest, ist Parafaschismus, ist ein penetrantes, hysterisches, autistisches, narzißtisches, größenwahnsinniges System, das aufgeblasenen Ramsch ausspeit, und Spieler und Journalisten sind überfütterte, blind befehlsempfangende Paladine.

»Sport war früher mal.« (Stefan Erhardt) Möglicherweise.

Geht Deutschland vor die Hunde?

Das politische Wochenmagazin *die aktuelle* deckte jüngst, in der Nummer 21/2016, einer der besten Ausgaben der vergangenen Jahre, auf, daß es sowohl um den nominellen als auch den kulturbetrieblich-informellen und politischen Hoch- und Exzellenzadel schlecht bestellt ist. Im globalen Highend-Adel rumort, rumpelt und raucht es allenthalben, hie wie da brennt die bescheidene wie weniger beschauliche Bude, einer ganzen gesellschaftlichen Klasse geht der Arsch senkbleischwer auf poröses Grundeis.

Pierce Brosnan plagt »ein kleiner Streit« mit seiner Mutter. Simone Thomalla haßt »rosa Mädchenkram« und hat »'ne echte Männermacke«. Die Ehe zwischen dem »Spargelbotschafter« Chr. Wulff (Niedersachsen-Mitte) und seiner Wutz Bettina ist vermutlich »schon wieder am Ende«, es gibt nur noch eine winzige Hoffnung auf Fortbestand. Der Grund hierfür: »Sie planen eine Radtour.« Mit anschließendem Spargelstechen und Kartoffelsackhüpfen eventuell. Plus Gülleschlacht? Verdammt, man weiß es nicht.

Während wenigstens die mecklenburgische Weltwalküre A. Merkel »Hausmusik mag« und ihrer Schwester gnadenlos weggetreten wie eh und je beim Blasen der Querflöte lauscht (Seite 26 f.), zerrt die *aktuelle*, diese »Superzeitung« (Leserbrief von Dorothea Zeiß, Stuttgart), die pausenlosen »Peinlichkeiten« rund ums norwegische Königshaus ans Licht der sich vor Pein windenden Öffentlichkeit. Nebenan, beim fürchterlich aus den mentalen Fugen geratenen Schwed', geht (Bildlegende: »Krise bei den Königs«) der royalen Gattin Silvia Carl Gustafs »ewiger Flunsch« auf den verbogenen Zeiger. Ist der grausame Terrorthroninhaber am Ende »ein Grenzgänger zwischen Exzentrik und Wahn«, ja »unheilbar geisteskrank« (Phoenix: *Königliche Dynastien*, 7. Juni 2016, 8.15 bis 9 Uhr)?

Die englische Queen wiederum »flucht wie ein Bierkutscher«, vermaledeite Scheiße. Fürst Albert (Bob, Formel 1) hat selbst im Urlaub kein Auge für seine teuer erworbene Charlène, da er »handysüchtig« zu sein scheint und Weiber ohnehin nich' so dufte findet. Der Rentier Prinz Henrik von Dänemark (81) jedoch räumt im Zuge »eines regelrechten Bagger-Marathons« kohortenweise Blondinen ab und »macht Margrethe damit komplett unmöglich!« Spätestens an diesem Punkt bäumt sich erneut die von Eckhard Henscheid mal in den Raum geschleuderte Frage auf, wie der Hochadel ficke.

Und ticke. Denn all das Ballyhoo im babylonischen Spitzenadel schreitet tollwütig fürbaß. Mary und Frederik von Dänemark (da oben ist gewaltig was faul!) ziehen »die ganze Pracht der Monarchie« (Phoenix) durch ein »Hochzeits-Hoppla« in den Schmutz. Herzogin Kate (England) »verzieht das Gesicht«. Juan Carlos und Sofia von Spanien (laut Egon Friedell das dümmste Land der Welt) führen einen »Ehe-Krieg in aller Öffentlichkeit« (»Spanien zürnt …«), und Madeleine von Schweden (diese S-Länder …) »guckt mürrisch, sauer«, weil kürzlich »die Bombe platzte: Es geht um Geld und um die Ehre.«

Am Kiosk hatte mich die Titelseite dieser apokalyptischen Ausgabe der *aktuellen* angesprungen. »Madeleine & Chris – Ihr Glück unter Beschuß – Ehe-Krieg total! – Letzter Ausweg Blitz-Scheidung?!« Und vor allem rechts oben: der erschütternde Teaser »Steffi Graf – Ihr Hund macht Ärger!«

Das angebliche »Traumpaar ohne Skandale« Graf/ Agassi steht unter Strom. »Ihre Ehe ist ›auf den Hund gekommen‹ …« Wahrscheinlich hängt »der Haussegen schief« – weil Andre (Kokain) einen vierten Hund rangeschafft hat, eine »deutsche Dogge«, die sein »ein und alles« ist und »täglich drei Pfund frißt«.

Es ist nicht nur für Steffi persönlich schlimm. »Füttern, erziehen und Gassi gehen – all das bleibt wohl oft an der früheren Tennis-Queen hängen.« Sie selbst sagt: »Es ist sehr viel Arbeit. Man kann sie kaum allein lassen. Es ist anstrengend …« Es ist auch ein Fluch, der lastet, ein Schatten, der sich auf die Auspizien für die vor der Tür mit den Füssen scharrende Europameisterschaft legt.

Joachim Löw wird, scheint's, wegen der psychischen und physischen »Belastungsproben im Familienleben« (ebenda) ohne seinen Linksverteidiger und Eisenfuß Stefanie Graf auskommen müssen. Kriegt man die Hundeprobleme und Hundeproblematik nicht in buchstäblich allerletzter Sekunde noch in den Griff, wird der Bundestrainer, so sieht es aus, leider, auf seinen Leitwolf und Stoßstürmer Stefanie Graf verzichten müssen, er wird einen Notersatz brauchen für den unersetzlichen Flügelflitzer und das Kopfballungeheuer Stefanie Graf, er wird komplett umbauen und die Mannschaft von Grund auf umschichten und völlig neu motivieren müssen, es ist ein Tiefschlag für Löw und für Deutschland, ein Waterloo ante rem, eine donnernde Hiobsbotschaft und ein desaströser Riesenmist, sofern der DFB nicht augenblicklich einen

Hundebezwinger oder -zwinger ordert und somit die drohende Katastrophe antikischen Zuschnitts und eschatologischen Ausmaßes …

(Text abgebrochen.)

Lucky lässig

Wenn man in Sachen Fußballberichterstattung seit gut zwanzig Jahren mehr oder weniger durchgängig auf Horchposten ist, haut einen nicht mehr viel um.

Vorgestern, kurz vor Mitternacht, nach einer bis zum Platzen prallen zehnstündigen »Sendestrecke« – ein weiß der Kuckuck wann modisch gewordener medienwissenschaftlicher Terminus, der den sportiven »Weltenwahn« (Schopenhauer), dem auch das journalistische Gewerbe irgendwann verfiel, präzise zum Ausdruck bringt –, meinte der bereits den ganzen Tag über ziemlich ungenau und irgendwie partiell doch sympathisch lustlos durch die Gegend parlierende Experte Oliver Kahn, der Toni Kroos, der zweifellos ein tadelloser Fußballer sei, dürfe auf dem Platz nicht dauernd »vor sich hin stummen«.

Dasselbe gilt selbstredend für die in Kompaniestärke nach Frankreich entsandte Erklärerentourage. So gern ich das sähe: eine adrett frisierte und fesch ins enge Kleid gesteckte Katrin Müller-Hohenstein, die vor dem deutschen Mannschaftsfeldlager zehn oder, besser, dreißig Minuten lang in die Sonne stierte, versonnen den sehnsuchtsvollen Blick mal gen Osten (Ukraine!), mal gen Westen richtend, und nichts, im Sinne des späten Samuel Beckett aber auch gar nichts von sich gäbe – es ist natürlich ein alberner Tagtraum; weshalb ich keineswegs aus den Latschen kippte, als die mittlerweile anhaltend haltlos hingebungsvolle KMH (»Der Rasen, der kann was«) in der ersten

Schalte aus Évian vermeldete, strahlend vor Lebensglück und -lust: »Keine neuen Hiobsbotschaften.« Um anschließend vom Bundestrainer vernehmen zu können: Die Ukrainer »spielen mannbezogen, verteidigen«. Potzdonner und beim Poseidon.

Ja, »man hypt sich da« (Kahn), man ist bei einem »Fußballgroßereignis« als Team und als um das Team herumdackelnde TV-Crew »sehr gut aufgestellt« (Höwedes). Man ist schweinisch gut drauf und pumpt den trostlosesten Tinnef auf, denn man hat es ja »mit phantastischen Spielern zu tun«, mit »absoluten Superstars« (Kahn). »Der Fußballadel gibt sich die Ehre«, erklärt man uns in einem Trailer, und wenn der Adel, diese kleine, vergötterte Klasse blutsaugender Nichtsnutze, in pompösen, vatikanartigen Stadien aufmarschiert, feiert die Hofberichterstattung Urständ.

Kurzum: im »Fänseh'« (F. W. Bernstein) nichts Neues, im großen und ganzen und vorerst jedenfalls. La-ola-Fernsehen, Raun- und Ranwanzrhetorik allenthalben, »der Plan läuft« (Steffen Freund frühmorgens auf n-tv – die Privaten stehen natürlich in nichts nach), und ein vor lauter bedeutungsvollen Gesten begeisterter Jochen Breyer, die Autophilie der öffentlich-rechtlichen Kaste auf die Spitze treibend, läßt eine dreiviertelstündige Reportage über sich selbst ausstrahlen.

Doch dann fiel ein Wort, das mir neu war. Zum erstenmal hörte ich es aus dem Munde Martin Schneiders, während des nächsten Spiels dann aus jenem von Claudia Neumann. Die eine oder die andere Seite, ein Tor zurückliegend, brauche einen »lucky punch«. Oder der Ausgleich, gerade gefallen, eine halbe Stunde vor dem Abpfiff, sei »der lucky punch« gewesen.

Einen »lucky punch« setzt ein nach Punkten deutlich abgeschlagener Boxer kurz vor dem letzten Gong und gewinnt damit durch Knockout. Der Begriff ist im Fußballzusammenhang mithin linguistic junk, semantischer Kehricht.

Auf Twitter schlug daher jemand vor, dem ersten deutschen Fußballreporter, der neunzig Minuten lang ohne den lackaffigen »lucky punch« auskommt, stante pede den Grimme-Preis auszuhändigen.

Er dürfte nicht erhört werden. Deshalb werde ich mir in Sachen »lucky punch« »im Kopf 'ne gewisse Härte gegen mich selber«, ja eine horrende »innere Härte« (Thomas Strunz, Sport1: *EM-Doppelpaß*) zulegen müssen – beziehungsweise noch mehr Mut zum Bierdurst als ohnehin schon.

Für die nächsten vier Wochen. Pardon wird nicht gegeben.

Und dann, Donnerwetter!, kommentiert Gerd »Godot« Gottlob (»Der Rasen ist ein bißchen schwierig«; »Ja, der Paß ist ein bißchen Mist«) lucky lässig und, parbleu, lazy einen göttlichen, einen schweinestarken Punchmoment weg, wie ihn nur der Fußball serviert: als der staubgrau berufene Bastian Schweinsteiger aus engelsgleich beschwingtem Lauf zum 2:0 einnetzt, atemlos und zugleich erdenschwer beflügelt. »So sieht das aus.« (Gottlob)

Wie sagte der neutestamentarische Halbprophet Lothar Matthäus einst? »I hope we have a little bit lucky.«

And that's a punchline.

Dagegen

»Fußball ist eine Droge, die Leute sind bereit, alles in Kauf zu nehmen«, heißt es in der aktuellen Ausgabe des Magazins *Der tödliche Paß*.

Als der Fußball in der medialen Öffentlichkeit noch eine Randerscheinung und daher in gewisser Weise etwas Kostbares war, schaute ich oft auf Landkarten nach, wo zum Beispiel die geheimnisvollen osteuropäischen Städte lagen, in denen Europapokalspiele stattfanden. Der Fußball besaß eine Art Welterschließungskraft oder -funktion. Fußball heute ist »ein Illusionstheater« mit »vielen falschen Geschichten und vielen verlogenen Bildern« *(Süddeutsche Zeitung)*, ist Beihilfe zur vollständigen Selbstvergessenheit und zur Weltvernichtung. Mehr, lauter, lausiger – die Verödung der Gemüter inmitten dieser ruinösen Epopöe steuert ihre Vervollkommnung an.

Ich denke nicht daran, das ununterbrochene Gequassel über alberne ZDF-Apps, den blödsinnigen »Taktik-Blick« und die zeitzerstäubende »Coach-Cam« schulterzuckend in Kauf zu nehmen. Ich lehne es ab. Ich bin nicht damit einverstanden, daß die Spieler computeranimiert in abscheulichen kriegerischen Posen präsentiert werden. Die ARDZDFRTLSat.1-Schalten zu sogenannten Fanmeilen sind mir zuwider, das Zeigen getwitterter Photos von »unseren« Nationalspielern (beim Fernsehgucken!) ist zu unterlassen, vom »Defensivmonster aus Albanien« (Martin Schneider) oder von den »Menschenfressern« (Carsten Jancker) aus der Ukraine, von irgendwelchen »Kolossen« oder irgendwelchen »Schlachtrössern« (Oliver Schmidt) möchte ich nichts mehr hören, ich gehe nicht d'accord.

Statements der Trainer entsprechen »in ihrem nichtssagenden Ton den Verlautbarungen totalitärer Regime mühe- und fehlerlos« *(Der tödliche Paß)*. Der französische Philosoph Robert Redeker, Mitglied der Redaktion der von Jean-Paul Sartre gegründeten Zeitschrift *Les Temps Modernes*, erblickt im invasiven, »schamlosen und rücksichtslosen« Fußball eine »tödliche Usurpation« unserer Wahrnehmungsfähigkeit und des »kollektiven Urteilsvermögens«, »eine neue Variante des Totalitarismus«.

Ich bin nicht bereit, den Weltweglächler Alexander »Leute, bleibt locker« Bommes hinzunehmen, der seine ostentative Betriebsnudelcoolness, die die fürchterlichste ist, nicht einmal abzulegen gedenkt, wenn Fanhorden aufeinander eindreschen und selbst vor Kindern nicht haltmachen; wenn diese Schweine mit Anlauf auf am Boden liegende Opfer springen, auch auf deren Köpfe; wenn diese Fußballfaschisten Schwächere krankenhausreif schlagen und ins Koma prügeln. Nein, ich bin nicht bereit, den sogar dann noch infernalisch infantil grienenden Alexander Bommes hinzunehmen, dem angesichts der entfesselten Barbarei einzig und allein der Satz einfällt: »Die fröhlichen Bilder sollten eigentlich normal sein.«

Mir wird schlecht, wenn Peter Großmann am nächsten Tag, »nach dem deutschen Sieg über Rumänien« (ard.de; sic!), im *Morgenmagazin* ungerührt eine im saudummen Internet zu findende 360-Grad-Kamera anpreist, mit der man verfolgen könne, »wie wir unterwegs sind« – wie diese Journalistenschrapnelle also bumsfidel durch Frankreich gondeln, von wo aus sie der Welt solche Erkenntnisse vor den Latz pfeffern: »Bis zum Finale ist es ja noch ein bißchen hin, aber es könnte ja sein, daß es klappen wird.«

Ich lehne es ab, anschließend von Herrn Peter Großmann vernehmen zu müssen: »Der Bundestrainer ist neuerdings im T-Shirt unterwegs und nicht im Hemd.« Ich lehne es ab. Und ich lehne es ab, daß die Moderatoren im Kölner Studio, Susan Link und Till Nassif, den »Ball« aufnehmen und konsequent stählern gutgelaunt über »Schwitzärmchen« und »Engagementflecken« von und auf des Bundestrainers Oberbekleidung schwadronieren, um daraufhin ihre höllisch verkasperte Sendung mit der Sentenz abzurunden: »Alles gut, was Jogi macht.«

»Man muß immer gegen alles sein«, pflegte der große Publizist, Literaturkritiker und Übersetzer Walter Boehlich zu sagen.

Was meinte die bezaubernde Frau S. schon während des Eröffnungsspiels Frankreich gegen Rumänien?

»Ich bin gegen Abseits.«

Wie viele Idiotien soll diese Welt noch aushalten?

Reinhold Beckmann: »Thomas, du fragst dich wahrscheinlich, was wir hier machen.«
Thomas Berthold: »Das frag' ich mich wirklich.«

So was habe ich noch nicht gesehen. Wer auch immer sich in welcher ARD-Redaktion, in welchem ARD-Gremium, in welchem ARD-Thinktank auch immer das Format *Beckmanns Sportschule* aus den rüstigen Rippen geleiert und gekurbelt hat – er oder sie sei zu beglückwünschen und umgehend zu befördern, und dem Beckmann, Reinhold sei von der Hamburger Akademie für Sprachlosigkeit und Nichtmehrganzdichtung der goldbestäubte Lorbeerkranz am silbernen Brokatband über die Rübe gestülpt. In dulci jubilo, ARD!

Gestern abend kam ich innerhalb weniger Tage zum dritten Mal in den Genuß, *Beckmanns Sportschule* zu begutachten, die, wie es nach den ersten eindrücklichen Kritiken im Netz zu Beginn vermeintlich selbstreflexiv hieß, »schlechteste Fußballsendung aller Zeiten«. Denn das meinte ja: »Ihr könnt uns mal. Wir ziehen den Stiefel weiter durch.«

Weshalb nun in einer Umkleidekabine – selbstverständlich voller »Männerduft« (Beckmann) – Franciszek Smuda, Gerald Asamoah und Jens Nowotny zusammenhockten und »die letzten Geheimnisse« (Beckmann) hervorkitzelten: Haben uns die Ungarn überrascht? »Weil die Qualität unterbewertet ist« (Nowotny)? Sind die Isländer nicht erstaunlich? Hat sich Payets Leben nach zwei Treffern »schlagartig verändert«? Wird der Ball auch morgen rund sein? Über Frankreich die Sonne wieder aufgehen? Und über Polen eine Gewitterfront hinwegziehen? Und fragen wir danach nicht am besten einen orakelnden Denis Scheck (Obacht, Literatur! Kultur!), der offenbar alles mitmacht?

Sicher, das gesegnete Fußballfernsehen hat uns vor geraumer Zeit bereits mit der gebenedeiten Sendung *Schnauze Simon* beschenkt, in der der unbegreifliche, wohlverdient weithin ungelittene WDR-Sportchef Steffen Simon in einer nur noch pathologisch zu nennenden Weise narzißtisch herumnulpt. Aber jetzt – *Beckmanns Sportschule.*

Der pseudocineastisch in Szene gesetzte Vorspann suggeriert ächzend Handlung, Dramatik, Bedeutung. Die Landschaft allerdings ist sehr schön. Tim Wiese, ein, so wird kolportiert, baldiger Worldwidewrestler, spielt als Dumpfbock in Löcherjeans den »Fachmann für Gebäudeabsicherung« (Beckmann), also einen Türsteher, der im koketten Prollslang Unternullgesumse vor sich hin brabbelt.

Den »Herbergsvater« in der angeblich legendären Sportschule Malente in Schleswig-Holstein, in der sich bis in die neunziger Jahre halt ein paar ausgewählte Fußballer auf Turniere vorbereiteten, darf oder muß der bedauernswerte Uwe Seeler mimen. Wie kann man einen fast achtzigjährigen Mann, der meiner Vermutung nach eine unbescholtene, gute Seele ist, derart würdelos vorführen? Wie geschmack- und taktlos muß man sein, um diesen fabelhaften ehemaligen Fußballer zur Karikatur eines alten Menschen, der nichts (mehr) zu sagen hat, zu degradieren? Sind im Fernsehen nur noch schäbige Misanthropen zugange?

Etwas derart lustlos und gänzlich ideenfrei Zusammengestopseltes habe ich noch nicht gesehen. Ein »köstlicher« (Thomas Berthold) anekdotischer Schnack jagt den anderen, ein Kabarettist namens Wolfgang Trepper ruhrpöttelt sich am zerebralen Krückstock durch trantütig gehäkelte Witzeleien. Der Fußballsatirehausmeister Tom Theunissen produziert konfus geschnittene, abgründig nichtige Einspieler (»Malente ruht erbarmungslos in sich selbst«, »Mittwoch in der Meistermachermetropole Malente«), der peinliche, das Laienschauspiel im läppisch-jovialen Zwinkerzwinkertonfall krönende Plauderoheim Reinhold Beckmann tapert mit seinen Gästen durch Gänge und Treppenhäuser, und irgendwann krault Horst Hrubesch auf der Couch im »Bernsteinzimmer des deutschen Fußballs« des Moderators zehnjährigen (ja, das erfahren wir) Hund, der gestern ausgiebig übers pittoreske Gelände strolchen durfte. Das haben sie sich beim Sat.1-*Frühstücksfernsehen* abgeguckt, allwo jahrelang eine mopsige Mikrodogge herumhoppelte. Ein Hund, ein Hund! Ein Sendeplatz für einen Hund!

Hier, in dieser »etwas wahnsinnigen Männer-WG«, ist nichts mehr zu retten. Es gibt nichts zu bereden, es gibt gar nichts, das »Nullmedium« (Hans Magnus Enzensberger) Fernsehen kommt zu sich, und daher ist *Beckmanns Sportschule* eine ehrliche Veranstaltung. Die Minuten schleppen sich dahin, als hätten sie Beton im Schuh. Jeder Satz läuft ins Leere, die Sprache schmilzt im Fonduetopf. Selbstironie, derer sich alle an diesem telemedialen Armageddon Beteiligten zu befleißigen suchen, ist keine, sobald sie sich als solche zu erkennen gibt. Sogar der einst muntere Alttrainer Hans Meyer wirkt so verkrampft und bemüht, wie der ganze bebilderte Klumpatsch daherkommt.

Trotzdem habe ich etwas gelernt. »'72 [sic!] Mexiko mit der Hitzeschlacht gegen Italien« (Christoph Daum), das war schon was. »Essen hat immer 'ne große Rolle gespielt« (Meyer), gut zu wissen, im nachhinein, »Lifekinetik« (Daum) ist heutzutage voll wichtig, »Muskelgeschichten kannst du so schwer greifen« (Nowotny), und »am Ende geht's halt darum, dieses Spiel positiv zu gestalten, man muß einfach den Erfolg haben, um einfach gut zu sein«, wie der wohltuend minderfröhliche Horst Hrubesch meinte.

Was allerdings dieser vom ehemaligen St.-Pauli-Profi Nico Patschinski dargestellte, nunmehr aus Einfallslosigkeit zusammen mit dem Haargelungeheuer Wiese vor eine Videospielkonsole plazierte »EM-Bestatter« soll – das fragen Sie bitte jemand anderen. Ich weiß es nicht. Ich weiß es einfach nicht. Oder, mit Verlaub: Wie viele »charakterlose Tragödien« (Aristoteles), wie viele Idiotien soll diese Welt noch aushalten?

Der Schrei nach Erholung oder: Der Namenloseste

Zu Beginn der Europameisterschaft räumte der ehemalige Fußballradioreporter Manni Breuckmann ein, »daß Fußballkommentatoren zwangsläufig irgendwas falsch machen«, und konstatierte, das »Reporter-Bashing« sei »zu einer Art Volkssport geworden«.

Kaum etwas anderes liegt daher näher, als nach dem Abschluß der Gruppenphase eine sportlich faire, gleichwohl selektive mediale Zwischenbilanz zu ziehen – und zwar in den Kategorien Sendungen, Experten und Kommentatoren. Wenigstens grob orientieren wollen wir uns dabei an dem Postulat des Medienwissenschaftlers Michael Schaffrath von der Universität München, unsere gescheiten Fußballjournalisten müßten – cum grano salis – über »eine große Fachkompetenz und eine große Vermittlungskompetenz« verfügen.

Sendungen

ARD – Fürs erbauliche *Morgenmagazin* strolcht Peter Großmann schwer strunzend durchs frivole Frankreich, als Intellektualerscheinung vollkommen überragend und vorbildlich sprachzermalmend und politisch maßstabsetzend: »Ein langes Thema hier in Frankreich ist auch heute aktiv – nämlich Streiks.«

Doch, es gehört schon eine öffentlich-rechtliche Karriere dazu, um in einem einzigen kurzen Satz zwei stilistischen Holzhämmern und einem Grammatik-GAU Unterschlupf zu gewähren. Und im Hinblick aufs Achtelfinale wollen wir uns artig Großmanns am 17. Juni von der Leine gelassene Prognose merken: »Die Nordiren werden auf jeden Fall geil sein.«

Die rumpeligen Wörter macht desgleichen der Verpackungs- und Sinnabwrackbramarbas Alexander Bommes unentwegt »hübsch« (Reinhold B.). »Hast du schon ein bißchen was schnuppern können?« fragt er eine der zweihundertelf Fieldreporterinnen (in diesem Fall: Jessy Wellmer). Irgendein Spieler hat »einen Verkaufspunkt«, der Dutt-Dude Ibrahimović sei »ein Leitelch« (Elchtest nicht bestanden, setzen, sechs), ein Tor sei der »berühmt-berüchtigte Brustlöser« (gibt's den bei Erkältung auf Rezept?), und anläßlich der Begegnung Belgien gegen Irland sinnierte der Bommelkopp über »die andere Kehrseite der Medaille« und entdeckte dergestalt die bislang unbekannte dritte Dimension einer Münze.

In summa: Betragen ungenügend. Beziehungsweise: »Wir haben's zur Genüge schon penetriert.« (21. Juni)

ZDF – Thomas Skulski im *Morgenmagazin*. Jedesmal aufs neue reiben wir uns die Augen und die Ohren. Ein Mann bester alter Schule. Stilsicher, frei von jeglicher Renommierattitüde, ein Ausbund an Dezenz und Seriosität. Eine veritable Wohlgestalt.

Sat.1 – Fünf Stunden lang robben sie bei *live ran* (Teaser: »*ran* never stops«) im Quotenkeller herum. Moderator Frank Buschmann, der vermutlich grellste Geck der Gilde, gibt, nein: gab (Gott sei Dank, es ist vorbei) auf einer Sperrholzpopschrottbühne im

Europa-Park Rust vor einer mit Bier bei Laune gehaltenen Claque den Spektakelspaßvogel, der, von sich selbst sternhagelvoll, Gurkenspiele zu Weltsportknüllern mit »Toren, Buden, Hütten« hochquasselte (»Ach, sind das schöne Bilder hier!«). Dazu ein mental dezidiert demolierter Social-Media-Animateur namens Icke Dommisch, der das Duz-Fernsehen (»Schickt uns eure Bilder!«) durchs Vorlesen von Facebook-Gefasel endgültig in die Erbsen ritt.

Zuletzt nicht vergessen seien die »zwei absoluten Erfolgstypen« (Buschmann) Matthias Killing und Mirko Slomka vor Ort in Paris, die, im »EM-Fieber«, von vorne bis hinten und von oben nach unten »alles toll« fanden.

Im Wiederholungsfall möge *live ran* mit *Beckmanns Sportschule* fusionieren.

Experten

ARD – Ein Datendienstleister namens Acxiom hat kurz vor der EM herausgefunden, daß der Fußballfan an und für sich: tatsächlich Fußball mag – und sogar gern ins Stadion geht. Donnerlüttchen. Ein anderes Statistikunternehmen, Impect (ein, mit Ernst Huberty zu raunen, Name, den man sich merken muß), hat dem »Fußball-Klugscheißer-Sprech« ein neues »Quatschwort« *(taz)* zugeschustert: das »Packing«, das eine Meßgröße bezeichnet, mit der die Zahl der durch einen langen Paß überspielten Gegner erfaßt wird.

Mehmet Scholl war einmal die große weiße Hoffnung des schwarzrotgoldenen Kanals. Mittlerweile spüre er »das Adrenalin bis in die Haarspitzen«, sobald ein Match der Germanen bevorstehe, und genauso überdreht und besinnungslos redet es dann aus ihm heraus: »Die Qualität des Toreschießens war immer da« (über Mario Götze), die Nordiren »machen Aua«, und Thomas Müller solle »seine Laufwege anbringen«. (Trefflich jedoch: »Der Russe ist raus – und zwar ohne Applaus.«)

Dito Kompagnon Opdenhövel folgt als Vertreter der jüngsten Fußballhotness und -hipness (»Der ist richtig heiß«) willfährig der allgemeinen Direktive, im Sekundentakt anything für »Wahnsinn« und »unglaublich« zu befinden. »Einen Zaunpfahl geschmissen Richtung Kritiker« (Opdenhövel) hat Scholl indes selbst durch sein närrisches Herumhantieren mit diesem neusten heißen Pseudoanalysespielzeug respektive -tool (»Das ist ein klassischer Packing-Paß«). Dafür mag es zwar Fleißpunkte regnen (Packing bei Deutschland gegen Nordirland: 47:16), allein, wir empfehlen Herrn Scholl die Rückbesinnung auf den legendären Oskar Klose, der die wenigen Informationen, die er fürs Kommentieren benötigte, auf einer Zigarettenschachtel notierte, oder er nehme sich ein Beispiel am ZDF-Reporter Martin Schneider: »In allen meßbaren Daten liegt die Schweiz vorn [...], all das, was wir ja auch sehen.«

Dessenungeachtet warten wir fiebrig und fickrig auf die Inthronisation des Frackingfußballs, bei dem Chancen dann endlich erschlossen und gefördert und nicht mehr bloß »kreiert« (aaarrrgghh!) werden.

ZDF – Gegenüber früheren Turnieren stark verbessert und nachgerade in Topform agiert Oliver Welke, der das ganze Brimborium offenbar und zu Recht nicht länger allzu ernst nimmt und sich beispielsweise über die »Zwergenaufstands-EM« mokiert. Ihm zugute kommen zudem ab und an überraschend erhellende Hintergrundberichte etwa über kroatische Faschisten, die er angemessen anmoderiert (»Die Damen und Herren von der UEFA ermitteln sich einen Wolf«), hoch anzurechnen sind ihm obendrein Fachgespräche (in Sachen Hooliganismus et cetera), die er elegant meistert.

Klassenbester – gewissermaßen nachträglicher Weltmeister in einer eigenen Gewichtsklasse – ist zweifelsohne Oliver Kahn. Man dürfe nicht zu lang in die Eistonne, wolle man abends noch weg, erläutert er, ein andermal richtet er den süffisanten Blick schräg in die Ferne, und »das mediale Gedöns, das langweilt« ihn ohnehin.

Bei aller gerechtfertigten Begeisterung für das Naturereignis eines unhaltbaren Schusses oder für eine rühmliche Torwartparade – Kahn besitzt im verfußballerten Fernsehen die aus einem beinahe begnadeten Stoizismus erwachsene Deutungshoheit (»Ich versteh' nicht das Spiel. Ich versteh' nicht, was sie spielen wollen«) und ragt aus dem Palavermorast leuchtturmartig heraus. Unsere Nannywelt verlacht und verachtet er (»Das geht den Spielern natürlich irgendwann auf den Geist, wenn dauernd diskutiert wird über Badelatschen und Disziplinlosigkeit«), Ronaldo tituliert er als »Marketingfritzen«, wir begrüßen das rundheraus. Wünschenswert wäre allenfalls, griffe er gelegentlich – wie noch bis vor kurzem Giovanni Trapattoni auf RAI – zu dem einen oder anderen gepfefferten Kraftausdruck, verflucht noch mal!

Sat.1 – Jonas Hummels wollte hinsichtlich der deutschen Mannschaft »die Tendenz ein bißchen nach vorne legen«, er soll's weiter probieren und »auf die Kette kriegen« (Buschmann). Marcel Reif (wie konnte er nur in diesen Affenzirkus hineingeraten?) bleibt unantastbar (»Diagonalbälle von Boateng über Hunderte von Metern«). Wenn jemand die sprachliche Geste des Abwinkens (»Lassen wir's gut sein«) zur Kunstform entwickelt hat, dann die wohltemperierte Stimme der Vernunft mit den »vielen Ganglien« (Reif).

Und am ersten Abend, zu später Stunde, plötzlich ein Moment wie ein Wetterleuchten – als Serdar Somuncu dem parasakralen Fußballgebrabbel in die Parade rauscht, die Mainstreammedien zerlegt und sich das gemeingefährliche Gegröle bezüglich bevorstehender »Fußballschlachten« verbittet.

Da schau her. Man lernt nicht aus.

Kommentatoren

ARD – In der 19. Minute der Partie Deutschland contra Nordirland glaubte Tom Bartels, der die aktuellen Fußballmodedummwörter »Struktur« (im Spiel), »formiertes Spiel« und »Signatur des Spiels« emsig im Munde führt, den »Schrei nach Erholung bei den Nordiren« zu vernehmen. So viel Einfühlungsvermögen oder Feingehör verdient Bewunderung.

Schon während des Eröffnungsspiels erspähte der Seher Bartels den »Versuch von Nadelstichen«, bei Spanien gegen Tschechien entdeckte er einen »Namenlosesten« und außerdem einen »falschen Zuspieler sozusagen«; was in seiner Rätselhaftigkeit alsbald durch einen sehr, sehr tiefen Satz noch überboten ward: »Der Zweck soll seine taktischen Mittel heiligen.«

Sei's drum, »Flanke macht keinen Sinn«, entfuhr es Bartels ein andermal, weil Flanken halt nichts machen, sondern einfach, äh, geflankt werden, und der

Sinn des Lebens läßt sich auch nicht flanken, aber es ist in diesem Spracheintopf sowieso schon alles wurscht und bravourös beieinander. »Hei!« und »Heijeijei!« (Reinhold B.), be- und gesungen seien solche Sätze sowie bombastisch begleitet von Spielmannszügen und Blaskapellen, denn, ihr Lieben, seht es ein, alles ist, mit Nina Ruge und Eichendorff zu jauchzen, gut, ja sehr gut, und auf dem Platz, da sind die »Krieger unter sich«, die »in den lucky clinch gehen« (Türkei – Kroatien), horrido.

Apropos, »weil wir gerade so am Zitat-Schätzen sind« (Reinhold B.) – das Genie Steffen Simon, dieser Trivialitätstitan mit spielinterpretatorischer Komplettkompetenz, dessen »Wortbegleitung zum Bild« *(Tagesspiegel)* so gehaltvoll ist wie ein Plastiksackerl auf dem Meeresgrund, braucht zwei Stunden, um mitzukriegen, daß jemand gefoult wurde, alldieweil er damit beschäftigt ist, seine Formulierungsdiamanten zu schleifen: »Kerniger Vortrag der Rumänen« (bei den Hymnen). »Es sind viele Verletzte ausgefallen.« – »Die Zeichen wieder positiv stellen.« – »Gegen den Ball arbeiten.« – »Das permanente Einstarten« in die »Schnittstellen«. »Die Eingabe perfekt eingelaufen von Witsel.« – »Das Bällchen«, »saftiger Einsatz«, »langsam durchknabbern«, mmmmmmhhhhh, lecker.

Die *Welt* attestiert Simon und seinem »Erzählquark« ein »breites Repertoire lebloser Phrasen«. Das ist ungerecht und falsch. In seiner Funktion als unangefochtener personifizierter Höhe-, ja Scheitelpunkt der rhetorischen Rundumraserei nämlich ist Steffen Simon vor allem der König der Katachrese. Die Sentenz »Das war der Auslöser für den Dosenöffner, den die Belgier brauchten«, die macht ihm auch in den nächsten zwanzig Jahren keiner nach.

ZDF – Zwei elementare Erkenntnisse der Sprachphilosophie: »Die Bedeutung eines Wortes ist sein Gebrauch in der Sprache« (Wittgenstein), und der Zweck des Gebrauchs der Wörter ist, daß man's sagt.

Und deswegen verneigen wir uns vor Béla Réthy, der zumal Altersangaben innig liebt und von seinen schlauen Zetteln abliest, bis zur Grasnarbe. Damit es mal gesagt wurde, sagt er: »Ein hochverdientes 0:0.« (England – Wales) Unmittelbar anschließend: »Gareth Bale hat seinen eigenen Friseur mitgebracht. Ja, hat sich gelohnt.« Prima. Eins mit Mappe.

»Startspieler«, »Aufbaupille«, »Cristiano Rolando« – so sprudelt und tölpelt es munter vor sich hin, und da »diese Logik nicht ganz nachvollziehbar«, genaugenommen komplett zuschanden ist, sei Béla Réthy gepriesen, mit dem »Gesang der Elfen, der Hymne der harten Männer« aus Island, wenn nicht gar mit dem Gesang der Sirenen, der Odysseus um den Verstand brachte.

Anders gemaunzt: Bitte eine Reporter-Cam für Réthy. Und auf den Kanal Audiodeskription für Sehbehinderte umschalten. Der dortige Kommentar ist versiert, präzise, unaufgeregt, radioartig im besten Sinne.

Sat.1 – Nicht versetzungsgefährdet: Hansi »Innenweitschuß« Küpper, vormals WDR. Küpper hat alle Tugenden des Radiovirtuosen wohldosiert ins Fernsehen hinübergerettet, ordnet das Geschehen auf dem Platz korrekt ein, kennt fußballhistorische Kontexte und läßt die Luft aus dem Ball, sofern ein Grottenkick wie Rumänien gegen Albanien das gebietet.

Die ARD gebe sich einen Ruck und hole ihn zurück. Aber presto!

Bringt es Peideilski nicht mehr?

Was ist denn gerade beziehungsweise seit zwei Wochen mit der von dem Medienwissenschaftler Michael Schaffrath dingfest gemachten »Fußballisierung der Gesellschaft« los?

Nix is' los.

»Wenige Deutschlandfahnen, leere Fanmeilen«, stöhnt die *Welt*. Die Wurstweck- und Bierbecherverkäufer ziehen kollektiv ein Gesicht wie zwei Jahre Dauerregen, in den Brauereien, Metzgereien, Brezelmanufakturen und Preßkopffabriken herrscht gezwungenermaßen der Schlandrian, das »Wir-Tum« (Schaffrath) hat sich verkrümelt, »die Stimmung stimmt bisher nicht«, »das Schland-Gefühl ist weg« *(Welt)*, ausgezogen, unbekannt verzogen, ausgewandert, es ist gräßlich und zum Greinen, es ist eine Schlande.

Seit einem Dezennium feierte der Schlandismus im Zweijahresrhythmus feucht-freche und weiß Gott ja auch furios-fürchterliche, korrigiere: flamboyant-fröhliche Urständ, und jetzt soll es das mehr oder weniger einfach so gewesen sein, Sense, Schicht, Mahlzeit, Prost, na, darauf erst mal ein ungepflegtes Mittagsfrustverarbeitungspils vom Kiosk, Herrgott noch eins.

Nach den gesellschaftlichen Klimaumwälzungen im Zuge der WM 2006 hatte sich hurtig eine neue Wissenschaft etabliert, die Schlandologie (Stichwörter: »das andere Deutschland«, »das schönere Deutschland«, »das geilere Deutschland«), der segensreich grassierenden Schlanderitis verdankten seither Heerscharen von Forschern (Sozioethnologen, Politethologen und Psychosemiotikern), Feuilletonfröschen und Fernsehhälsen Lohn, Brot und Mittagspilsbier. Nun et nunc stehen sie allesamt gewissermaßen vor dem Nichts, der Schlund, Korrektur: der Schland der Bedeutungs- und Beschäftigungslosigkeit gähnt sie an, und das alles ganz plötzlich und ohne Robotik und Digitalflitzpiepenfirlefanz, Mensch, Mensch, Mensch, zum Schlanderker auch!

Autos, Balkone, Küchenfenster, Kneipenfassaden, Straßen, Plätze, Plätze, Straßen, Kneipenfassaden, Küchenfenster, Balkone, Autos und Aborte – alles war bei Fußballgroßkampfereignissen aufs scheußlichste, korrigiere mich: aufs schönste verschlandet, alles war aufs schlanderhafteste, korrigiere mich abermals: aufs schlandhafteste schlandrifiziert. Fußball war ein Schlandonym für Deutschland und umgekehrt, an jeder Hausecke und in jedem Schlandloch lungerte mindestens ein Schlandianer herum, eitel Sonnenschein, Friede, Freude, Eiersalat, hipp, hipp! Und jetzt: Feierabend. Beziehungsweise halt nix Feierabend, so gut wie jedenfalls.

Worin mögen die Ursachen, ja geradezu die Gründe für den Niedergang des Schlandinismus begraben liegen? Terrorangst? Unwahrscheinlich. Wetter? Es gibt ja Anziehsachen. Bedenken angesichts der schlandesweit schlanderlichen Bierausschank- und Wurstrüberreichqualität? Müßte drüber nachgedacht werden.

Andere (*Welt, Welt Kompakt, Welt Pocket*) vermuten, Möller und Üzil, Schurrle und Hümmels, Peideilski und Schwonstoger zögen nicht mehr recht und nicht mehr richtig, hätten an Zugkraft und an Zug zum Tor verloren, die einst jungen Hüpfer könnten bei den »Fans« (Fachsprache) nicht mehr schlanden. Schlüssig – oder nicht?

Was täte, was tut not, ungeachtet solcher Spekulationen? Was gegen das Schlandrom, unter dem unser liebes Land leidet, unternehmen? Wie der lahmenden Schlandifikation mit unseren ballsportelnden Buben wieder auf die Beine helfen? Wie dem Schlandizismus neues Leben einhauchen und einpeitschen? Hülfe es, flöge unsere oberste Jubelpatscherin, die Bundesschlandlerin, endlich, endlich mal nach Frankreich?

Rufen Sie an! Machen Sie Vorschläge! Und lassen Sie uns das am Kiosk bei mir im Viertel bei acht, neun Nachmittagseinläutungspilsbieren besprechen. Sláinte! Korrigiere: Schlandé!

Bevorstehende Eßvorgänge

»Wie schön wäre das denn, immer und überall Fußball gucken zu können?« fragte sich am 14. Juni ein süßlich tschilpender Strahleganter in der himmlisch marmordoofen RTL-Sendung *Guten Morgen Deutschland*. Den Volleyschuß nicht gehört, guter Mann? Den Anpfiff verpennt? Dat jeht doch, Alter! In, deinen Vollpfostenladen ausgenommen, nahezu allen Programmen und beinahe sämtlichen Formaten, Kamerad Schnürschuh!

Nun mögen die unbelehrbaren und bedauerlicherweise noch immer nicht nach Nordkorea oder Südfrankreich verbannten Kritikaster und notorischen Nörgler herumnölen, unter der Ägide des einmal mehr freudetrunken zelebrierten Fußballs müsse aber auch noch der allerletzte Reizüberflutungsrotz in den Äther gedroschen werden. Nun mögen sich diese sehr zweifelhaften Leute ereifern, mit der Gülle, die seit vierzehn Tagen durch die Medienkanäle fließt, ließe sich die Sahara urbar machen. Und nun mag Wolfgang Herles, der ehemalige Leiter der Redaktion der ZDF-Kultursendung *aspekte*, ätzen und zürnen, der Fußball lasse »den Programmauftrag implodieren«, sei insbesondere dieser Tage, da er sogar die Pausennachrichten in Beschlag genommen hat, »die absurdeste und aberwitzigste Sendezeitverschwendung« seit der Seßhaftwerdung des ohnehin bescheuerten Homo ludens und habe eine »Diktatur der Dummheit auf Gebühr« installiert – wir sehen das indessen so leger und bergwerktiefenentspannt wie der in der Nirwanashow *EM aktuell* auf Sport1 zum »Bundesbuddha« ernannte Nationalcoach Joachim Löw.

Gottchen, im übrigen ist ja richtig: Vor vier Jahren, vor der EM in Polen und der Ukraine, hatten sich Tom Bartels und Béla Réthy in einem Zeitungsinterview gegen jegliche »Form der Zensur« ausgesprochen. Es sei »unmöglich«, so Réthy damals, daß »die reine Ware [Fußball] präsentiert werden soll und nicht die Realität«; weshalb die beiden kreischenden Kommentatorenkracher in den ersten zwei wunderbaren Wochen nun konsequenterweise nicht ein einziges Wort dazu verloren, wie die Fernsehanstalten auch heuer wieder – und aus freien Stücken – vom federführenden Verband am Gängelband durch die Manege gezerrt werden.

Freilich: Paramilitärischer Pöbel, Randale, rasende Mobs – und ARD und ZDF zeigen weitgehend »das klinisch reine Fußballvergnügen« und »senden ungekennzeichnet Massen an UEFA-Promomaterial«, mosert die *taz*. Doch wir labten uns beispielsweise an Mareile Höppner, die gleichfalls am 14. Juni im vortrefflichen ARD-Boulevardmagazin *Brisant* schnurrte: »Man kann ja zum Beispiel auch mal reden über die neue Frisur von Schweini.« Wir ergötzten uns an der *Tagesschau* vom 15. Juni, in der die Rangiermanöver des deutschen Teambusses vor dem Stade de France in extenso zu verfolgen waren. Wir feierten innerlich eine Messe, als auf Tagesschau 24 darüber sinniert wurde, ob »die sozialen Netzwerke eine neue Stufe erreicht haben« und wie dufte es sei, daß jetzt mit laufenden Handybildern belegt sei, »daß Podolski auch ein sehr formidabler Basketballspieler geworden wäre«.

Wir frohlockten, als Markus Othmer vom BR am 16. Juni im ARD-*Mittagsmagazin* bezüglich bevorstehender Eßvorgänge im DFB-Lager zu eruieren versuchte: »Was steht auf dem Speiseplan?« – und anschließend die Rolle des Vor-dem-Hotel-Herumlungerers entschieden glorreich interpretierte, indem er irgendwas über all die Orakels, ja, genau: die Orakels, aus seinem Kopf herauskramte, mithin über, weiß der Geier, Blindschleichen, Grottenolme und Maulwürfe, die den Ausgang des nächsten Spiels mit deutscher Beteiligung vorhersagten.

Jedesmal wieder jauchzten wir, sobald Katrin Müller-Hohenstein zugeschaltet wurde, das fleischgewordene fröhliche Gemüt, das aus dem Gute-Laune-Haben nicht und nicht mehr herauskommt, nicht mal angesichts der verheerenden »Rasenkatastrophe« in Lille und der entsetzlichen »Hotelprobleme« in Roubaix, die die deutsche Auswahl plagen.

Jeder Tag, den uns KMH und die gesamte Lach- und Schnatterblase versüßen und verkleistern, ist, mit Anna Kraft vom ZDF zu pienzen, ein »Sahnetag«, zumal wenn Frau KMH mit Mark »Macht das Sinn?« Forster haarsträubend juxend über Einlaufkinder schwatzt, die die Nationalhymne herunterleiern können müssen, oder wenn beim Schmunzelmeister Alexander Bommes Herbert Grönemeyer und Felix Jaehn ihre vom *musikexpress* in Grund und Boden gestampften »Tropical-Großraumdisse-House-Beats« mit »pathetischem Wir-halten-alle-zusammen-sind-ein-Team-Chorus« intonieren.

Ja, »es geht auf und nach vorne, / Eine neue Aufgabe, / Es wird gespielt, nicht verlor'n. / Im Ball der Gefühle, / Als Teil der Symphonie, / Alle Gedanken geben auf, / Ein Wurf, Dein Team.«

Wie schrieb Max Horkheimer in den dreißiger Jahren des vergangenen Jahrhunderts? »Im Spätkapitalismus verwandeln sich Völker [...] in Gefolgschaften.« Fußball, wir folgen dir!

Auf halbmast gekocht

Wir sitzen im Vorzugswirtshaus *Zum Deutschen Michel* im Frankfurter Gutleutviertel. Thema unseres Fachgesprächs: das Viertelfinale Deutschland gegen Italien. Teilnehmer: Elena (8, Frankfurterin), ihre Mutter Manuela (gebürtig aus Westfalen) und ihr Vater Otello (gebürtig aus Latina in der Nähe von Rom).

Elena, du bist die Expertin. Hat Spanien das Achtelfinale verdient gewonnen, äh, Quatsch, Italien?

Elena: Ja, Italien hat's verdient, weil die schon seit vielen Jahren versucht haben, Spanien zu schlagen, und sie es jetzt endlich geschafft haben. Ich fand dieses Spiel auch relativ lustig, weil der Trainer dauernd rumgeschrien hat und am Ende auf so 'n Dach raufgesprungen ist. Und wie der Papa so schön gesagt hat: Die Spieler sind das Videospiel, und er ist der Joystick.

Der Antonio Conte ist ausgesprochen wichtig, Otello, oder?

Otello: Er ist seit mindestens dreißig Jahren der erste Nationaltrainer, der sich nicht auf einen besonderen Spieler stützt. Wir haben zum erstenmal ein Team. Keiner ist wichtiger als der andere, und Conte ist der Führer.

Manuela: Deshalb heißt er ja auch Conte.

Was heißt denn Conte?

Manuela: Graf.

Otello: Der Graf. Anton Graf aus Apulien. Wir als Fans von Juventus Turin – Conte hat damals mit Zidane zusammengespielt – kennen ihn seit langem als Charakter, als Temperament. Später, als Trainer von Juve, von 2011 bis 2014, hatte er auch diese Energie. Der Spielfeldrand war und ist sein Regieraum. Gegen Spanien hat er zweiundneunzig Minuten lang Befehle gegeben, einen pro Sekunde. Wie sag' ich immer? Im Fußball gibt es keine Freiheit. Es geht nur um Module und Regeln. Das ist das Besondere an den Italienern.

Das ist das Geheimnis des italienischen Fußballs? Daß es keine großen Künstler gibt? Die hattet ihr doch mal! Pirlo …

Otello: Früher, ja. Heute geht es ums Kollektiv. Das hatten wir vorher nie.

Manuela: Der Unterschied zum deutschen Team ist: Die Deutschen brauchen keinen Conte, der an der Seitenlinie diesen Zirkus aufführt. Der Löw sitzt da, und die Spieler spüren sich gegenseitig, im Rücken, links, rechts. Die wissen genau, wer wo ist und wer wo hinläuft. Die haben so einen Wahnsinnigen gar nicht nötig.

Otello: Aber mit Conte spielen wir mit zwölf Spielern!

Elena: Das Schöne an Conte finde ich, daß er, weil er dauernd schreit, nach neunzig Minuten nicht mehr sprechen kann.

Also zwei grundverschiedene Mannschaftsideen. Die Deutschen brauchen keinen Einpeitscher, und …

Manuela: Genau. Völlig richtig.

Wie spüren die sich?

Manuela: Das sieht man an der Art, wie sie spielen. Die haben dieses Jahr ein totales Feeling füreinander. Das war noch nie so.

Du bist Schauspielerin. Erklär mir das mit dem Feeling.

Manuela: Die haben ein Platzgefühl, wie in einem Ensemble. Sehr, sehr selten geht mal ein Ball ins Nichts. Die sind wie durch unsichtbare Fäden miteinander verbunden und empfinden das Feld als theatralischen Raum, als Bühne.

Und das italienische Modell folgt dem alten Führerprinzip?

Otello: Genau.

Elena: Haha.

Otello: Auf italienisch sagen wir »selezione« – nicht eine Auswahl der besten Spieler, sondern eine Auswahl nach dem Kriterium der Funktionalität innerhalb des Moduls von Conte. Wir haben mehrere Spieler zu Hause gelassen, weil sie nicht funktionell sind. Das ist das System Juventus Turin. Vor vier Jahren gab es zum Beispiel die Möglichkeit, Antonio Cassano nach Turin zu holen. Aber Cassano hat gesagt: »Nein, ich gehe nicht nach Turin. Ich bin kein Soldat. Fertig. Ich will meine Freiheit haben.«

Conte ist der Feldherr, der oberste Krieger, und die Soldaten funktionieren nach einer bestimmten Schlachtordnung?

Otello: Korrekt. Und schon beim ersten Spiel, gegen Belgien, hast du gesehen, wie groß das Vertrauen der Spieler in Conte ist. Sie wissen, daß es funktioniert. Sie lassen sich einfach führen. Kein Problem. Sie gehorchen seinen Anweisungen.

Elena: Der Conte ist lauter als das ganze Stadion. Oijojoooo!

Du hast eine deutsche Mutter und einen italienischen Vater.

Elena: Ja, das ist sehr schwierig.

Für wen bist du denn jetzt? Für deine Mutter oder für deinen Vater?

Elena: Für beide. Das ist eine richtig schwere Entscheidung.

Manuela: Wir sagen dann immer, der Bessere gewinnt, nicht wahr?

Elena: Ja, ja. Ich glaube, es wird am Samstag ziemlich ruhig zwischen den beiden.

Manuela: Mama schaut woanders. Ich schaffe es nicht noch mal, das Spiel zusammen mit deinem Vater zu gucken. Das letztemal, bei der EM 2012, das war nicht gut.

Otello: Warum war das nicht gut? Das war supergut!

Manuela: Weil du dann genauso arrogant und überheblich wie Conte durchs Wohnzimmer hüpfst! Ahhrrr, das mach' ich nicht noch mal mit. Aber warte mal ab. Ich komm' dann heim und sag': »Tja, Schatz.«

Ich wollte keinen Familienstreit provozieren. Conte hat übrigens auch gesagt, daß eine Mannschaft eine Zusammenstellung von dreiundzwanzig Träumern sein müsse. Man unterstellt den Italienern ja gern das Träumerische, das Romantische als Wesenszug. Das wäre das Gegenteil von der Idee der dressierten Spieler, des Drills.

Otello: Nach seinen drei Jahren als Trainer von Juve waren die Spieler komplett am Ende. Der permanente Druck, der Streß hat sie fertiggemacht. Conte selbst hat gesagt, der Zyklus sei abgeschlossen. Mehr war nicht rauszuholen. Er hatte sie komplett ausgesaugt.

Manuela: Habt ihr in der Nationalmannschaft nun Träumer – oder nicht?

Otello: In der Offensive gönnt man sich im Prinzip einen für die Phantasie. Pirlo war so einer, ein Intellektueller, ein sensibler Mensch. Jetzt haben wir aber überhaupt keinen Star. Balotelli sitzt zu Hause rum. Auch im Angriff träumt niemand mehr.

Vorne hilft euch immer Gott.

Otello: So ist es. Aber wir haben keinen Baggio, keinen Zola mehr, keinen Künstler, der auf den günstigen Moment vertraut.

Manuela: Ihr habt Träumer. Pellè ist zum Beispiel einer. Die sind nicht bloß Kämpfer, die wirken schon auch freudig. Diese Energie. Wir schaffen das.

Otello: Nein, nein. In der Squadra Azzurra gibt es keine Träumer. Die denken ausschließlich von Tag zu Tag. Konzentration und Effizienz.

Conte hat gesagt, Deutschland sei die stärkste Mannschaft. Elena, siehst du das ähnlich?

Elena: Das seh' ich ähnlich. Italien ist zwar schon ziemlich gut, aber Deutschland ist besser. Das sieht man an Joachim Löw, der ist ganz ruhig.

Manuela: Die einzige Gefahr für Deutschland ist die Mentalität. Wenn ich das jetzt schon wieder höre: der Angstgegner! Psychologisch sind die jetzt schon wieder auf halbmast gekocht. Italien ist immer ein psychologisches Problem gewesen, weil die Italiener die stärkeren Nerven haben. Was die Deutschen jetzt brauchen, ist Biß nach vorne und Obacht in den Momenten kurz vor der Pause und kurz vor dem Abpfiff.

Wenn die Deutschen kein schnelles Tor machen, werden sie ein Problem bekommen.

Otello: Richtig.

Manuela: Weil die Italiener, diese dynamischen, temperamentvollen Burschen, die Deutschen dann psychologisch mehr und mehr unter Druck setzen.

Otello: Die Deutschen waren für die Italiener noch nie eine Überraschung. Gegen Deutschland spielen sie seit ewigen Zeiten das gleiche. Im Notfall haben sie immer eine taktische Alternative in petto.

Sie wechseln auf einen Wink von Conte von einer Sekunde auf die andere einfach das Asset.

Manuela: Deshalb kann ich das Spiel nicht mit dir gucken.

Der italienische Nationaltrainer ist ein Operndirigent, der dem Orchester sagt: »Wir spielen jetzt nicht mehr Dur, wir spielen Moll.« Wir spielen jetzt nicht Angriff, sondern Verteidigung.

Otello: Ja. Wir warten jetzt mal zehn Minuten ab. Und wenn der Gegner irgendwann unaufmerksam oder müde geworden ist, schlagen wir zu.

Ich kriege das mit der italienischen Kultur nicht zusammen. Für mich zeichnet sie sich unter anderem durch ein großartiges Laisser-faire und ein wunderbares Laisser-aller aus.

Otello: Aber italienische Fußballer verfügen über eine tiefsitzende Aggressivität – keine böse, eine positive Aggressivität, eine enorme Präsenz. Das lassen sie den Gegner spüren. Und es ist absurd: Alles, was in Italien mit Sport zu tun hat, ist sehr gut organisiert. Das hat damit zu tun, daß man immer sofort Ergebnisse sehen will. Langfristige Planung zählt im Leben nicht. Was in zwanzig Jahren ist, interessiert niemanden.

Elena: Ich wollte noch was zu den beiden Mannschaften sagen. Ich finde, daß sich die Torhüter richtig ähnlich sind. Die haben die gleiche Art, aufzupassen und die Bälle zu halten.

Wie wird's denn ausgehen?

Elena: Hm.

Otello: Deutschland hat eindeutig die besseren Einzelspieler. Sie dürfen sich nur nicht aus dem Konzept bringen lassen.

Das Theatralische war bei den Italienern stets auch ein strategisches Motiv.

Manuela: Die aktuelle Mannschaft finde ich überhaupt nicht theatralisch. Obwohl, Italiener haben eine Art Theatralität der Zusammengehörigkeit mit der Muttermilch aufgesogen.

Das Familienmodell. Die Mannschaft als Familie.

Otello: Stimmt. Die verschworene Gemeinschaft. Und zwischen den Familien gibt es keine Verbindung. Deshalb funktioniert die italienische Gesellschaft nicht. Man kapselt sich ab. Intern, innerhalb der Familie, funktioniert alles prima. Jeder hilft jedem, und jeder Angriff von außen wird gemeinsam abgewehrt. Doch schau dir die Infrastruktur an – völlig kaputt. Die Fassaden der Häuser – heruntergekommen. Aber in den Wohnungen ist alles komplett super. Was da draußen passiert, ist uns egal.

Übertragen auf den Fußball: Die anderen sind die feindliche Welt. Wir schließen die Türen, lassen die Rollos runter, schwören uns auf unser Ziel ein und gehen dann raus auf den Platz.

Manuela: Deswegen sind sie präsenter und emotionaler als die Deutschen. Und Buffon ist der Vater.

Otello: Auch der böse Vater. Er wirkt immer sehr sympathisch, aber in der Kabine staucht er seine Mitspieler zusammen – um sie zu motivieren.

Gewinnt ihr mit diesem Konzept am Samstag? Conte meinte, es schaudere ihn vor dem Spiel.

Otello: Das ist nur eine Pose.

Manuela: Sollten sie gewinnen, steht er dann noch größer da.

Otello: Er ist maniacale, besessen. Conte ist extrem. Er kontrolliert die Spieler rund um die Uhr. Im Grunde ist er deutscher als jeder Deutsche.

Manuela: O ja, o ja. Was für ein Sternzeichen hat denn Herr Conte?

Otello: Ich weiß es nicht. Interessiert mich nicht.

Elena: Der ist Stier.

Otello *(guckt mit dem Handy nach)*: Löwe.

Manuela: Ich hab's geahnt.

Otello: Er ist komplett verrückt.

Manuela: Und was ist Löw? Damit man mal weiß, wer da gegen wen steht.

Otello *(guckt mit dem Handy nach)*: 3. Februar.

Manuela: Wassermann. Auweia.

Löw hat auf einer Pressekonferenz gesagt: »Italiener freuen sich immer, wenn sie 0:0 spielen.«

Otello: Nein. Nein, nein. Seit fünfzehn Jahren nicht mehr.

Noch ein Satz von Löw: »Den Ball mal auf die Tribüne zu jagen und dabei zu lächeln – das können die Italiener.«

Otello: Das können wir so sagen. *(Lacht.)*

Der legendäre Kurt Brumme hat das Jahrhundertspiel am 17. Juni 1970 fürs Radio kommentiert und sich irrsinnig über das Geholze und Gehampel der Italiener aufgeregt: Sie »führen schlechte Mailänder Opern auf«. Oder über irgendeinen umgefallenen Spieler: »Wir fragen uns besorgt, ob er wohl durchkommt in diesem Spiel, ob wir ihn noch lebend antreffen werden.« Oder: »Das ist ja entsetzlich! Das ist ja widerlich, was hier gespielt wird!« Dürfen wir uns wieder auf solche Szenen einstellen?

Otello: Nein. Also jetzt mal! Hast du die Spanier gesehen? Die waren viel theatralischer! Nein, diese Zeiten sind vorbei. Durch die Globalisierung des Fußballs ist diese Attitüde verschwunden. Das geht nicht mehr. Und die Italiener müssen nicht mehr die ganze Welt kaputtmachen.

Okay. Euer Tip?

Otello: Da mußt du Manuela fragen.

Elena: Ich bin für keinen.

Manuela: 2:1 für Deutschland.

Otello: 1:0 für Deutschland. Und das sage ich als Italiener.

Du willst den Familienfrieden bewahren.

Otello: Nein. Wir denken immer negativ. Es wird für Italien schlimm ausgehen.

Ich danke euch für dieses Gespräch und biete mich dann als Scheidungsanwalt an.

Otello: Danke!

Manuela: Wir sind doch gar nicht verheiratet!

Plastinierte Seelen

Es ist ein Elend, das man kaum noch wahrnimmt – oder nicht mehr wahrnehmen will. Wenn der Bundestrainer zu sprechen anhebt, geht die Grammatik in die Knie, und die Semantik zerstäubt.

»Löw ist zweifellos ein besonders inferiorer Kopf«, urteilt Eckhard Henscheid, ein Kopf sei er, der »jeden Tag, ja manchmal pro Satz zweimal ›Wahnsinn‹ sagt – ein Sprachschatz wie ein zurückgebliebenes Kind«. Und dieses Kind baut dann zum Beispiel einen solchen Satz zusammen: »Wir können nur an unserer eigenen Seriosität scheitern.«

Es ist aber nicht bloß das »unheimlich« (Löw) infantile, automatisierte Geplapper. Löws Nullgerede à la Merkel, dieses technokratische, zerschossene Gewirr, strotzt auch – neben all den Debilvokabeln – vor, wie sie der Linguist Uwe Pörksen nennt, »amorphen Plastikwörtern« und »Amöbenwörtern«. »Besser strukturiert sein«, »sehr gute defensive Struktur«, »super organisiert«, »super Automatismen«, »mangelnde Zufuhr durch die Außenverteidiger« – so geht es in einer Tour. Es ist die Sprache einer Geisterwelt, uniform, entleert, entwirklicht.

Nicht nimmt es da wunder, daß die von Peter Sloterdijk zu »windigen Bürschchen« geadelten Spieler größtenteils affinen Sums absondern. »Der Bundestrainer sagt, was er von mir sehen möchte«, rapportiert Julian Draxler, aus Benedikt Höwedes blubbt es heraus: »Letzten Endes geht es gar nicht um mich, letzten Endes geht es ums große Ganze.« Das sind Parteiverlautbarungen, dienstbeflissen vorgetragen von bis zur Selbstaufgabe anpassungsbereiten, regredierten, unterwürfigen, moralisch einwandfreien Knaben aus der Retorte. Wo sind die Breitners, die Briegels, die Augenthalers, die Ballacks geblieben?

»Elf Engel für Jogi« war kürzlich ein Essay im Magazin der *Süddeutschen Zeitung* überschrieben. »Die Nationalspieler sind glattdiszipliniert wie nie«, hieß es weiter, und das verweise auf die »kaum noch aushaltbare Lücke, die zwischen der Verkommenheit des internationalen Fußballgeschäfts und dem moralischen Anspruch an seine Protagonisten klafft«.

Die deutsche Auswahl ist keine Fußballmannschaft aus lebendigen Individuen, sie ist ein unerhört wichtigtuerisches und ungemein fades PR-Produkt, ein Playmobil-Team aus plastinierten Seelen mit Preisschildern an der Stirn.

»Wir haben aktuell nicht den Eindruck, daß es das richtige Zeichen ist, wenn er bei uns dabei wäre«, begründete Oliver Bierhoff die Relegation von Max Kruse vor dem Turnier. Bierhoff, dieser Prototyp des smart und harmlos dreinschauenden Unternehmenskommandeurs unserer Tage, der sich damit brüstet, regelmäßig im Silicon Valley herumzuspazieren, hat die Zerstörung des deutschen Fußballs planmäßig betrieben – seine Verwandlung in eine glitzernde, degoutante und bigotte Vermarktungsmaschinerie.

»Wir müssen das tun, wovon wir überzeugt sind, und dürfen uns nicht treiben lassen von der Frage, ob und wie das ankommt«, bekundete Bierhoff jüngst gegenüber dem *Spiegel*.

Dann macht mal schön ohne mich.

PS: Heinz Strunk in der *Titanic* 10/2016: »Auf einer Pressekonferenz gebraucht Fußballbundestrainer Löw die mehr als fragwürdige Formulierung, man müsse gegen irgendwen … (irgendein langweiliges Freundschaftsspiel gegen einen *Fußballzwerg*) ›aus der kalten Hose heraus spielen‹. Typisches Sportlersprech, auf so was können wirklich nur Sportler kommen, insbesondere Fußballer. Apropos Fußballer: Auf seinem (schlecht besuchten) Abschiedsspiel hat B. Schweinsteiger das eine oder andere Tränchen verdrückt. Am nächsten Tag Straßenumfrage zu diesem *emotionalen Moment*. Darauf ein Passant: ›Ja, finde ich okay. Der Schweinsteiger ist *vom Prinzip her* ja auch nur ein Mensch.‹«

Kontingenz und Inkontinenz

Tja. »Der Schock ist da«, flennte eine stumpfbackige, seit Wochen zum erstenmal nicht schwarzrotgold verunzierte Moderatorin am Freitag morgen auf Sat.1 und flehte sinnlos, aber ungewollt fast metasprachlich reflektiert: »Habt eure Hände im Griff!«

Tja. Tja. »Das, was man im Fußball am schwersten haben möchte«, stammelte Stefan Kuntz, Europameister von 1996, im ZDF, »das, was sich nicht erklären läßt«, war eingetreten – nach dem besten Spiel einer deutschen Elf seit zwanzig Jahren. Woraufhin sich Dunja Hayali bemüßigt fühlte, trotzig rauszurotzen: »Jetzt gewinnen wir halt Wimbledon, mein Gott!«

Mon Dieu, mon Dieu. Im Mittelfeld hätten die Franzosen »eine brutal gute Macht«, hatte Joachim Löw dem Gegner vor der Partie bescheinigt. Hinterher würdigte er die »machtvolle Körpersprache« des eigenen Teams. Da stimmte überhaupt nichts mehr. Wieso bringt das Resultatspiel Fußball im Zeitalter der segenbringenden Verwissenschaftlichung kontrafaktische Ergebnisse hervor? Antwort des ausgeknockten Bundestrainers: »Wir haben kein Tor erzielt, das ist im Fußball ja immer irgendwie das Entscheidende.« Wir werden diese Erkenntnis in ein Marshmallow meißeln – zusammen mit Schneckerl Prohaskas kürzlich getätigter Äußerung: »Glück gehört halt dazu, das ist viel besser als Können.« Sowie jener von Gerhard aus unserer Frankfurter Stammkneipe: »Fußball ist ja nichts Objektives.«

Noch viel besser gefiel uns, daß ein Tresenkumpel vor dem Anpfiff auf seinem Smartphone ein Testspiel von Schalke in China anschaute – und daß die freundliche Heike einen pathetischen Einspieler über Manuel Neuer mit der Bemerkung »Scheiß Idolisierung!« bedachte und anschließend fragte, was im Kino komme. In Marburg, habe sie gehört, liefen Stummfilme von Buster Keaton und Chaplin. Chapeau!

Auf dem Platz hob König Kontingenz das Zepter, im Fernsehen Kaiser Inkontinenz, wochenlang. Kein, mit dem TV-Supertramp oder -trampel oder -champ Reinhold Beckmann zu säuseln, »kleines, süßes, niedliches Nebenthema« war zu deppert, um nicht lebensverdrießend und -verhunzend von irgendwelchen herbeigezerrten Fiffis breitgequarkt zu werden. N-tv übertrug Trainings live, auf N24 sahen wir das Insert »Physios kämpfen um Schweinsteiger«. Ebenda erhaschten wir den Satz »Ronaldo hat nichts getwittert« und lauschten dem Ballwissenschaftler Axel Kruse, der mitteilte: »Özil hatte Wandertag«, erklärte: »Manchmal machst du alles falsch und triffst das Tor« – und auf die Frage »Was sagen uns diese Zahlen, diese Paßquoten?« replizierte: »Gute Frage.«

Sat.1 versendete morgens, noch vor sechs, das Format »Pochers EM-Team«, eine pervers unkomische Parodie auf Löw und Podolski, die den Entzug der Lizenz zum Erscheinen in der Öffentlichkeit zur Folge haben müßte. Im *EM-Doppelpaß* auf Sport1 wurde im Beisein der Wonnewumme Waldemar Hartmann alles fünfmal gesagt, um es dann noch mal zu sagen. Der Präsenter Matthias Opdenhövel frohlockte: »Wir gehen jetzt mal auf den Platz und gucken uns das Warmmachen ein bißchen an«, und das famose Fangirl Katrin Müller-Hohenstein stimmte die Zuschauer auf eine – aufgepaßt! – Pressekonferenz mit den Worten ein: »Das ist ganz spannend, das zu beobachten.« Eine Pressekonferenz. Heidewitzka.

»Das wichtigste Medium für den Fußball hat die schlechtesten Journalisten«, schrieb Jürgen Kaube in der *FAZ*. Die ZDF-Moderatorin Annika Zimmermann hatte vor der EM in der Exklusivzeitschrift *Gala* erläutert: »Über die Euro berichten viele Medien und noch mehr Journalisten«, und zwar derart viele, daß sich allein mit den öffentlich-rechtlichen Fernsehexperten und -deutern der Bauch eines Supertankers füllen ließe. Dort, unterm Deck des Narrenschiffs, dürften sie, abgeschottet von der ermatteten Welt, gern ihre Kreise, Linien und Pfeile pinseln, und sie dürften sich in ihrer scheußlichen Styroporsprache, die nichts anderes als leichtes Umhüll- und Füllmaterial ist, im Sinne Holger Stanislawskis gegenseitig versichern: »Sie spielen miteinander Fußball, das ist sehr wichtig.« Der kregle Jürgen Bergener dürfte über die »Mannschaft aus Stahl« meditieren, Mehmet Scholl dürfte seinen »Gehirnschluckauf« durch Luftanhalten bekämpfen, Herr Bierhoff dürfte das als »unmöglich« und »unglaublich« ansehen. Die Regie dürfte abfahrende und ankommende Busse aus allen Perspektiven ins majestätische Bild setzen, und der Poeta laureatus Gerhard Delling dürfte schließlich, wie Moritz Rinke in der *FAZ* jubilierte, »frisch und live vor dem geparkten Mannschaftsbus stehen« und später ein Training als »Castingshow« für »Germany's next Topmannschaft« bezeichnen oder in Erfahrung zu bringen versuchen: »Sie waren gerade in der Kabine. Wie kann man sich das vorstellen?«, und wir müßten nicht mehr Reißaus nehmen oder nicht mehr die Reißleine ziehen.

Also, wenn wir, KMH zu zitieren, »ein Fazit ziehen wollen unter dieser EM«: Die »Vertaktisierung des Fußballs« nervte nicht nur Oliver Kahn, der manch eine »bösartige Fußballfolter« und manch ein »Scheißspiel« zu erdulden hatte. Schuttfußball ruled bei einer wie Zuckerwatte aufgemaschelten Meisterschaft, die Ewald Lienen als »schwachsinnig« bezeichnete und deren Ausgang in bezug auf die teutonischen Ambitionen Thomas Müller bereits nach dem Viertelfinale gegen Italien vorweggenommen hatte: »Unser Ziel war immer, im Halbfinale auszuscheiden.«

Und die Gastgeber? »Die EM soll der gebeutelten Nation Auftrieb geben«, hieß es am Eröffnungsabend im *heute journal*. Die *taz* fragte ein paar Tage danach den Soziologen Albrecht Sonntag: »Was könnte ein EM-Titel von Frankreich bewirken?« Und der: »Nichts.«

Daher, Thomas Müller sei unser Denkmundschenk: »in die Mülltonne treten«.

Uff. Deckel druff.

Wo der Bartels den Most holt

Fußballwelt- und -europameisterschaften sind optimale Gelegenheiten, um prätendiert raffinierten Kappes in die Welt zu hieven. »Der Kontinent dauert neunzig Minuten, und der Rasen ist rund«, spaßelte hochinspiriert die *Zeit* zum Turnierauftakt, und »Deutschlands profiliertester Sportphilosoph« Gunter Gebauer legte termingerecht das überflüssigste Buch seit 1973 vor. In *Das Leben in 90 Minuten – Eine Philosophie des Fußballs* (München 2016) haut so gut wie kein Satz hin, steht reihenweise Kokolores (»Fußball greift in die unteren Regionen der Psyche von Spielern, Zuschauern und der eines ganzes Landes«; »Von der Liebe zum Fußball wird den Deutschen ein Weg geöffnet, sich selbst und das eigene Land zu lieben«) und heißt es schließlich, daß »der Fußball zu einem Spiel geworden ist, das man nicht beleidigt«.

Das wüßte ich aber. Vor zehn Jahren fiel zum Beispiel dem gemeinhin noetisch vernebelten Peter Sloterdijk auf, »daß es auf der Welt nichts Dümmeres gibt als die Reaktion von Fußballern nach dem Torerfolg. Es ist wirklich obszön, was man da zu sehen bekommt.« Und ebenfalls 2006 veröffentlichte der geniale Michael Rudolf im *Rolling Stone* die Philippika »Was erlauben Fußball?«, in der er auf »das allgegenwärtig suppende Großklappengemisch« und »die umnachteten Mietvisagen der akzeptierenden Medienarbeit« losging.

Nichts hat sich seither geändert, wäre ja auch noch schöner gewesen. Wohin man glotzt, überall der immer gleiche »Fußballbrei und -schrei« (Dieter Bott), »Schwachmaten, wo man nur schaut« (Opdenhövel; der allerdings nicht seine eigene erbärmliche, selbstsüchtige Zunft adressiert hatte).

»Es ist ein Wolkenbruch von Geschwätz, Tag für Tag, Abend für Abend.« (Jakob Wassermann: *Etzel Andergast*) Vor mir liegt ein Berg von Mitschriften, und jeder einzelne Halbsatz, den ich mir in den vergangenen vier Wochen notiert habe, knarzt unter der Last des Schwachsinns.

»Wichtig ist nicht nur auf dem Platz, sondern auch auf dem Kopf«, schnabelte am 1. Juli ein Moderator des ARD-*Morgenmagazins*, das der Hades ist. Ja, einen Monat lang hatte es kein einziger Reporter unterlassen, zwischen totgerittenen Phrasen und blökend hohlen Neologismen ranzige Aperçus über schaurige Spielerfrisuren abzuseilen – nicht mal der grosso modo leidlich moderate Martin Schneider vom ZDF, der jedoch während der Partie Albanien – Schweiz hie »überhaupt keinen Speed« und da »noch vierundzwanzig spritzige Minuten« ins Visier nahm und sich auf diese Weise Gott sei Dank in die Phalanx der Dampfnudelplauderer einreihte.

Sein Anstaltskollege Oliver »Seepferdchen« Schmidt, der seine Einschätzungen gern mit »'ner Prise« versieht (einer Brise Sprachpesthauch?), erblickte bei Schweiz contra Polen mal »zuviel Verkehr auf dem Mittelstück«, mal »eine Last-second-Gelegenheit«, mal diesen seltsamen »Ein-Kontakt-Konterfußball«, mal einen Lewandowski, der »die eigene Tiefe im Spiel sucht«, mal einen Schweizer »Zweikampfrädelsführer« und mal den »Kraftwürfel« Shaqiri, mit dem er seine versalzene Wörterbrühe weiter zu pimpen versuchte.

Der Chefschrecken des Abendlandes und -programms, Béla Réthy, werkelte wie eh und je tüchtig und lustvoll an der Perfektionierung seiner »deregulierten Wahrnehmung« (Christoph Türcke) herum. »Der erste Abschluß geht nach Island.« Einer Haftpflichtversicherung? »Er hätte sich so gerne einen Freistoß gewünscht.« Wäre er der Froschkönig und kein banaler Bolzer gewesen. »Jetzt haben sich die Pärchen gebildet.« Dann darf gemauselt werden. »Die Halbzeit war nicht lang genug.« Verdammte Relativitätstheorie. Oder – vielleicht *die* ikonische Szene der EM –: »So, das ist Müller. Bereitet sich möglicherweise auf ein Tor vor.« (Erklärung: Müller bindet in Nahaufnahme einen Schuh.) Conclusio: »Eigentlich fast alles gut.« (Kroatien versus Portugal, nach fürchterlichen neunzig Minuten.)

Zu Steffen Simon sage ich an dieser Stelle nichts. Wer indes vom Simon nicht reden will, darf wenigstens vom Tom Bartels, der in Vorzeiten auf der Brennsuppe dahergeschwommen kam, nicht schweigen.

Was für ein Geschenk ist dieser Mann! »Auch die Polen müssen mit dieser Führung erst mal umgehen lernen.« Ein Buchstabe für Buchstabe existentialontologisch verkochtes Diktum. »Das Gesicht trägt für Erfolg wie Mißerfolg«, deutet er das Antlitz des portugiesischen Trainers Fernando Santos. »Das sind schon enorme Belastungen, die da aus dem Körper gepreßt werden«, schreibt er die Gesetze der Physik oder der Physiologie um. »Wichtig wäre es für die Tschechen, daß es nicht so bleibt«, sinnloselt er sich um Lippen und Stimmbänder. »Der Schiedsrichter hat die Karten dabei.« Wow.

Am 29. Mai hatte Bartels im Deutschlandradio Kultur dargelegt, er habe dann »gute Arbeit geleistet«, wenn er das Spiel »richtig gelesen« und »wenn ich das Gefühl habe, ich hab' schöne Worte gefunden, ich hab' eine schöne Sprache gehabt«.

Fürwahr, für das, was er während des Halbfinales zwischen Portugal und Wales »abgerissen hat«, kann man ihn »nicht hoch genug loben«. Jede Formulierung: schief, falsch, aus den Fugen. Was macht der Schiedsrichter? Er »hinterlegt seine Meinung«. Sofern nicht gerade ein Verteidiger »dreißig, vierzig Meter vorschiebt«. Wie steht's ums Stellungspiel? »Das Stellungsspiel ist da.« Wie geht's weiter? »Eckstoß, vor allem aber Zeit.« Deshalb »schau'n wir, ob's bei den letzten Minuten hier bleibt«. Und erzählen währenddessen, daß der Waliser Joe Allen »bei Jürgen Klopp in the long Ende immer Einsatzzeiten bekommen hat«.

In the long Ende ergo gilt: »Es bleibt, wie es war.« (Réthy) Heißt: »Fußballkommentare sind keine Meinung, sondern ein Verbrechen.« (M. Rudolf)

Der Schuh des Kolumbus – Kleines Lexikon der Fußballsprache

Andenken Denkt man ein Vorhaben, eine zu erledigende Arbeit, einen Einkauf »an«, bevor man loslegt respektive -geht?

»Es sind zwei Minuten [Nachspielzeit] angedacht.« (Gerd Gottlob) Und derer gedenke man nach der Nachspielzeit.

Antizipieren Nur noch antiquarisch erhältlich. Museumswort. Ähnlich wie »Zuckerpaß«.

Ball »Wir müssen den Ball einfach viel, viel besser lösen.« (Holger Stanislawski) Nach der Sudoku-Methode: Super dorthin kugeln muß er.

Basis, die Sei zu beherrschen. »Spieler, die die Basis nicht mehr beherrschen« (Scholl), sind verantwortlich dafür, daß der Überbau am Arsch ist, und werden hochkant gefeuert.

Bewegungen Menschen haben Angst, Freude an etwas, gute oder schlechte Laune, Gefühle und solche Sachen, und neuerdings haben sie obendrein Bewegungen. Mehmet Scholl lobte Julian Draxler: »Wunderbar hat er gezeigt, was er für Bewegungen hat.«

Sprachlich wegweisend sind sie, unsere Fußballexperten.

Beziehen »Er bezieht eine gelbe Karte.« (Steffen Simon) In der Beziehung der Beziehung von gelben Karten: alles nach wie vor im eisernen Lot.

Bilanz Unangenehme Angelegenheit, die schurkischen Großbanken und Fußballnationalmannschaften zu schaffen macht. Allein, »die Bilanz geht weiter« (Béla Réthy), hinter und vor dem Horizont, da ist nichts zu machen.

Box Für: Strafraum. Allerneuste Neuerungsinnovation unserer nagelscharfen Reporterschar. Martin Schneider nahm stellvertretend den »Box-to-Box-Spieler von Irland« unter die Lupe.

Das Internet klärt uns im näheren auf: »Ein vor wenigen Jahren noch sehr gefragter Spielertyp ist der Box-to-Box-Midfielder. Die Box steht dabei für den Sechzehner und soll ausdrücken, daß diese Spieler den gesamten Raum zwischen den Strafräumen beakkern.« (spielverlagerung.de)

Mithin ist die Box oder der Box-to-Box-Gaul bereits wieder obsolet. Kenne sich noch einer aus.

Brechstange Nichts übers Knie brechen. Erst mal in aller Ruhe überlegen, dann die Brechstange eventuell »auspacken«.

Bügeleisen Thomas Müller über sich und Mario Gómez: »Wir sind zwei Spieler mit Bügeleisen in den Schuhen.« Vulgo Bodenhaftung.

Darüber Genus und Präpositionen (und ihr Gebrauch) sind in den meisten Kultursprachen die ärgsten Fallstricke. Thomas Strunz ärgerte sich im *EM-*

Doppelpaß vom 19. Juni über »die ganzen Aussagen, die darüber diskutiert worden sind«.

Manchmal möge man die Präposition einfach weglassen. Oder sich als Diskutant im Fußballfernsehen schleunigst selbst entlassen.

Definitiv Hat das Wörtlein »gut« abgelöst. Wo »Ja, gut« war, sollte »Ja, definitiv« (Sebastian Kehl) werden. Und siehe, es ward gut, definitiv.

Dreierkette »Dreierkette kommt nicht zur Aufführung«, kettelt Gerhard Delling die Wörter. Keineswegs kurios, daß er am selben Tag rumdusselt: »Knapp mit 1:0-Kantersieg gewinnt …« Egal. Irgendwer.

Dreschen Daß es keine Kleinen mehr gebe, das sei »ein darniedergedroschener Satz« (Jürgen Bergener). Daran anknüpfend der nicht weniger ragende Peter Großmann: »Das ist ein Märchen, das immer durchgetrieben wird.«

Effektiv Ein »effektiver Stürmer«. Heißen müßte es: »effizienter Stürmer«. Echt? Ehrlich!

»Mit Leuten, die das Wort ›effektiv‹ gebrauchen, verkehre ich in der Tat nicht.« (Karl Kraus)

So sei es.

Energie »Weil ich nach zwei Verletzungen hier sehr viel Energie reingeladen hab', will ich mich jetzt erst mal erholen«, sprach Bastian Schweinsteiger nach dem Turnier, pfiff sich einen »Multipower Fruit Power«-Riegel rein, machte ein Powernap, lud seine »Batterien« auf und trat kraftvoll zurück.

Erfolg »Daß uns der Erfolg auch weiter verfolgen wird«, daran glaubt ganz fest Karl-Heinz Rummenigge, die schlechthinnige Inkarnation der Fußballpein.

Erwartungshaltung »Die Erwartungshaltung, ins Finale zu kommen, war absolut da.« (S. Kehl) Und plötzlich war die Erwartungshaltung weg. »Absolut. Absolut.« (H. Stanislawski) (Siehe auch Definitiv.)

Explosivität Beschaffenheit einer Person. »Explosivität ist immer noch da.« (Tom Bartels)

Früher: »Eine Granate.« Genauso gräßlich.

Variante: »Unser Müller hat auch sozusagen die Kanonen zu Hause gelassen.« (EM-Experte Olaf Thon am 11. Juli auf n-tv)

An die Wand mit diesen Leuten!

Fehler Fehlerteufel Béla Réthy resümierte: »England hat's weggeworfen durch zu leichte Fehler.« Die schwerwogen. Und die Pässe der Three Lions waren »schwer zu bearbeiten«, woraus folgte: »Das ist alles zu gleich.«

Es ist schon gar zu grandios, was aus dem Munde dieses hochspeziellen Arbeiters der Stirn kreucht.

Flügelspiel Kann kaum passiv gestaltet werden. Richtig ist: »Er versucht das Flügelspiel aktiv zu halten.« (Gottlob)

Flügelzange Der Quatsch ist der Quell der Sprache. Daher begrüßen wir dito die Flügelzange.

Fokussieren Seit geraumer Zeit grassierendes Grunzwort. Heißt ursprünglich »etwas bündeln«, »ein Objektiv scharf stellen«.

Einst »konzentrierten« sich Spieler/Mannschaften auf ein Ziel. In der Epoche des »ewigen Réthy« (Stefan Gärtner) »fokussieren« (Bierhoff) sie.

Was fokussieren sie? Nichts. Sie fokussieren. Unter dem Regime Réthys und angeschlossener Ratterköpfe hat sich das transitive Verb »fokussieren« in ein intransitives verwandelt. »Sie [die Isländer] haben klar fokussiert, wir können hier heute Großes schaffen.«

Was halt an »einem Tag, der große Wunden reißt ins Herz« (derselbe), so alles möglich ist.

Gedicht »Solidarität. / Disziplin. / Ein wahres Team.«

Den Erich-Fried-Preis für Tom Bartels!

Gefühlt Sobald wir was von »gefühlten zweihundert Chancen« (O. Kahn) und »gefühlter Ewigkeit« (S. Simon) und analogem Unflat hören, fühlen wir uns augenblicklich … Ja, gut, wie soll man's ausdrücken? Vielleicht so: Unser »Wohlfühlgefühl« (A. Merkel) ist sogleich dezidiert und unwiderruflich »unterausgeprägt« (A. Merkel).

Geläuf Auf dem Mannschaften kompakt stehen (siehe Stehen). Arg atavistische Antinomie, ja anachronistische Aporie.

Geschehen Kann passieren, »daß er dem Ball falsch durchrutscht Richtung Geschehen« (S. Simon). So etwas geschieht. Im Kopf des von Gott Erhörten allemal.

Glücklich »Sportschau.de – und Sie sind glücklich.« (Trailer)

Ungelogen.

Haufen, verschworener Seit Jahrzehnten und noch bis vor kurzem Bezeichnung für ein gruppenpsychologisch und sozialstrukturell gefügtes, selbstbewußtes, erfolgshungriges Team. »Wir sind ein verschworener Haufen«, sagte etwa der Österreicher Martin Harnik im März 2016 gegenüber dem *kicker*. Der Schuß ging leider daneben beziehungsweise nach hinten los oder in die Wolken oder wohin auch immer.

Deshalb spricht man nun lieber – zumindest laut Zusammenfassung der Partie Italien – Spanien in der ARD-Mediathek – vom »eingeschweißten Haufen«. Verschwitzten Haufen? Nein, »eingeschweißten Haufen«. »Italien ist ein eingeschweißter Haufen«, hieß es da am 28. Juni – also ein niet- und nagelfest und wasserdicht vakuumverpackter Haufen, dem die Luft nie ausgeht, weil gar keine drin ist.

Heiß, hot Nicht heiße Luft ist gemeint, heiße Boys sind gemeint. Urs »Bad Boys Bern« Meier vor dem ersten Match der Schweizer: »Die Jungs sind heiß.« Martin Schneider über den Albaner Xhaka: »Der ist noch viel hotter als sein Bruder.«

Scholl: »Die waren so heiß heute, die Italiener.« Opdenhövel: »Buffon, der so heiß ist.« Axel Kruse: »Ronaldo war heiß wie Frittenfett.«

Wo ist der Evergreen »Im Strafraum brennt es lichterloh« abgeblieben?

Kanten Jetzt flächendeckend für »Abwehrspieler«. Desgleichen stark im Kommen: »Ochsen« (Mario Gómez). Und in Bälde – wir prophezeien es –: »Brummer«.

Wartet's nur ab.

Kernspieler Ein Dirk Schommertz erlugte im Auftrag von N24 irgendwo »ganz, ganz viele Kernspieler«.

Mit Pudelfrisuren (Carlos Valderrama)?

Nein, die sind nicht mehr en vogue, fuck.

Knoten »Sein EM-Knoten muß erst noch platzen.« (Bericht auf N24, 5. Juli)

Beim Gordios!

Leistung Muß man »abrufen«. Oder abberufen? Mal anrufen kann auch nicht schaden.

Meter Es »fehlen da noch die letzten Meter, um noch dazusein«. Heraklit? Heidegger?

Tom Bartels.

Neun, falsche Keinen Fuffziger wert, da ineffizient (siehe Effektiv).

Offensivspiel »Dominanz allein schießt nicht Tore« (O. Schmidt), gewiß, denn »aufs Offensivspiel kommt es ja an, wenn man ein Spiel gewinnen will« (C. Neumann).

Daß wir's wissen. Und das Gegenteil ist wahrscheinlich »das In-Ketten-Verschieben« (S. Simon). Glauben wir jedenfalls.

Ohren Jedesmal aufs neue versuchen wir zu kapieren, was uns der Schiedsrichter a. D. Urs Meier mitzuteilen gedenkt. Und »dann schlägt ihm das wieder um die Ohren«, das von Urs Meier Gesagte, es schlägt dem geneigten und leidgebeugten Betrachter um die schlackernden Ohren, daß es bloß so pfeift.

Opdenhövel Unbegreifliche Emanation des Fußballzeitalters. Trotzdem, »da wird weiterlaufen lassen« (Opdenhövel), es ist vermutlich ein Segen.

Phase »Das ist doch mal 'ne Druckphase, die die Deutschen hier aufbauen.« (S. Simon) Jesusmaria, baut die Phasen auf!

Prapriorität Eine ansteckende Krankheit? Nö. »Tore verhindern hat mal Prapriorität.« (Oliver Schmidt, Schweiz gegen Polen) Weshalb Robert Lewandowski »viel fern vom Tor« herumlief und rasch augenfällig war: »Sie kriegen ihre Umschaltstationen nicht mehr durchgespielt.« Halt, Moment: »Diese Umschaltmomente, das haben sie gut gemacht.«

Holder, heiliger Herr Schmidt!

Pressing, aggressives Dann schaukeln wir das Kind schon.

Psyche Der völlig haltlose Theo Koll, Leiter des ZDF-Studios in Paris, holperte nach Frankreichs Sieg über Deutschland den unfaßbar knalligen Satz zusammen: »Mit dem heutigen 2:0 hat quasi auch die nationale Psyche wichtige Tore geschossen.«

Einweisen?

Ausweisen, den Mann.

Dr. Welke sah's nicht anders: »Guck mal an. Man kann sogar mit der Psyche Tore schießen, wie wir gelernt haben.«

Qualitäten »Qualitäten abzubilden« (Bartels) ist unerläßlich, mit Hand, Fuß und Kopf und so, daß es Hand und Fuß hat, hosianna.

Räume Es »funktionieren die Räume ein bißchen anders«, beobachtete Steffen Simon während der Begegnung Deutschland – Italien besorgt. Diese Räume, ts, ts. Man muß »die Räume« eben »etwas beschleunigen« (A. Merkel) und »die Freiräume stärken« (A. Merkel), dann funktionieren die Räume auch, und »die Kanzlerin drückt von zu Hause aus die Daumen« (Simon).

Raumgebot Im Angebot führt der herrliche Herr Schmidt zudem ein »knappes Raumgebot«, auf das wir wahrlich gewartet haben und das wir mit allem anderen »zusammenaddieren müssen«.

Reden Planloses Reden gehört zum Fußball wie Rot-Weiß zum Pommesessen. »Was red' ich denn?« (R. Beckmann, 27. Juni)

Gute Frage. Mensch, werde wesentlich und schweige.

Runterfaller Der rund um die Uhr geistig klamme Bommes nach Englands Waterloo: das sei »der große Runterfaller« gewesen.

Wir schalten jetzt aus und lesen mal wieder *Das große Umlegen* von Dashiell Hammett.

Schuhe »Man kann also auch Weltstars in die Schuhe bekommen, wenn man's versucht.« (Bartels) So wird ein Schuh des Kolumbus draus.

Schuß, ein Vermag sich M. Opdenhövel zufolge neuerdings selbst zu automatisieren, praktisch zu roboterisieren. »So automatisiert sich ein Schuß.« (6. Juli)

Sechs, abkippende Mittelfeldmann mit Mangel an Stehvermögen. Standvermögen? An beidem. Daher nicht zu gebrauchen.

Signalbälle Ebendiese gewahrte Steffen »Bestes Ausrufezeichen in dieser Partie« Simon (Italien gegen Spanien). Völker, hört die Signalbälle? Auf zum letzten Gefecht?

Weit gefehlt. »Die Spanier melden sich in der Offensive nicht an.« (Simon)

Sinn, der Ist nicht kleinzukriegen. »Wenn der vorne ist, machen die Bälle Sinn.« Bartels, wer denn sonst? Der am 29. Mai in der Sendung *Nachspiel* auf Deutschlandradio Kultur bekundet hatte, sein Bestreben sei, seine liederlichen Livereportagen »auf 'nen Konsens hinzubekommen«.

»Ach komm.« (Thomas Gsella)

Situation Die ganze Welt ist dauernd voller Situationen. Wohin du dich auch bewegst (siehe Bewegungen), wohin du auch guckst – irgendeine Situation ist schon da. Irgendwas ist immer.

»Warum ist überhaupt etwas und nicht vielmehr nichts?« fragte bereits Leibniz. It's the Situation, stupid.

Daher lag der sogenannte Fußballfachmann Frank Gollenbeck nicht falsch, als er am 27. Juni in der, epistemologisch betrachtet, epochalen Vormittagssendung *Volle Kiste* respektive *Volle Kanne* (ZDF) im Hinblick auf die Begegnung zwischen Deutschland und Italien unkte, ja wahrsagte: »Und dann bekommst du eine Situation.«

Ja, die bekommst du stets und überall frei Haus, ei der Daus.

Situation, zum zweiten »Möglichkeiten«, schlurt A. Bommes vor sich hin, seien »sogenannte Ohhh-Situationen«.

O Herr, o Herr, laß den Strom ausfallen.

Situation, zum dritten Bildunterschrift in der *Frankfurter Rundschau* vom 2. Juli 2016: »Einer, der Situationen erschafft [...]: Toni Kroos.«

Das nennen wir mal demiurgische Kräfte; wahlweise poetische; oder doch besser im Sinne der allgemeinen Versabbelung: kreative Kräfte – also: »Situationen kreieren« in Abwandlung des ubiquitären Gesäusels von wegen »Chancen kreieren«.

Situation, zum vierten »Das sind so diese Situationen, die man dann in solchem Spiel einfach nicht weggeben darf.« (H. Stanislawski nach dem verlorenen Halbfinale gegen Frankreich) Kurz darauf: »Das sind so kleine entscheidende Szenen und Situationen, und die dürfen ganz einfach nicht passieren.«

Wir streichen, situativ bedingt, die Segel.

Spielen »Mit Ball und gegen den Ball spielen.« (M. Scholl, 6. Juli) Oder »arbeiten«. Anstrengend, dieses Spielen. (Siehe auch Fehler, siehe auch Verarbeiten.)

Spielweise, pomadige »Ich meine, sie gesehen zu haben, nur wurde sie nicht mehr kommentiert.« (Leser auf Spiegel Online, 9. Juli)

Ist gemächlich im Oralitätsorkus versenkt worden.

Spitze, hängende »Hängende Spitze – was ist denn das für ein Schweinikram?« (hr2-kultur: *Der Tag*, 7. Juli)

Beschweren Sie sich! Auf die Straße! Protestieren Sie! Nicht hängenlassen! (Siehe auch Neun, falsche.)

Sprache Eine »voluminöse Körpersprache, allein schon beim Gesang«, machte Claudia Neumann aus. »Das muß das Auge erst mal so erblicken«, vor allem bei der immensen »Ereignisdichte« hinter dem Brett vor den Augen der Reporterin.

Spritze »Diese Spritze aus dem Mittelfeld haben wir von ihm jetzt auch nicht mehr gesehen«, meckerte Gerd Gottlob während des Finales. Somit landete Frankreich keinen Stich, zumal gegen Ende des Spiels »die Chance immer schneller geringer wird«. »Einen Titel für die Nationalmannschaft zu erzielen« (111. Minute) – kannste dir da endgültig abschminken.

Stehen Hoch, tief, kompakt oder bloß herum-. Letzteres: dumm.

Streik Eine Frechheit, eine genuine französische Unsitte, die europaweit um sich greift und sogar den Fußball in Mitleidenschaft zieht. Dem ausgebufften Béla Réthy platzte während des Achtelfinales zwischen Kroatien und Portugal die Hutschnur: »Die Zulieferdienste aus den hinteren Reihen, die streiken auch im Land der Arbeitsniederlegungen.« (Ersetze, wenn gewünscht, »Zulieferdienst« durch Claudia Neumanns »Lieferservice«.)

Oliver Kahn hinterher ratlos: »War das ein Box-to-Box-Spiel vielleicht?«

Mal unter dem Eintrag »Box« nachgucken.

Szene, eine Macht man nicht mehr, die ruft man jetzt hervor: »Die erste spannende Szene, die die Russen hier hervorgerufen haben.« (Gerd Gottlob, Rußland – Slowakei)

Tiefenstaffelung Wohl kein konstitutives Moment der Freudschen Triade, sondern lediglich Baustein einer gewöhnlichen Reportertirade.

Überhand, die Terminus technicus von Oliver Kahn. Die weiter vom Ball entfernte, zur Faust geballte Pranke des Keepers. Die Überhand sticht die Unterhand (nicht zu verwechseln mit dem »Unterbruch«; Eurosport), und die Chance ist vereitelt.

Veränderung Gerhard Delling im Gespräch mit O. Bierhoff über Julian Draxler: »Das war 'ne ganze Veränderung.«

Delling. Delling, Delling, Delling. Delling.
Delling.

Verarbeiten Nicht Probleme oder so was, sondern »den Ball«. Zu Hackfleisch oder Sprachmus. (Siehe auch Fehler.)

Ist der Ball (in der Ballfabrik) schlecht verarbeitet (worden) oder überarbeitet, geht ihm die Luft aus. (Siehe Schweiz gegen Frankreich, siehe auch Haufen, verschworener.)

Veredeln Das »Zuspiel«. Wird allzeit »veredelt«, niemals »verarbeitet« (siehe Verarbeiten).

Verschießen Geht gar nicht. Verschießen? Eine Sauerei. »'Nen Elfer verschießen geht nicht«, so ein weiblicher Fan im ZDF nach dem tranfunzeligen Auftritt von Özil gegen die Slowakei.

Verschießen? Gott bewahre! Geht nicht, gibt's nicht. Ab in den Gulag mit dem Verschießen.

(Was indessen laut Bartels, Tom immer geht: »Wenn der Paß in Tornähe kommt, geht immer noch was.«)

Verteidigen »Die Frage ist nur: Wann kommst du tödlich durch?« fragt sich Stefan Effenberg und antwortet wenig später selbst: »Nein, das Tor konntest du nicht verteidigen.«

Merke: »So einen Gegner mußt du in Schacht halten.«

Wahrheit »Das eine ist, etwas zu denken, das andere die Wahrheit.« (Portugals Trainer Fernando Santos auf einer PK vor dem Endspiel)

Schmeißt den Adorno, schmeißt den Bloch, schmeißt den Cassirer, schmeißt den Diderot, schmeißt sie alle weg.

Wandspieler O. Kahns Plädoyer für neu zu »züchtende« (Welke) Zentrumsstürmer (siehe Zielspieler) impliziert nicht, »einen Zentrumsstürmer zu haben alter Schule, der da nur als Wandspieler steht«.

Si capisce, ewig junges Schlachtroß!

Wege Siehe Bewegungen, siehe Situation. »Müller macht unheimlich viele Wege für die Mannschaft.« (Löw) Oder: »Lewandowski macht viel größere Wege.« (Bartels) Oder: Er ist einer, »der noch mehr Wege zurückmachen muß ins Mittelfeld« (Bartels). Beziehungsweise: »Er muß jetzt selber den Weg machen.« (Gottlob) Und »das ist der Weg der Zeit«, daß sich eine Mannschaft »als Defensivstruktur präsentiert« (der unerreichte Rainer Holzschuh am 11. Juli auf n-tv).

Weg mit den Wegen!

Sowie den Laufwegen: »Alles voller Laufwege auf dem Feld. Zufällige Laufwege, einstudierte Laufwege, Laufwege über Laufwege. Es ist ein Laufwegspiel mit Ball.« – »Laufweg-Spiel oder Lauf-weg-Spiel? Manchmal ist es in der Tat zum Weglaufen.« (Forum von Spiegel Online)

Wichtig werden Der erwähnte Edelaugur Frank Gollenbeck über DJ Poldi: »Der kann uns noch wichtig werden.« Und keinesfalls nichtig. Et hätt' noch emmer jootjejange, keine Bange, umpftata!

Wollen, das »Im Nachgang« (kurrentes Schrumpfdeutsch) sprudelte es am 11. Juli aus dem N24-Moderator Thomas Klug heraus: »Trotzdem ist das in dem Wollen nicht alles.«

Wohin einen die »Recherche durch Sprache« (Max Frisch) so führt. »Wir haben 'ne ganze Menge auf dem Köcher«, fuhr der Klug fort. Noch auf den letzten Metern (siehe Meter) kloppen sie auf die grün, blau und violett geschlagenen Wörter und Sätze ein. Es ist ein Topverein, dieser journalistische Kolossalkomplex.

Zielspieler »Jetzt dürfen wir die Sachlichkeit nicht verlieren«, ermahnt uns Steffen Freund auf Sport1 und behauptet, »daß man wieder mehr diese Zielspieler vorne braucht«.

Ob das »zielführend« ist?

Dazu morgen mehr.

Das Wirken Gottes im Kolosseum

»Was ist das Beste, was euch hier am meisten gefällt?« fragte im ARD-*Morgenmagazin* der wie immer irisierend indisponierte Peter Großmann die Wildwasserkanuten Franz Anton und Jan Benzien. Irgendwas Bestes gefiel ihnen am meisten, es ist uns auf Grund von Belanglosigkeit entfallen. Eine Antwort anderer Art gab dann kurz vor dem Abschluß der Festwochen des Sportkapitals Martina Strutz, die Sprecherin der Leichtathleten: »Das sind die schlechtesten Spiele, die wir je hatten.« Da hatte die Diskuswerferin Julia Fischer bereits zu Protokoll gegeben, »das ganze olympische Dorf«, das mit vermutlich extrasmarten Kondomautomaten bestückte, sei aufs widerwärtigste »mit Werbung zugeklatscht«.

Der ARD-Fachmann Hajo Seppelt sprach gegenüber Gerhard Delling von den »schlechtesten Dopingkontrollen, die es jemals bei Olympischen Spielen gegeben hat«. Und im ZDF, im Interview mit dem angenehm distanzierten Sven Voss, der über die verlogene »Folklore« rund um Michael Phelps spottete, schilderte Elmar Theveßen, wie sich Sportler und Trainer allenthalben »beschimpfen und beleidigen«, weil man »anderen unterstellt, daß sie Dopingtäter sind«. Der olympische Geist? In Hochform.

Auch die ehemalige Testosteronampulle Kristin Otto zog ohne Unterlaß inbrünstig über die von jedermann niedergemachte russische Brustschwimmerin Julia Jefimowa her. »Im Grunde ist das so«, hieß es in der *taz*, »als würde man den Steuerbetrüger Uli Hoeneß als Moderator einer TV-Ratgebersendung über Steuerspartips einstellen.« Derweilen grübelte die *FAZ*, »wie man sich die Dominanz der amerikanischen und der australischen Schwimmer erklären soll«. Vielleicht durch das Wirken Gottes, wie etwelche Langläufer und Sprinter beteuerten? Allmächd, allmächd, der Sport ist schlecht. Er ist im Kübel. Er ist eine Ruine vom Ausmaß des Kolosseums.

Die Geher? Man gehe uns weg! Gewichtheben? Ein schauriger Scherz. Radfahren? Hihoha. Die Leichtathletik? Hätte sich am besten, so neuerlich die *taz*, »selbst als Ganzes von den Spielen ausgeschlossen«. Oder von den, wie es eine deutsche Starterin ausdrückte, »sich aufhaxenden« Sportschützen wegballern lassen – die bei uns neben den Judoka und anderen Zentrifugalweltleistern durch vollendete TV-Untauglichkeit punkteten; und die, nebenbei, die guten Reporter abbekamen.

1908 hatte Pierre de Coubertin gesagt: »Das Wichtigste ist nicht zu siegen, sondern teilzunehmen; wie es im Leben unerläßlich ist, nicht zu besiegen, sondern sein Bestes zu geben.« In diesem hehren Sinne freute sich der ZDF-Schwimmexperte Christian Keller, daß irgendwer »die Muskelpakete«, die sauber geschnürten, »sehr sensibel ins Wasser bringt«, sensibler als Amazon oder wer. Sobald jedoch unsere betörend erfolglosen Stammesbrüder und -schwestern ins Naß hüpften, jaulte der weidwunde Tom Bartels gleich einem Hund, an dessen Schwanz man ein Feuerzeug hält. Anschließend maulte Franziska van Almsick, eine dieser, wie sie Thomas Kapielski charakterisiert, »gut abgerichteten Bekanntgeber und einfältigen Viel- und Nachsager«, herum: »Es kann nicht jeder seinen Saft machen«; zwitscherte allerdings angesichts des erhebenden Besuchs von Maria Höfl-Riesch erregt: »Wenn du dann so 'nen Winterpeople in die Sommerspiele trägst, das ist schon was Besonderes.« Nämlich – läßt man sich den Satz mit van Almsick »ein bißchen auf dem Mund zergehen« – ein besonders eindrückliches Zeugnis der nahezu flächendeckenden Sprachvermüllung durch unsere Rechteverwertungsrepräsentanten in den ideologischen Staatsfernsehapparaten.

Jessy Wellmer von der ARD, die gemeinsam mit dem »offiziellen Olympiasender« ZDF dreihundert Stunden Silikonfernsehen zusammenleimte, überzeugte in den dreistündigen »Highlightshows« vermöge ihrer juvenil-dümmlichen, ostentativen Schnoddrigkeit, vermöge ihres pausenlos »rausgehauenen« Gequaddels von wegen »klasse« und »tollen« »Challenges«. Im Geiste Wellmers »lustig vor sich hin zu moderieren« vermochte im Rahmen »des größten Liveangebots, das es je gegeben hat«, auch der unerträgliche Flachbaddel Alexander Bommes, der mal, klimper-klimper, »eine ganz schön mörderische Nummer« avisierte, mal zur »Absahnersportart« Reiten überleitete, mal einen »Vollabschuß der deutschen Handballnationalmannschaft« bejubelte – sofern er nicht was anderes »spektakulär«, »super« oder »cool« fand, ganz auf der Linie Thomas de Maizières liegend, der in einer Schalte über die, jawohl: »Spektakularität« des Sports irreredete.

Leider ist es uns hier nicht vergönnt, den Herrenreiterfreund Carsten Sostmeier zu würdigen, geschweige denn den entfesselt dissoluten Delling, Gerhard, der unterdessen ausnahmslos jeden Halbsatz verpfuscht und das Sportfernsehen auf Amöbenniveau heruntergrinst.

Immerhin loben aber wollen wir Wolf-Dieter Poschmann, dem bei Brasilien gegen den Irak das treffliche Wort »Fußballschwermut« einfiel. Preisen müssen wir Steffen »Mitten im Saft« Simon, der seine Strandaufenthalte durch ausgedehnte, prollige Schreiereien legitimierte, zuletzt während des Männerfußballfinales. Und befürworten möchten wir ohnehin die allumfassende Scheinheiligkeit der gesamten Quatschveranstaltung.

Und da wir diesmal zudem in den Genuß von Golf und Frauenrugby kamen, treibe man die Versportung der veräppelten Welt in vier Jahren weiter voran – mit Beachcurling und Autoeinparken.

Verbindlichen Dank im voraus.

PS: Den Hut ziehen wir vor Poschi auch auf Grund seiner endogenen Durchdreherei und Schneidigkeit und wegen, beispielsweise, einer Einschätzung der Gemütslage eines Diskuswerfers, »der sich offenbar auch über Silber freut und nicht darüber, daß er Gold verpaßt hat«.

Und an seiner Seite: der seit vielen Jahren ruhig ragende Peter Leissl.

*

»Immer, wenn's um die Wurst geht, ist sie dicke da«, hörten wir jemanden von der ARD vor dem Stabhochsprungwettkampf der Frauen schnurren. Wahrscheinlich war's J. Wellmer. Denn in der *Süddeutschen Zeitung* vom 18. August stand: »Das ›Ringterview‹ der ARD bei den Olympischen Spielen in Rio funktioniert so: Fünf Ringe müssen auf ein Ziel geworfen werden, bei einem Treffer kommen angenehme Fragen, ansonsten ungewöhnliche bis unangenehme. [Oliver] Roggisch [Teammanager der Handballer] warf daneben. ›Wenn du eine Pizza wärst, welche Pizza wärst du?‹ fragte also die ARD-Moderatorin und grinste Roggisch an. Er antwortete souverän: Pizza Salami, er habe als Kind Akne gehabt, das passe am besten. ›Nicht, weil du auch sonst so ein wurstiger Typ bist?‹ lautete die Nachfrage. Roggisch schaute irritiert: ›Wurstiger Typ?‹«

Ergänzend sei der Kollege Jörg Heinrich von der *tz* zitiert: »Michael Antwerpes und Jessy Wellmer, die dreisten zwei vom Ersten, präsentieren eine Mixtur aus RTL III, Olympiakinderkanal und *Tigerenten Club*, bei der in Interviews gefragt wird: ›Wenn Sie eine Pizza wären – welche?‹ Wer's gesehen hat, glaubt's nicht. Wer's nicht gesehen hat, hat Glück gehabt.«

Wir sind nicht allein. Heinrich weiter: »Die beiden wechseln sich beim Sprechen innerhalb eines Satzes ab, wie man das sonst nur von Tick, Trick und Track kennt. Das klingt dann wie folgt. Er: ›Bronze für die Judoka Laura Vargas Koch …‹ Sie: ›… und zwar in der Gewichtsklasse bis siebzig Kilo.‹ Sie: ›Da schauen wir doch mal eben hin …‹ Er: ›… auf die Tabelle.‹ Bei den Geflügelrackern aus Entenhausen kommt es wenigstens zu philosophisch hochwertigen Trialogen: ›Mir kreist der Hut!‹ – ›Mein Gehirn käst!‹ – ›Meins ist völlig verdunstet!‹ Bei Michi und Jessy, den Olympiapfadfindern vom Fernsehfähnlein Fieselschweif, heißt es dagegen nur: ›Die Judoka mit Wasser in den Augen.‹ – ›Apropos Wasser, es regnet in Rio.‹« (11. August)

*

Steffen Simon, diese Treppenwitzfigur der Journalismusgeschichte, reicherte seinen Verbalbrei im Spiel gegen die Republik Fidschi mit der Sentenz an: »Der Niklas Süle hat einen enormen Huf.« Huf ab.

Noch ein Stützbeleg – Spiegel Online, 21. August, zum Endspiel: »Seine unverbrüchliche Hingabe zum Hrubesch-Team gipfelte in der 59. Minute, als Max Meyer für die deutsche Olympiamannschaft den 1:1-Ausgleich erzielte und Simon den Treffer mit einem Torschrei feierte, der verschriftlicht ungefähr so klingt: ›Goooooooooooooooooooooooooooooooooooooooool!‹ Da man dies in Brasilien ja nun einmal so mache, wie er kurz anmoderierte. Man mochte sich in diesem Moment ausmalen, wie Simon diese Reaktion nachmittags vor dem Spiegel ausgiebig geübt hatte. Spontan klingt jedenfalls anders. Bei Twitter wurde danach jedenfalls heftiger über Simons Eruption geredet als über Meyers hübsches Ausgleichstor. [...] Es setzte, wenn man den Verlautbarungen in den sozialen Netzwerken glauben wollte, noch während des Spiels eine Massenflucht zum Livestream im Netz ein, auf dem Sportanchorman Béla Réthy parallel das Spiel für das ZDF kommentierte.«

Wenn das nicht alles sagt.

*

Nicht verschwiegen sei, »daß es der Tierwelt auf diesem Golfplatz sehr gutgeht« (Volker Grube, ZDF).

Wie der Mehrheit der Cariocas. Nö, nö, keine Vernichtung von Biotopen und Naturschutzgebieten, und es kann auch keine Rede sein von schroffster Segregation und schärfsten Klassengegensätzen, von Zwangsräumungen, vom Zusammenbruch des öffentlichen

Sektors, von der Kriminalisierung von Demonstranten durch ein faschistisches Antiterrorgesetz, von fünfundachtzigtausend »Sicherheitskräften« (eine Verdoppelung gegenüber den »Spielen« in London), von »einer Kriegslogik«, nach welcher »das Volk der Feind ist« *(taz)*, von Militarisierung und Gewaltexzessen in den Favelas, von »Hinrichtungen« *(taz)* und davon: »Spezielle Olympiagesetze fördern sogar noch die Straffreiheit der Uniformierten: Entsprechend den Leitlinien des IOC wird das Demonstrationsrecht eingeschränkt, und zahlreiche Regionen der Stadt werden schlicht zu Privatgelände erklärt.« *(taz)*

Kurzum: »Die Stadt ist pleite, die Stimmung ist miserabel«, »die immensen Ausgaben [...] machen einen Bankrott unumgänglich«, »die Arbeitslosigkeit [hat sich] verdoppelt« *(taz)*.

Bei Streiks und Kundgebungen war auf Transparenten zu lesen: »Welcome to hell« und »Gegen olympische Katastrophen aller Art«.

Jonas Reese sieht's am 21. August im Deutschlandfunk so: »Danke, Brasilien. Danke, Brasilien, für diese unvergeßlichen Spiele. [...] Unvergeßlich, weil es sympathisch unperfekte Spiele waren. Im Gegensatz zu den fehlerlosen Spielen in Peking und London hat Rio auf sympathische Art und Weise das ganze Desaster des Weltsports dargestellt. Ob absichtlich oder nicht: Nie konnte man das Scheitern der Olympiamacher besser beobachten als in den vergangenen zwei Wochen. [...] Der Staat Rio de Janeiro ist pleite gegangen an den Olympischen Spielen. Der öffentliche Notstand wurde ausgerufen. Beamte und Staatsangestellte mußten auf ihren Lohn warten. Und das, während das Internationale Olympische Komitee Milliarden scheffelt. [...] Danke, Brasilien, auch für die Organisationspannen. Grünes Wasser im Becken der Wasserspringer, ein wunderbar menschliches Malheur in der sonst perfekt-glitzernden Sportshow. [...] Die Brasilianer haben mit ihrer Meinung nicht hinterm Berg gehalten, obwohl das höchst unerwünscht ist im Zeichen der Ringe. Sie haben ihren korrupten Übergangspräsidenten ausgebuht, so daß der sich jetzt nicht mehr zur Abschlußfeier traut.«

Sie haben allerdings auch ein Hochamt der Respektlosigkeit gefeiert und gegnerische Athleten und Teams niedergeschrieen. Und was schreibt die *Frankfurter Rundschau* dazu? »Diese Art von Fanatismus« sei »Teil der Kultur«, sei Ausdruck eines »Mega-Strand-Disko-Feelings«.

Auf unsere liberalen »Preßbengel« (Marx) ist Megaverlaß. Fanatismus als Kultur. Warten wir demnach auf die »Fanatismuskultur« – demnächst in dieser unserer hochentwickelten Zeitungstagebaukulturlandschaft.

Delling ist nur mehr eine Drangsal. Es ekelt einen. Zu jeder Schalte muß er seinen nachtrabenden Schalsenf dazugeben, und zwar »unheimlich emotional«.

Die letzten mickrigen Vernunft- und Stilkriterien sind über Bord gegangen, und in all dem Medialwirrsinn findet sich nur noch Satzschutt.

Usain Bolt? »Usain Bolt hat so viele Medaillen wie niemand zuvor gewonnen bei ihm.«

Und, richtig, »da muß man auch Spaß zu haben«.

*

Kristina Vogel, nachmalige Olympiasiegerin im Bahnradsprint, sei eine, »die sich heute die sechste Medaille ihrer Karriere realisieren kann«. Hinterher hat sie sich ein Bier realisiert, eins aus einem Rugbybolzer und -holzer. (»Schaun'n Sie sich diesen Kühlschrank an!« ward man während einer Rugbybegegnung der Männer instruiert.)

»Es geht um Gold. Und das merkt man in jeder Phase ihres Körpers«, hechelte der gewöhnlich akkurate Aris Donzelli in den ersten Minuten des Tennisendspiels zwischen Mónica Puig und Angelique Kerber. Und man dürfe einen Ball »nicht im abfallenden Ast« annehmen.

Es mag mit alledem im Soziolekt der Sportreporter seine Richtigkeit haben. Dessenungeachtet bleibt es Abfall, im doppelten Wortsinn.

*

Vom im Fußball jüngst reüssierenden »punch« möchte Tom Bartels, einer der unnachgiebigsten Dauergackerer, selbst im Schwimmstadion nicht lassen, allwo ununterbrochen geboxt und zugeschlagen wird. Jan-Philip Glania, ein Rückenspezialist, »hat hinten noch den Punch [punch]«, so Ringrichter Bartels.

Wir hauen in den Sack, rückwärtig.

*

Nun denn: Carsten Sostmeier. Nichts sei umsonst mitgeschrieben.

Schon vor vier Jahren hatte der »Kraftmeier« *(Tagesspiegel)* und »König der Verbal-Hippologie« *(Köl-*

ner Express) durch den Satz »Seit 2008 wird zurückgeritten« überzeugt, diesmal machte er sich durch mehrerlei vielerlei Freunde. Bei der Novizin Julia Krajewski entdeckte er einen »braunen Streifen, den die jetzt schon in der Hose hat«, was allgemein gut ankam. Dem Geländereiter Michael Jung stellte er dagegen das Zeugnis aus, seinen Wallach wie »Mozart mit verbundenen Augen am Klavier« dirigiert zu haben. Bei der Dressur kam er zu dem Schluß: »Der Wallach scheint sehr zufrieden, sehr relaxt, sehr entspannt zu sein«, bemängelte aber wenig später »eine etwas unruhige Hand, das geht in die Kopfnoten ein«. Anders gesagt: »Das war ein Pechfehler« – vermutlich auf Grund der »gespickten Schwierigkeiten«, und die »haben das Ergebnis mächtig gesenkt, das am Anfang so strahlend nach oben geschlossen war«.

Ein Fest, diese »Sodomiterei als Rasensport« (Gottfried Benn). Da »hält das Pferd für einen zarten Moment inne«, bevor es »mit Crescendo abspringen« kann. Da wird »das Pferd feinfühlig begleitet« und »kommt elegant hinein in die so erhabene Passage«, und »der Sand erstrahlt mehr und mehr bei diesem starken Schritt von Showtime«, diesem »eleganten Modell«.

Carsten Sostmeier haucht die Worte aus, und sie schmelzen in der linden Luft, zumal bei »Glanzaktionen« und all den »Zuckerstückchen für die Zuschauer«: »Schau'n Sie mal dem Pferd ins Gesicht!« – »Bursche, du kannst das!« – »Mit Volumen, mit großer Ausstrahlung bergauf aus der Schulter gesprungen!«

Als Isabell Werth zu Gold getrabt war, befand sich der Mann schließlich in völlig anderen Sphären oder Zuständen: »Das ist göttlich! Die Zehn ist göttlich! Also gebt die Zehn!« – »Isabell Werth ist eine so großartige, hellstrahlende Kerze in dieser wundervollen Kathedrale des Dressursports!« – »Meine Damen und Herren, strahlender kann Gold sich nicht darstellen!« – »Sie ist keine Königin, sie ist eine Göttin der Dressur, Isabell Werth!«

Doch, da »müssen irgendwann Konsequenzen getroffen werden« (A. Bommes).

*

Im oben kurz erwähnten Gespräch (mit einer ausnehmend ansehnlichen Katrin Müller-Hohenstein, was auf die Qualität ihrer Fragen selbstredend keineswegs abfärbte) plörrte der bekloppte Chef des Bundesinnenministeriums, Th. de Maizière, herum: »Einen unverfälschten Leistungsbegriff, den braucht eine Gesellschaft«, jeder Sportler müsse auf seinen »Marktwert« achten (und sonst auf nix), zu fördern sei »Exzellenz«, man werde demzufolge »in Zukunft fördern und nicht in gute Vergangenheit«.

Lassen wir beiseite, wie man in Zukunft oder gar in Vergangenheit hineinfördern kann – derart geistig verkrüppelt schwafeln die marktradikalen Nullwertkonservativen und Kontroll- und Überwachungsfetischisten pausenlos vor sich hin. Noch in Rio forderte DOSB-Präsident Alfons Hörmann kaum mehr verklausuliert sozialfaschistoid: »Am Ende muß es so sein, daß die Leistungsstarken und -fähigen von solch einer Reform profitieren. Und bei den Leistungsschwachen müssen wir abwarten, ob sie gewillt sind, zu den Leistungsstarken hinzukommen zu wollen.«

Eine zivilisierte Gesellschaft vermag sich der Funktionäre nicht zu entledigen. Sie kann diese Gestalten und das Sportdrecksgeschehen aber ignorieren, so lange ignorieren, bis sie und all das endlich verschwunden sind.

*

Noch einen, noch zwei Bommes?

Übers Straßenradrennen der Herren: »Die mit den Beinen, die fahren gerade.«

Oder:

»Wir machen Sie mal 'n bißchen lecker.« (Anmoderation)

Hoit dei' bleede Bappn, bitt' schee.

*

Paul Biedermann auf die Frage einer Beckenrandnervensäge, warum er nicht schneller angegangen sei: »Ihr könnt das ja machen, wenn ihr es besser könnt.«

Merci.

*

Athleten müßten »Performance darstellen«, so DLV-Cheftrainer Idriss Gonschinska am Schlußtag innerhalb von vier Minuten zirka zwölfmal. Performance darstellen. Performance darstellen. Sie merken überhaupt nichts mehr. Solche Lemuren als frühvergreist, aufgeplustert und manifest verrückt zu bezeichnen, es käme einer Galanterie gleich.

*

»Nun wurde das Flämmchen ausgepustet«, vermeldete der Olympier Peter Großmann am 22. August im

ARD-*Morgenmagazin* und wünschte sich, »daß man am Ende diese Spiele 'n bißchen liebhat«.

Citius, altius, fortius. Ludophil, infantil, debil.

Was uns irgendwas sagt

Um die Klärung einer recht eitlen, aber aufschlußreichen Angelegenheit voranzustellen: Im Kapitel »Wortschätze« seines Buches *Am Ball oder balla-balla? – Die Welt der Fußballreportage* (Göttingen 2016) schreibt Thomas Fuchs: »1995 veröffentlichten die Satiriker Thomas Gsella und Jürgen Roth [den ebenbürtig auf dem Cover genannten Zeichner Heribert Lenz hat er übersehen] das Buch *So werde ich Heribert Faßbender*. Erst wurde der Heroe sogar auf dem Titel abgebildet, aber nachdem er sich darüber beschwert hatte, zierte das Cover der zweiten Auflage nur noch eine Illustration. […] Als das Buch auf den Markt kam, war ihm kein allzu großer Erfolg beschieden.«

Interessant. 1995 rauschten diverse Auflagen des knüppeldoofen Dings raus, die Taschenbuchausgabe bei Goldmann (Mai 1996, mit einer häßlichen Coverillustration) verkaufte sich über fünfzigtausendmal, und die doppelt so umfangreiche Neuausgabe von 2002 (wieder mit dem Originaltitelphoto) erreichte drei Auflagen. Insgesamt achtzigtausend (oder sogar mehr) schändliche Exemplare sind verscherbelt worden. Gsella hat mittels der Honorare eine Großfamilie gegründet, Lenz eine Stadtvilla erworben, und ich führe ein legeres Leben, blättere einmal pro Woche im oberschenkeldicken Ordner mit den Rezensionen (die *FAZ* hatte den Schmarren am selben Tag sowohl im Sportteil als auch im Feuilleton besprochen, eine Weltpremiere!), schwelge in Erinnerungen an Faßbenders wochenlange Stänkereien (über die abermals allenthalben berichtet wurde) und schaue mir Videos von meinen Talkshowauftritten an.

Ich spreize mich hier, weil man sich so ein Bild von Thomas Fuchs' Recherchekünsten und Arbeitsweise machen kann. Gegen Ende erzählt er von einem Fußballturnier im Frankfurter »Riederwaldstadion« – »immerhin der Ort der legendären Wasserschlacht gegen Polen bei der WM 1974«. Das kleine Stadion am Riederwald, lange Zeit Trainingsstätte der Eintracht, liegt im Osten der Stadt, die Wasserschlacht hatte im Waldstadion (heute: Commerzbank-Arena) im Süden Frankfurts stattgefunden.

Nebbich? Nein. So, wie Fuchs mit Tatsachen umspringt, so traktiert er die Sprache – in einem Buch über Sprache, über den Technolekt der Fußballreporter und -experten. Wieso »ist ein Kommentator weder Nemesis noch Widersacher«? Gibt es neben einer »aktiven Laufbahn« auch eine passive? Warum vermag Fuchs Worte nicht von Wörtern zu unterscheiden? Gsella, Lenz und ich haben »1.100 Idiome des Aufbauwortschatzes« zusammengetragen, also tausendeinhundert Mundarten und Soziolekte des Aufbauwortschatzes? Und muß ein »Idiomatiker« nicht Idiolektiker heißen?

Was US-amerikanische Basketball- und Eishockeyreporter in einem Buch über Fußballkommentatoren verloren haben, bleibe dahingestellt. Doch was erfährt man über die angeblich ewig mißverstandenen hiesigen Plaudertaschen, die sich vom Fußballbetrieb nähren?

»Wohl kaum jemand geht in diesen Beruf, um Leute zu ärgern«, da schau her. Im Gegenteil, sie alle üben ihren »Job« wohlvorbereitet aus, wollen stets das Beste und sind im Grunde anbetungswürdige Magiker.

Jessica Kastrop (Sky; der Sender, der den »Goldstandard« definiere), eine vorzügliche ehemalige Schmierantin von *Bild*, habe die »Begabung dafür [sic!], aus Limonen Limonade zu machen«. Gerhard Delling teilte mal unter der Dusche mit Wolfgang Overath das Shampoo, was uns irgendwas sagt. Die Plage Frank Buschmann »hat [...] beim DSF die Montagsspiele mitaufgebaut«, genau, komme »ohne intellektuelles Getue« aus, super, und habe, auf Sendung, »einfach Bock auf einen geilen Abend«, man hält es kaum aus.

Dem meines Erachtens unanfechtbaren Marcel Reif hingegen, der nie, wie Fuchs offenbar vollkommen umnebelt hintippt, Sportchef beim ZDF gewesen ist (da habe er »nicht allzuviel gerissen«, bei RTL nämlich, wenn's denn stimmte, daß er in dieser Funktion eine ziemliche Niete war), unterstellt Fuchs ohne jeden Beleg, nachtragend zu sein. Dafür hatten Katrin Müller-Hohenstein und Oliver Kahn, halt dich fest!, »zeitweise beinahe dieselbe Haarfarbe«, während die Experten für Wertlosigkeiten was ins Werk richten? »Jede dieser [ihrer] Thesen wird mit Fakten und Erfahrungen unterfüttert und als alleinseligmachende Erfahrung präsentiert.« So einen Satz muß man erst mal hinkriegen. Und so einen: »Anschließend werden die mentalen Wunden geleckt.« Aua, aua, aua.

Was Fuchs zur Geschichte der Sportreportage und zur Entwicklung der Fernsehformate in Deutschland zu sagen hat, ist läppisch und in Anbetracht polithistorischer Kontexte widerwärtig flapsig (Stichwort »Blitzsiege«), seine penetranten Witzeleien bewegen sich auf Kindergartenkabarettniveau. Die sprachlichen Bilder sind sturmwindschief (»Sport war für die gedemütigte, verunsicherte Nation ein Strohhalm, an dem man sich in unsicheren Zeiten festhalten konnte und wenigstens ab und an mal das Gefühl des Sieges und respektierter Größe atmen konnte«), die Interpunktion folgt mir unbekannten Regeln, und der gesamte sogenannte Text, der mühsam vor sich hin humpelt, droht unter redundanten Banalitäten zusammenzubrechen.

Ein derart kriminell schlampiges Buch habe ich lange nicht mehr gelesen. Können »Wachstumsphänomene [...] funktionieren«? »Irrtümer« sind selbstverständlich »vorprogrammiert«. Den frühen »Stars« an den Mikrophonen »unterliefen [...] immer wieder Formulierungen«. Was mag man sich unter einem Reporter vorstellen, der »zwar ein kaltblütiger Kämpfer«, »aber [...] auch nicht blöd« ist? In welcher Sprache gibt es das Wort »Drögigkeit«? Wie ging »die Gründung der *Sportschau*« vonstatten? Die später »die Rechte zugewonnen hatte«? »Angriffe [...] laufen sich früh fest«, irgend jemanden müsse man »von seinem Reporterstuhl raussprengen«, ein Reporter sei gut, sobald er »unverhoffte Einsichten schafft«. Es nimmt kein Ende. Das Lektorat dürfte sich der Verlag aus Verzweiflung gespart haben.

Im Vorwort, in dem sich Thomas Fuchs brüstet, ein Buch sui generis verfaßt zu haben, verspricht der »Michael Schuhmacher [sic!]« der Gegenwartssachliteratur dem Leser: »Sie werden sich besser amüsieren als jemals zuvor.« Einer stärker ausgeprägten Hybris bin ich noch nicht begegnet.

Fußballbücher, die 160 Seiten lang ballaballa (und nicht balla-balla) sind, sollen verschwinden. Nein. Sie sollen nicht erscheinen.

Der Quarkrührer

Im Oktober dieses menschheitsgeschichtlich höchst bedeutsamen Jauchejahres veranstaltete die im »Dürerhauptquartier« (Philipp Moll) Nürnberg ansässige Alldeutsche Akademie für Fußball-Kultur zum elften Mal eine Jahresgala, auf der nunmehr fünf Preise für Leistungen und Initiativen verliehen wurden, die die Fußballkultur oder die Kultur des Fußballs oder den Fußball der Kultur oder die Kulturalisierung des Stoßens eines Balls mittels eines Fußes wuchtig voranbringen; teils durchaus sinnvolle Auszeichnungen für soziale Integrationsarbeit oder das Schreiben von Büchern, teils läßliche (für Blogs und Sprüche) und eine eher dubiose: der Walther-Bensemann-Preis.

Ebenjenen haben – für ihr Lebenswerk – etwa die ehrenhaften Männer Alfredo di Stéfano, César Luis Menotti und Bobby Charlton entgegengenommen, aber auch solche Sauberbatzen wie Beckenbauer, Rehhagel und Netzer. Heuer war die Wahl auf Alex Ferguson gefallen, da will man nicht meckern.

Jeden Dezember erreicht mich, der ich tatsächlich Mitglied besagter fußballphilosophischen Schulungsanstalt bin, zum weihnachtlichen Feste ein Jahresbericht der Akademie und eine Sonderbeilage des *kicker*, in der man die erwähnte Jubel- und Trubelfete Revue passieren läßt. Letzterer schenke ich nie Beachtung, aus dem Alter bin ich raus, doch diesmal warf ich einen Blick in das Editorial des Herausgebers Rainer Holzschuh – und fand mich unverzüglich in der zauberhaftesten Jahresendzeitstimmung wieder. Was für einen Sprachschmaus hatte der ehemalige Chefredakteur und Pressechef des DFB, dieser von mir seit Vorzeiten vergötterte Formulierungsfex, da angerichtet, ja geradezu in Edmund Stoiberscher Manier hingerichtet!

»Absoluter Höhepunkt einer jeden Gala ist dabei eine Ehrung, die nach dem Gründer des *kicker*, Walther Bensemann, benannt ist und in Deutschland wohl Einmaligkeit bedeutet«, schreibt Holzschuh. Eine Ehrung indes bedeutet nicht bloß Einmaligkeit (statt lediglich einmalig zu sein), sondern obendrein ein Ereignis, zumal ein besonderes, das also nicht nur eines gewesen, sondern als ein solches besonderes von der Ehrung (oder Auszeichnung) bedeutet worden ist: »Ihn in Nürnberg auszuzeichnen bedeutete für alle Teilnehmer ein besonderes Ereignis.«

So endet diese offene Epistel aus der Schnitzerwerkstatt des Fußballsprachkultursonderleisters Rainer Holzschuh, und sie beginnt damit, daß die Akademie »eine Jahres-Gala« »startete« (auf die Plätze!), mit der sie schon vor zehn Jahren was beabsichtigt hatte? »Mit der sie der breiteren Öffentlichkeit einen Querschnitt ihrer Philosophie aufzeigen wollte.« Denn in der Schule soll man aufzeigen, wenn es um den Querschnitt ihrer Philosophie geht.

Es ist wirklich wahr: Ein einziger kümmerlicher Satz in diesem gnadenreichen Sendschreiben ist grammatikalisch und stilistisch halbwegs noch ganz dicht. Der hier allerdings nicht: »Wichtig ist für alle, die sich für diese ›Fußball-Akademie‹ interessieren oder sich gar in ihr engagieren, die Bedeutung des Fußballs über rein emotionale Sicht hinaus auf seine soziale, integrative Kraft, ja ästhetische Kultur zu vertiefen.«

Ich habe mich nicht verschrieben. Steht da so. Oder das: »Manche Nachahmer haben eigene Gruppierungen gefunden, um auf ähnliche Weise den Fußball zu interpretieren.« Das sind vermutlich die Blogger, die ihre eigenen Blogs allerdings kaum gefunden haben. Sie dürften sie eingerichtet haben, getrieben von »der Vision [...], den Blick nicht nur auf Ergebnisse, Tabellen und Spielabläufe zu richten«, nämlich darüber hinaus auf Spielverläufe, die sie sich einbilden.

Einen noch? Gut. Wie viele Fehler finden Sie in diesem Buchstabenwurm? »Ein Kompliment für die Initiatoren der Akademie und alle die, die sich dazugehörig fühlen, ebenso für die Verantwortlichen mit der Stadt Nürnberg, dem *kicker-Sportmagazin* als fachlicher und medialer Partner sowie der Teambank als Sponsor von Beginn an.«

Der Einsender, der die meisten Fehler ranschleppt, kriegt von mir ein Sixpack Tucher Nürnberger Pils (mit Fehlnoten).

So weit die deutsche Zunge auch klingt, kein anderer räumt die Sprache, die mit ihrer Hilfe gesprochen wird, gründlicher ab als Rainer Holzschuh, der Präsident des Verbandes Europäischer Sportmagazine. Der Sportsprachrührquarkpreis 2016 also geht, auch in dieser mesosphärischen Höhe voll verdient, frei Haus an Prof. Rainer Holzschuh, Nürnberg. Lasset die Kronkorken emporschießen und die Sektfontänen knallen!

Breker mit Bierflasche

»Nach dem überwältigenden Erfolg des Lehrbuches *So werde ich Heribert Faßbender – Grund- und Aufbauwortschatz Fußballreportage* [...] hat der Verlag sehr bald die Herausgabe des Gesamtwerkes von Heribert Faßbender ins Auge gefaßt – nicht aus womöglich pekuniären Gründen, sondern um die ihm obliegenden Aufgaben der Wahrung des hiesigen kulturellen Standards und der Bewahrung des bundesdeutschen Kulturerbes zu erfüllen«, schrieb ich Anfang 1998 im Geleitwort zu dem 126 Seiten starken, klatschmohnroten ersten Band der auf siebenundneunzig Bände in sechzehn Werkgruppen angelegten Edition, dessen Untertitel *Band IX/5 – Europameisterschaft 1996: Italien – Deutschland* lautet – beziehungsweise auf der Titelei, um das Ganze wichtigtuerisch bibliothekarisch zu verkomplizieren: *Werkgruppe IX – Die Länder-Turniere der neunziger Jahre – Band 5.*

Diesen semibibliophilen Schabernack (inklusive editionsphilologischen Gesabbels und eines Subskriptionsformulars), mit dem wir Faßbender als »Sprachneuerer und Tycoon, den Dichter dieser Zeit und den Zeitgenossen, ja -zeugen der Gegenwart und jüngeren sportlichen, speziell fußballerischen Vergangenheit« zu würdigen gedachten, hatte ich dem Verleger Ludger Claßen während der Buchmesse 1997 aus einer Laune heraus bei irgendeiner Sauferei aufgeschwatzt. Und es war sofort klar, daß den bildnerischen Part der Meister Wolfgang Herrndorf übernehmen mußte, sofern er denn wollte.

Wenn mich die Erinnerung nicht trügt, traf ich Wolfgang noch am selben Abend bei einem kleinen Empfang von Haffmans. Ich weiß nicht mehr, ob er, wie er das öfter tat, eine Augenbraue hochzog, leicht schräg zur Seite schaute, die Augen verdrehte und sanft spöttisch lachte. Jedenfalls sagte er zu, weil er den Fußball schätzte und wir uns, glaube ich sagen zu dürfen, mochten, und dann schütteten wir uns zu.

Daß die Wahl auf die grottenfade, wortgetreu transkribierte Vorrundenpartie zwischen Italien und Deutschland fiel, war dem Zufall geschuldet. Ich hatte nie und habe seither nie wieder ein Fußballspiel aufgezeichnet, aber eine VHS-Kassette mit diesem tristen Ballgeschiebe flog bei mir rum, warum auch immer.

Im Sommer dieses Jahres rief mich Norbert Haberger vom BR-Fernsehen an. Er arbeitete an einem Beitrag über die Ausstellung »Wolfgang Herrndorf – Zitate« im Literaturhaus München, in der auch Wolfgangs anbetungswürdige Vorschläge für neue Panini-Sammelbilder zu sehen waren, die er Wochen *vor* dem WM-Finale 2002 in Yokohama für die *Titanic* gemalt hatte: Ballack auf dem Rücken liegend, die Hände vors Gesicht geschlagen (gut, Ballack war im Endspiel nicht dabei, scheiß drauf); Carsten Jancker will sich verkriechen; Völler in ein schwarzes Loch stierend; Kahn geknickt auf dem Rasen kauernd.

Haberger zeigte – neben Wolfgangs atemberaubenden Landschaftsbildern, genialen Selbstporträts, komischen Ölgemälden und den Helmut-Kohl-Klassikern à la manière de Vermeer, Hopper, Picasso, Magritte und Spitzweg – außerdem etliche schwarzweiße Kleinodien aus unserer Faßbender-Hagiographie: »Heribert Faßbenders legendäre Kaffeetasse« (Bildlegende: »Wenn sie bei Livereportagen dabei war, hat die deutsche Fußballnationalmannschaft nie mit mehr als zwei Toren Abstand verloren«), die schalkhaft hinterlistige Porträtbüste von, selbstverständlich, Arno Breker, das die zu DDR-Zeiten obligaten ikonischen Darstellungen von Marx, Engels und Lenin zitierende Dreigestirn Hans Mentz, Walter Ulbricht und Faßbender, den posierenden Riesenrhetor Faßbender auf exakten Nachbildungen der berühmten Photos von Hitlers Hausphotograph Heinrich Hoffmann (angesichts derer Ludger Claßen zunächst das Bedenken geäußert hatte, der WDR-Machtmann könnte uns in Grund und Boden verklagen, schließlich jedoch erkor er eine von ihnen zur Coverillustration) und vieles mehr. Herrje, es ist zum Niederknien, und jetzt, da ich das Buch mal wieder zur Hand genommen habe, ist mir seltsam zumute – eine Mischung aus Bedrückung und großer dankbarer Fröhlichkeit.

Wolfgang hat Heribert Faßbender »ein monumentales Denkmal gesetzt«, meinte Norbert Haberger zu Recht. Von mir indes hatte er am Telephon wissen wollen, wie die Zusammenarbeit mit Wolfgang gewesen sei. Viel konnte ich nicht sagen. Sie war ganz und gar unkompliziert, es war eine von der Freude am Uz getragene Kooperation.

Ich schickte Wolfgang die fertigen Kapitel, er lobte dies, kritisierte jenes sachte. Ich freute mich auf jeden Gang zum Briefkasten, wenn er neue Zeichnungen annonciert hatte, und auf jeden Anruf von ihm, seine Urteile, mit ruhiger Stimme formuliert, waren bestechend, zumal sie winzigste Feinheiten betrafen.

Einige Bildideen und -untertitel haben wir gemeinsam ausgekaspert, motivische Anregungen von mir griff er gerne auf, die Zeichnung von Faßbenders Heim in Leverkusen ist vollkommen realitätsgetreu (nach einem Photo, das meine Freundin, die damals in Köln drehte, geknipst hatte). Gleichwohl, wir sind der Wahrheit über Heribert Faßbender nahegekommen, indem wir weite Teile seiner Vita und seines Wirkens erfanden und den sprachlichen Sportnichtigkeitskosmos derart aufblähten und überhöhten, daß der versammelte Schrott zu funkeln begann – insbesondere in Wolfgangs zutiefst komischen, hingebungsvoll sorgsamen und daher anrührend humanen Bildern.

Wolfgang, dieser »späte Renaissancekünstler« (Oliver Maria Schmitt), war ein Genie, das sich nie wie eines gerierte. Im Februar 1998 saßen wir an meinem nußbraunen Schreibtisch und montierten das Büchlein, sehr bedächtig, strichen, ergänzten und lachten. Wahrscheinlich hatte Wolfgang, dieser melancholische Schelm, die meiste Zeit die Hände in den Hosentaschen vergraben. Oder auch nicht.

Ein letztes Mal trafen wir uns im Sommer 2004 im Zabo, auf dem Trainingsgelände des 1. FC Nürnberg, zufällig. Ich sollte einen Radiobeitrag über ein Turnier mit der Autorennationalmannschaft machen. Und da stand er, an der Seitenlinie, dieser großartige Kerl »aus einer anderen Welt und einer anderen Zeit« (Holm Friebe). Er war am Knie verletzt und konnte nicht spielen.

Wir fielen uns in die Arme, und später tranken wir reichlich Bier und lachten und lästerten über den dummen Kulturbetrieb und Nürnberg, wo er Kunst studiert hatte.

Das Original des Bildes vom mit Bierflaschen (die Bierflaschen!) meditierenden Heribert Faßbender hängt hier, an der Rückwand meines Arbeitszimmers. Wolfgang überließ es mir für ein paar Mark. Oder schenkte es mir vielleicht sogar. Ich weiß es nicht mehr.

Salz und Suppe

»Man muß« ja, wie wir im April aus dem Munde von Philipp Lahm erfuhren, »nicht immer das Salz in der Suppe suchen.« Daher wollen wir auch nicht auf dem – so sieht's Johannes John vom *Tödlichen Paß* – »unüberbietbaren Tiefpunkt des Jahres« herumturnen, auf Katrin Müller-Hohensteins Frage, die sie nach der womöglich noch von Michel Platini angeordneten Pleite gegen Frankreich Joachim Löw stellte: »Wurde vorher auch über eine Niederlage gesprochen? War das eine Option?«

Sondern nachträglich gutheißen möchten wir, daß 2016 laut der Gratiszeitschrift *Mix am Mittwoch* in Frankfurt am Main erstmals drei »Frankfurt Hero« genannte Wettkämpfe »für echte Helden« stattfanden, denn wir haben noch nicht genug Sport; des weiteren, daß Fälle von Manipulation und Wettbetrug im Profitennis, das den Fußball diesbezüglich abgehängt hat, exponentiell zunehmen und die *taz* deshalb eine »grassierende Seuche« beklagte; daß das Tischtennis im Berichtsmonat Februar nachzog, da ruchbar wurde, wie die Chinesen die Beläge ihrer Schläger mit Chemikalien frisieren; und daß auch unser geliebter Radsport nicht erschlaffte und im Arbeitsgerät einer belgischen Fahrerin ein elektrischer Hilfsmotor auftauchte, der wohl nicht als Bremskraftverstärker fungierte (*die* Ausrede hätten wir allerdings charmant gefunden). Einem Insider zufolge sind derartige gaunerische Gadgets höchstwahrscheinlich seit 1998 so gut wie flächendeckend montiert.

Einen Gruß entbieten wir dem klugen Formel-1-Weltmeister Nico Rosberg, der seinen mit einem Elektrobooster ausgestatteten Kübel nach dem Titelgewinn im Hof abstellte und dem ewigen Streß und Krampf adieu sagte. Sowie verbeugen müssen wir uns ausnahmsweise vor dem insgesamt keineswegs koscheren Diskuswerfer Robert Harting, der Ende Juli vorbildlich herumwütete. Er »verabscheue diesen Menschen«, diesen Weltsportführer Thomas Bach, »er ist für mich Teil des Dopingsystems«, er »schäme« sich für ihn und fühle »sich mißbraucht«. In summa: »Das ist eklig.«

Mehr davon, bitte.

Prompt lieferten einerseits die Sportler ab – etwa die Randalierer und Lügner rund um den US-Starschwimmer Ryan Lochte –, andererseits die Reibachmacher vom IOC, zum Beispiel der Thomas-Bach-Spezi Patrick Hickey aus Irland, den die Behörden wegen des Verdachts des Schwarzhandels mit Eintrittskarten einlochten. Dessen Landsmann Michael Conlan, seines Zeichens Boxer, brüllte nach einer Punktniederlage herum, der Boxweltverband sei »eine Bande von Betrügern«, präziser: von »verdammten Betrügern« und »korrupten Bastarden, das läuft alles mit Bezahlung«. Was der – ebenfalls aus Irland stammende – Ringrichter Seamus Kelly bereits am 1. August gegenüber dem *Guardian* bestätigt hatte.

Es lief also abermals alles wie geschmiert. Nach dieser Sache in Rio echauffierte sich der Turner Hambüchen über die hanebüchenen Zustände da unten am Puderzuckerhut. »So geht es einfach nicht weiter«, meinte er. »Du bist in der Halle, und dann kommt plötzlich so 'ne IOC-Frau und vermißt die Logos auf deinem Trikot mit einem Zentimeterband«, erzählte er. »Ich sag': ›Sind Sie bescheuert, gnädige Frau?‹«

Die *FAZ* hakte den kapitalen Käse unter dem Rubrum »Radikalisierung des Zynismus« ab und grübelte wenig später trotzdem aufs neue: »Wozu noch Olympia?« Das nämliche umtrieb den ARD-Beachvolleyballexperten Julius Brink, der in Anbetracht des scheinheiligen Geseiers über »olympische Werte«, der gewohnheitsmäßigen Schwindeleien der hohen Herren und der rabiaten Ressourcenvergeudung fragte, wofür man Olympia überhaupt brauche.

Na, damit wir währenddessen und hinterher Tag um Tag über den Leichtathletikweltverband und Sebastian Coes Good-Governance-Initiative lachen und über die im McLaren-Report aufgespießten, insbesondere russischen Dopingherolde feixen können, über die – laut Ines Geipel – »Farce« des »Anti-Doping-Kampfs«, über die journalistischen Social-Media-Nulpen, die der Deutsche Olympische Sportbund unterdessen gleich selbst entsendet, und über den seit Rio freigeschalteten, vom Medienhexenmeister Thomas Bach aus der Weltenbrühe gehobenen TV-Kanal Olympic Channel, auf dem von morgens bis abends ausschließlich olympisches Bewegungslarifari runtergenudelt wird; sowie darüber, daß Bach, der Flash Gordon des Sporttreibens, im November ausgerechnet wem in Aussicht gestellt hat, künftig die Spiele auszurichten und final zu zerdeppern?

Dem Lande Katar. Pointen setzen kann er.

Herr Michael Vesper, von dem wir eigentlich – wie vom reasozialisierten Uli Hoeneß, wie vom 5,5-Millionen-Ehrenamtsmann und Gierpratzen Beckenbauer, wie vom Rechtegelderreinschaufler Rummenigge

– nichts mehr hören wollten, heuchelte im Dezember großes Entsetzen und bezeichnete die Ergebnisse des zweiten Teils des McLaren-Epos als »Angriff auf die Integrität des Weltsports«. Da mochte sich der Weltfußball nicht lumpen lassen und legte rasch die Football-Leaks betreffs allzu überraschender Praktiken der Steuervermeidung, absurder Spielergehälter und Beraterprovisionen in Donald-Trump-Dimensionen nach; was den *Spiegel* im Gespräch mit dem Komplottkönig und FIFA-Oberschluri Infantino, den der Antikorruptionsexperte Mark Pieth zum neuen »FIFA-Diktator« ernannte, besorgt eruieren ließ, die »Integrität des Spiels« stehe, ähem, auf dem Spiel. Daraufhin der ehemalige Blatter-Infant: »Wir haben bei der FIFA ein neues Stakeholder-Komitee eingerichtet, das Anfang nächsten Jahres zum erstenmal tagen wird.« Denn »die Integrität des Spiels muß für uns ausschlaggebend sein«. Helaaf.

Und einige Tage danach verzeichneten wir was? Der brasilianische Spieler Oscar wurde für einundsiebzig Millionen Euro von Chelsea nach China verscherbelt – der »teuerste Wintertransfer der Geschichte« (Spiegel Online).

Voilà, ein sauber versalzenes, ein an allen Ecken und Anstoßkreisen versupptes Sportjahr war's. Man glaubt es als unerschrockener Chronist bald selbst nicht mehr: daß es stets noch dreister und abgefeimter geht. Doch es geht.

Für 2017 setzen wir unsere Hoffnungen unverdrossen auf die fröhlich weiter vor sich hin werkelnden und orgelnden Funktionärskamarillen, auf die durch die Medien watschelnden Monetenmastgänseriche und auf die Orientierungslaufweltmeisterschaften in Estland, auf daß wir, nicht wahr, den Überblick nicht verlieren und zur Not – um mit Leo Windtner, dem Präsidenten des österreichischen Fußballverbandes, nach vorne zu schauen – unser »Mind-Set neu aufstellen«.

O yes. Laßt uns im Frühling unsere Mind-Sets auf der Veranda neu aufstellen, Leute!

Sieben Gründe, den FC Bayern gut zu finden

Glück bis zum Gehtnichtmehr, Geld bis zum Abwinken, gierig wie ein Bataillon Piranhas, die Führungsköpfe allesamt arrogant wie Jordan Belfort hoch zwei, die Mannschaft in der Bundesliga so übermächtig wie die Dressurreiterequipe bei Olympia – was spricht trotzdem für die Gutsherren von der Isar?

1

Um Titel in Serie einzufahren, darf man nicht Fortuna Düsseldorf oder gar Fortuna Köln heißen, sondern muß bescheiden im schlicht-graziösen Namenskleid daherkommen: als Fußball-Club, in dem auf das verblendende antike Mythengerümpel gepfiffen wird.

2

Zur Last mag man ihm legen, daß er dem bigotten Beckenbauer auf dem Platz stets zur Seite stand. Aber der mustergültig wortkarge Vorstopper Katsche Schwarzenbeck, der nach seiner Karriere jahrzehntelang einen kleinen Schreibwarenladen führte, ist einer der feinsten Menschen, die es jemals ins Fußballgewerbe verschlug. Zu Recht widmete Wolf Wondratschek dem gelernten Buchdrucker (!) ein Gedicht: »Nichts da, / ich arbeite, ich komme aus der

Vorstadt, / ich bin geboren für das Einfache. / Nicht einmal / Siege sind es am Ende, die zählen.«

Wondratschek/Schwarzenbeck: Das reimt sich.

3

Auch Lothar Matthäus entstammt der Arbeiterklasse. 1994 protestierte er vor den Kameras nach einem 2:2 gegen den KSC maßstabsetzend: »Das is' doch 'ne Frechheit, was der pfeift! Ein, ein, ein! Nur für eine Richtung! [...] Das is' Arbeit, wo man leistet Samstag nachmittag, und ein Mann im Stadion bringt die Spieler um ihre Leistung, um ihre Prämie, um alles! Und das is' 'ne absolute Frechheit!«

Was er siebzehn Jahre später ähnlich sah, als er, der Experte, den Programmdirektor von Al Jazeera, weil nichts klappte, zusammenschiß: »Hey! I tell you now somesing! I stay only in Munich for sis fucking job tonight!«

Yo, man.

4

Der Loddar werde bei Bayern nicht mal Greenkeeper, watschte Uli Hoeneß im November 2002 das Ehrenmitglied ab. Genau fünf Jahre danach rammte der Präsident auf der Jahreshauptversammlung mekkernde Traditionsfans ungespitzt in den gepflegten Boden: »Das ist ein [sic!] populistische Scheiße! [...] Eure Scheißstimmung, da seid ihr doch dafür verantwortlich und nicht wir!«

Shit!

Da fragt man sich, »wie weit die Gürtellinie sinken darf« (Hoeneß).

5

2013 flennte die Abteilung Hinterziehung auf ebenjener soignierten Veranstaltung herum, heimste stehende Ovationen ein und hielt anschließend eine Rede frei nach Brecht: »Eine Meinung über meine fiskalische Strafe gefällig? Es kostet nur ein paar Spenden an soziale Einrichtungen und geht im Stehen.«

Hoch die Humpen!

6

Auf dem Weißwäscherkongreß 2016, nach seiner De-Luxe-Haft mit gewerkschaftlich geforderter Sitzzeitverkürzung, bekannte er, im Knast manchmal »geweint« zu haben »wie ein Schloßhund«. Kurz darauf bellte Uli Pflaume einen Journalisten an: »Wenn Sie natürlich so weitermachen mit Ihrer Sprachakrobatik, dann werd' ich weiterhin in dieses, sagen wir mal, Schneckenhäuschen gehen und Ihnen auch weiterhin keine Interviews geben.«

In dieses schmucke Schneckenschloß in Landsberg?

7

Vor zwei Wochen tat der Leberwurst-Uli in der Presse kund, es müsse »wieder deutsch in der Kabine gesprochen werden«. »Das muß eine Vorschrift werden. Ansonsten muß er [der Spieler] eben zahlen.«

Derweil weilte der Kader im Musterländle Katar, wo Premiumarbeitsschutzvorschriften gelten und laut Deutschweltmeister Mats Hummels »perfekte Bedingungen zum Training« herrschen. So daß die »torgeilen Stürmer« (Hummels) fürder noch spitzer und spritziger sein dürften.

Nee, auf den FC Bayern: muß man echt abfahren.

Nie mehr Fußball

Von Stefan Gärtner

Und dann war es plötzlich vorbei, an einem späten Samstagabend im August, als die Europameisterschaft gerade erst vorbei war und im *aktuellen sportstudio* schon wieder diese Leute herumhampelten, die unterm knappen Sakko T-Shirt tragen und die Moderationskarten mit zäher Aufgeräumtheit vor sich her; Fußballtrainer in Jeans, wie man sie mit zwanzig trägt und nicht mit fünfzig; Interviewpartner, die der Demütigung standhalten, auf dem Hemdkragen den Namen eines Sponsors mitzuführen; und Interviewer in den besten Jahren, die auszusehen versuchen wie ihre Söhne und dabei aussehen wie die Würstchen, die sie sind und wir sein sollen.

Und ich, vor den ewig identisch exaltierten Torjubelsprints, den ewig gleichen Tätowierungen, den ewig gleichen Antworten auf die immer selben Fragen, saß da und war beklommen, wie ausgeknipst und angewidert, nach fünfunddreißig Jahren fußballerischen Fantums, nach Siegen und Niederlagen, Ekstase und Depression, nach Riesenlärm um letztlich nichts. Denn daß es im Fußball nicht um Tod oder Leben gehe, sondern um sehr viel mehr, ist ja nichts weiter als die ironische Verkleidung der Wahrheit, daß es im strikten Gegenteil um sehr viel weniger geht und daß aber das der Reiz und die Lust gewesen ist, sich hinzugeben ans wunderbar Zwecklose: zu leiden, wo es nicht um den Verlust einer Liebe, sondern den Verlust dreier Punkte ging, und zu weinen vor Glück, nicht weil man Vater geworden wäre, sondern weil Odonkor auf Neuville gepaßt und Neuville ihn reingemacht hat. Ich habe, man denke, mit Dr. Roth *getanzt* vor Freude …

Die Idiotie, die Regression, sie gehörten zum Spiel und zu seinem Betrieb. Und so schluckte (oder goutierte) man das stumpfe Gerede, die faden Analysen, die sinnarmen Nach- und unerschütterlich selbstgefälligen Spielberichte, nicht zu verwechseln oder gar gleichzusetzen mit dem numinosen Unsinn zwischen Labbadias Bitte, man möge die Dinge nicht »hochsterilisieren«, und Andy Möllers längst ins Volksgedächtnis gewanderten Italienwunsch; wie zumal der durchdrehende und durchgedrehte Fußball die Potenz des vordergründig Geistlosen als Stimulans gerade des Geistigen bewies: »daß mich so unglaublich flache Menschen, die das auch noch voll ausspielen und sich keine Schranken auferlegen, daß mich die sehr faszinieren, ja oft begeistern« (Eckhard Henscheid: *Die Vollidioten*).

Zumal dann, wenn sie uns, auch das ist wahr, als Athleten begeistert haben. Denn es verschlägt ja rein gar nichts, was für ein erzener Depp der Lothar Matthäus stets gewesen ist, wo er einer der besten Fußballer war, die dieses Land und diese Welt je hatten: sein Sprint übers halbe Feld bei der WM 1990, und dann dieses Tor, das 3:1 gegen Jugoslawien! Da war der »gelernte Raumausstatter«, wie es ihm die gymnasialen Knallköpfe von der Journalistenschule höhnelnd hinrieben, plötzlich King, wie Fußball eben immer auch eine Sozial- und Aufsteigergeschichte war, und wo noch durch die Rodomontaden und ridikülen Unfälle des Möchtegern-Jetsetters Matthäus sein rudernd Allzumenschliches als Kleines, Hilfloses, Lächerliches schimmerte, sitzen die Jungprofis heute in der Doku-Soap herum und berichten steinern, wie sie ihren letzten Lamborghini kaputtgefahren haben; für den der Raumausstatter Matthäus, hätte er den Fußball nicht gehabt, zwanzig Jahre hätte schuften müssen.

Auch das ist, wie alles Entsetzliche, nicht ohne Faszination, aber von einer, wie sie dem a priori Unwahren, luftdicht Immanenten eignet, dem, bleiben wir beim Fußball, der naive Bezug aufs bloße Spiel und auf sein menschenfreundlich Unernstes irgendwann zwischen der milliardsten Stunde Béla Réthy und der jüngsten Meldung von auf Kreisklassenplätzen zusammengehauenen Schiedsrichtern abhanden gekommen ist. Oder ist sie bloß mir abhanden gekommen? Die FIFA tut mir den Gefallen und unterstützt meinen ja eher vegetativen Entschluß, den Fußball dranzugeben, mit der Meldung, sie beabsichtige, ihre Weltmeisterschaften demnächst mit vierhundertachtzig Teams durchzuführen. Oder immerhin achtundvierzig; um nämlich einen »Einnahmezuwachs von mehr als 25 Prozent« (*FAZ*, 11. Januar 2017) zu erzielen. Wobei das eventuell nichts werden wird, denn »nicht nur Sportmarketingexperten hegen Zweifel, ob die Kalkulation aufgeht, vor allem, weil eine Sättigung des Fußballpublikums nicht mehr auszuschließen ist« (ebenda). Und wo die Wahrheit über das, was vom Fußball geblieben ist, sowieso in einen Satz (von Jürgen Roth) paßt: »Die heutige Omnipräsenz des Hochleistungssports als auch des geistlosen, dem Imponiergehabe genauso wie der Fitmacherei (selbst-)entmündigter Arbeitsmarktkretins dienenden Herumgesportels in allen Winkeln des gesellschaftlichen Lebens hat neben der schnöden Geldschaufelei von Kartellen, Verbandsbanden und Unternehmen die schlichte Funktion, den Gedanken der sozialen Auslese als Naturgesetz in den betäubten Schädeln festzudübeln.«

»Schnöde« ist das Wort: Der Fußball ist schnöde geworden, laut Grimmschem Wörterbuch »dürftig, verächtlich, schlecht, wertlos, Verachtung zeigend, höhnisch«. So, wie Universitäten keine Studenten mehr brauchen, sondern Kundinnen, braucht der Fußball keine Fans, sondern Konsumenten, Konforme, Klatschvieh fürs *sportstudio,* eine Sendung, deren Degeneration vom sollenn-seriösen, sanft unterhaltlichen Sportbericht zum betäubenden Krawallzirkus samt Lightshow und Trockennebel den Würdeverlust des Fußballsports allsamstäglich ins Bild stemmt. Kein Zufall, daß es mich hier erwischt hat. Daß ich vorm *aktuellen sportstudio* dachte: Es reicht. Es ist genug. Es ist vorbei.

Denn der Konsument, der ich bin, wird alt. Und geht das Leben so, daß man auf der einen Seite in es hineingeht, um es auf der anderen Seite wieder zu verlassen, will ich mich hinterm Gipfel nicht mehr mit diesem Quatsch beschweren, dem ich nicht vorwerfe, daß er Quatsch ist, sondern daß er aus der Form gegangen, im grauen Wortsinn dumm geworden ist, stupide, kloppig, tuchelförmig. (Tuchel, dieser kranke Mönch und schlimme Fanatiker, hat in Dortmund zuerst einmal *die Nudeln verboten.* Früher hätte man gelacht. Heute ist das der bittere Ernst der Übergeschnappten und Optimierer.) Zwischen krähender Redundanz, Zastergewichse und faschistoider Allgegenwart ist der Fußball zur absoluten, totalitären Immanenz geworden: Indem er vorgeblich alles bedeutet, bedeutet er nichts mehr, allenfalls, daß es immer so weitergeht, als wär' das nicht die Katastrophe. Der »Totale Fußball«, schreibt Stefan Erhardt, Redakteur des Fußballmagazins *Der tödliche Paß*, »beherrscht mittlerweile durch permanente Wettbewerbe [...] quasi blindlings den Alltag, sprich die verfügbare und gelebte Zeit. Eine Abkehr von dieser Permanenz scheint utopisch im Sinne von nicht mehr vorstellbar.« Denn wir lieben den Großen Bruder, haben ihn immer geliebt.

Aber Abkehr ist möglich. Man muß nur wollen. Oder schlicht nicht mehr können. Ich kann und will nicht mehr. Schön war's. Schöner ist's, den Sportteil bloß zu überfliegen. Zum Abpfiff Horst Hrubesch, das »Ungeheuer«, das, sehen wir uns die Monster an, die der Betrieb gebiert, nun wirklich keines ist: »Ich brauch', glaub' ich, nur dieses eine Wort sagen: Herzlichen Dank.«

Nachweise

Teichoskopie und Tortur: *konkret* 6/2014

Der Fussball soll abgeschafft werden: *taz*, 10. Juni 2014; und Deutschlandfunk: *Sport am Samstag*, 14. Juni 2014

Schlaumichelig: *Frankfurter Rundschau*, 17. Juni 2014

Weglaufen: *Frankfurter Rundschau*, 21. Juni 2014

Wucht: *Frankfurter Rundschau*, 24. Juni 2014

Hübsch: *Frankfurter Rundschau*, 27. Juni 2014

Wunderbar: *Frankfurter Rundschau*, 1. Juli 2014

Achtzig: *Frankfurter Rundschau*, 4. Juli 2014

Die Lage der Bilanz: *Focus* 28/2014

Wüstenei: *Frankfurter Rundschau*, 8. Juli 2014

Grösse: *Frankfurter Rundschau*, 11. Juli 2014

Der Fussball ist ein Googlehupf: Deutschlandfunk: *WM-Magazin*, 13. Juli 2014; und *junge Welt*, 17. Juli 2014

Weiser Beisser: *konkret* 8/2014

Der Schweissnagel im blutigen Auge Gottes – oder wie oder was: Deutschlandfunk: *Sport am Sonntag*, 4. Januar 2015; und *junge Welt*, 8. Januar 2015

Söldner der Rendite: Vortrag auf dem »Sky-Fussball-Workshop« im upside east, München, 28. Januar 2015

Die Entdeckung der Gleichgültigkeit: taz.de, 13. Mai 2015

Theatrum mundi de futebol: Deutschlandfunk: *Sport am Feiertag*, 1. Januar 2016; und *junge Welt*, 4. Januar 2016; der kurze Abschnitt über Gunter Gebauer stand in: *konkret* 2/2016.

Beckenbauers Bäuerchen: Deutschlandfunk: *Sport am Sonntag*, 6. März 2016

Mentalitätsmonster und Kapitaltroglodyten: Stefan Erhardt (Hg.): *Fussballkritik – Das Beste aus 20 Jahren* DER TÖDLICHE PASS, Göttingen: Verlag Die Werkstatt 2016

Wahnsinn Fussball: *taz*, 25. Mai 2016

Ernüchterung: *ballesterer* 112

Am See is' schee: *konkret* 6/2016

Geht Deutschland vor die Hunde?: *taz*, 10. Juni 2016

Lucky lässig: Spiegel Online, 13. Juni 2016

Dagegen: *Frankfurter Rundschau*, 14. Juni 2016

Wie viele Idiotien soll diese Welt noch aushalten?: Spiegel Online, 16. Juni 2016

Der Schrei nach Erholung oder: Der Namenloseste: Spiegel Online, 24. Juni 2016

Bringt es Peideilski nicht mehr?: *Frankfurter Rundschau*, 25. Juni 2016

Bevorstehende Essvorgänge: Deutschlandfunk: *Sport am Sonntag*, 26. Juni 2016; und *junge Welt*, 1. Juli 2016

Auf halbmast gekocht: *Frankfurter Rundschau*, 2. Juli 2016

Plastinierte Seelen: Deutschlandfunk: *Sport am Samstag*, 2. Juli 2016; und WDR 3: *Kultur am Mittag*, 6. Juli 2016; sowie *taz*, 6. Juli 2016

Kontingenz und Inkontinenz: Deutschlandfunk: *UEFA EURO 2016*, 10. Juli 2016; und *junge Welt*, 14. Juli 2016

Wo der Bartels den Most holt: *Frankfurter Rundschau*, 11. Juli 2016

Der Schuh des Kolumbus – Kleines Lexikon der Fussballsprache: *Der Tödliche Pass* 82; eine Kurzfassung stand auf: Spiegel Online, 7. Juli 2016.

Das Wirken Gottes im Kolosseum: Deutschlandfunk: *Olympia-Magazin*, 21. August 2016

Was uns irgendwas sagt: *junge Welt*, 22. Dezember 2016

Der Quarkrührer: *taz*, 28. Dezember 2016

Breker mit Bierflasche: *11 Freunde* 1/2017

Salz und Suppe: Deutschlandfunk: *Sport am Feiertag*, 1. Januar 2017; und *junge Welt*, 5. Januar 2017

Sieben Gründe, den FC Bayern gut zu finden: *Frankfurter Rundschau*, 21. Januar 2017

Nie mehr Fussball: Erstveröffentlichung